本书得到国家社科基金重大招标项目"提升中国政治话语体系的国际影响力研究"（项目编号：15ZDA042）、国家社科基金重点项目"十八大以来新闻舆论在治国理政中的作用机制研究"（项目编号：16AZD051）资助

舆情与社会治理

（第一辑）

主　编　张晋升　　副主编　汤景泰

暨南大学出版社
JINAN UNIVERSITY PRESS

中国·广州

图书在版编目（CIP）数据

舆情与社会治理. 第一辑/张晋升主编；汤景泰副主编. —广州：暨南大学出版社，2020.3
（暨南卓越智库丛书）
ISBN 978 - 7 - 5668 - 2841 - 5

Ⅰ.①舆… Ⅱ.①张…②汤… Ⅲ.①舆论—研究—中国②社会管理—研究—中国 Ⅳ.①C912.63②D63

中国版本图书馆 CIP 数据核字（2019）第 297178 号

舆情与社会治理（第一辑）
YUQING YU SHEHUI ZHILI（DIYIJI）
主　编：张晋升　副主编：汤景泰

出 版 人：徐义雄
责任编辑：黄圣英　姜琴月
责任校对：雷晓琪　黄晓佳　陈皓琳
责任印制：汤慧君　周一丹

出版发行：暨南大学出版社（510630）
电　　话：总编室（8620）85221601
　　　　　营销部（8620）85225284　85228291　85228292　85226712
传　　真：（8620）85221583（办公室）　85223774（营销部）
网　　址：http://www.jnupress.com
排　　版：广州市天河星辰文化发展部照排中心
印　　刷：广州市穗彩印务有限公司
开　　本：787mm×1092mm　1/16
印　　张：16.25
字　　数：334 千
版　　次：2020 年 3 月第 1 版
印　　次：2020 年 3 月第 1 次
定　　价：98.00 元

（暨大版图书如有印装质量问题，请与出版社总编室联系调换）

总　序

　　2018 年是国家改革开放 40 周年，也是暨南大学创办 112 周年。10 月 24 日习近平总书记在视察广东工作期间亲莅暨南大学，在听取相关校情介绍并与师生交流后，充分肯定了学校办学成果与独特作用，并勉励广大学子好好学习，早日成才，为社会作出贡献，把中华优秀传统文化传播到五湖四海。习近平总书记的讲话为学校未来发展指明了方向。

　　饮水思源，不忘根本。素有"百年侨校"美誉的暨南大学是第一所由国家创办的华侨高等学府。"暨南"二字出自《尚书·禹贡》："东渐于海，西被于流沙，朔南暨，声教讫于四海。"意即面向南洋，将中华文化远播至五洲四海。"宏教泽而系侨情"是学校一以贯之的办学宗旨。改革开放后，学校在党中央、国务院和广东省委省政府的大力支持下快速发展。1996 年，暨南大学成为全国面向 21 世纪重点建设大学。2011 年，国务院侨办、教育部、广东省政府签署共建暨南大学协议。2015 年，学校入选广东省高水平大学重点建设高校。2017 年，学校入选国家"双一流"建设高校。建校至今，暨南大学共培养了来自世界五大洲 170 多个国家和中国港澳台地区的各类人才 30 余万人，堪称有海水的地方就有暨南人。

　　暨南大学师资力量雄厚，科研实力较强。近年来，在"搭大平台、组大团队、拿大项目、出大成果"的科研思路指导下，特别是在高水平大学和"双一流"大学战略机遇推动下，暨南大学以体制机制改革为重点，不断加强内外协同，突出内涵建设和质量提升，科学研究能力持续提升。2011 年以来，学校人文社科领域共获批国家社科基金重大项目 37 项、其他类型国家社科项目近 250 项；其中，近三年国家社科基金重大项目立项数居全国高校前 10 位，国家社科基金年度项目立项数及排名近年也屡创新高。同时，人文社科领域高端成果不断涌现，2011年以来共获全国高校人文社科优秀成果奖18项，在《中国社会科学》杂志发表论文12篇，在SSCI、A&HCI等国外权威索引期刊发表论文近千篇。

在做好基础研究的同时，暨南大学始终坚持"顶天立地"、学以致用的科研发展理念，始终瞄准国家重大发展战略、经济社会发展重大需求，积极发挥思想库和智囊团的作用，而智库即是发挥资政启民作用的重要抓手。

2013年党的十八届三中全会通过的《中共中央关于全面深化改革若干重大问题的决定》提出，加强中国特色新型智库建设，建立健全决策咨询制度。2014年10月27日，中央全面深化改革领导小组第六次会议审议了《关于加强中国特色新型智库建设的意见》。意见指出，当前全面建成小康社会进入决定性阶段，破解改革发展稳定难题和应对全球性问题的复杂性、艰巨性前所未有，迫切需要健全中国特色决策支撑体系，大力加强智库建设，以科学咨询支撑科学决策，以科学决策引领科学发展。2016年5月17日，习近平总书记在主持召开哲学社会科学工作座谈会时进一步指出：智库建设要把重点放在提高研究质量、推动内容创新上。要加强决策部门同智库的信息共享和互动交流，把党政部门政策研究同智库对策研究紧密结合起来，引导和推动智库建设健康发展、更好地发挥作用。2017年，加强中国特色新型智库建设写入党的十九大报告。

在中央关于大力发展智库建设的精神和要求指引下，暨南大学结合优势与特色研究，启动了"暨南卓越智库"建设，该项建设是暨南大学提升为国服务能力、推进成果转化机制与产学研合作模式的一项重大举措，是在国家提升治国理政能力和推进创新驱动发展战略背景下，依托优势和特色学科进一步提高学校为国服务能力的重大决策。为聚焦智库建设内涵，暨南卓越智库充分依托华侨华人、"一带一路"等品牌与特色，不断强化重大前沿问题研究，始终强调成果的转化和应用，"暨南卓越智库"建设5年多来，学校智库平台和团队社会服务能力逐步提升，并取得了许多突出成绩。

1. 服务党和政府决策

华侨华人研究智库平台向中共中央政治局、国务院侨办、中国侨联、中联部、外交部、广东省等提交各类内部报告近百篇，并有 7 篇获得党和国家领导人的批示，其中中美关系问题、南海问题、沿边地区侨务工作、国家软实力与侨务工作研究等研究报告受到党中央的重视。"少数民族侨情调研"系列侨情报告得到原国家政协主席俞正声等的长篇批示，国家公安部、外交部等七部委专门就报告所提建议召开专题会议。舆情与国家治理智库团队提交关于埃博拉病毒、云南鲁甸地震及香港相关议题等研究报告获得习近平总书记、李克强总理等党和国家领导人的重要批示。

2. 响应"一带一路"倡议

暨南大学在"一带一路"研究领域实力突出，目前共获批该领域国家社科基金重大项目"构建 21 世纪'海上丝绸之路'的社会与文化基础研究""'一带一路'战略视野下我国沿边地区侨情调研""东南亚安全格局对我实施'21 世纪海上丝绸之路'战略的影响研究"以及"共生理论视角下中国与'一带一路'国家间产业转移模式与路径研究"四项。已连续发布《21 世纪丝绸之路研究动态》《"一带一路"健康医疗动态汇编》《东南亚研究动态资料》《中新关系》《中美问题周报》等系列研究报告，在该领域产生持续影响力。

3. 对接粤港澳大湾区发展战略

我校澳门研究院 2016 年获批国家社科基金重大招标项目"鸦片战争后港澳对外贸易文献整理与研究"；经纬粤港澳大湾区经济发展研究院承担了 2017 年国家社科基金重点项目"基于多极网络空间组织的区域协调发展机制深化及创新研究"，撰写的《关于粤港澳大湾区建设若干重大问题的建议》由台盟中央直接报送党和国家领导人，撰写的《关于广州增强粤港澳大湾区核心增长极能力的建议》《粤港澳大湾区建设中可能出现问题的提前研判和应对》获得广州市委书记张硕辅、市长温国辉、市人大常委会主任陈建华正面批示；绿色与低碳研究院撰写的《建设粤港澳大湾区绿色金融的对策建议》获广州市委书记张硕辅、市长温国辉正面批示。

4. 攻关社会发展难题

我校产业经济智库围绕产业结构升级、产业双转移、产业发展规划等主题开展深入研究，承担广东省职能部门以及各市委托的课题200多项，充分发挥智库咨政功能，推动经济转型升级。据不完全统计，广东省五分之四地市的产业规划均由该智库负责制定。地方立法与法治智库团队积极参与政府各项法律法规的制定工作，为立法体系完善、政府依法行政献计献策。

应当看到，一个智库的发展壮大，除了需要有强盛的综合国力与理性的社会群体作为支撑，还需要来自政府、非政府组织甚至公司企业的支持。与此同时，学者也有义务、有责任将自身研究的成果面向社会公众进行解读，答疑解惑，满足人民群众对掌握新思想新知识的需求。有鉴于此，我们将暨南卓越智库建设（2015—2018）的部分研究成果集结成册，汇编成"暨南卓越智库丛书"第一辑。这套丛书收录了地方立法与法治、大都市治理与政府转型、舆情与国家治理、新工业革命、沿边侨情与国家安全、海外华文与侨务文化战略等智库团队的成果，同时也展现了我校科研团队笃学勤思的风采。

情系家国，薪火相传。暨南卓越智库建设，成就可圈可点，未来大有可为，我们也希望有更多研究团队加入其中，群策群力助力暨南卓越智库跨越式发展，擦亮暨南金字招牌，为建设国内一流、世界知名的高水平大学添砖加瓦。

2018 年 11 月

前　言

　　本书是暨南大学舆情大数据研究中心近年来一些研究探索的总结。随着网络舆论的崛起，舆论学研究已经无可争议地成为一门热闹的学问。但在这种表面的热闹之下，如何避免舆论学的研究内容成为一种应急管理的操作实务，无疑需要从研究领域和研究方法等多个维度对舆论学进行提升。为了寻求突破，暨南大学舆情大数据研究中心与社会各界协同，对此进行了广泛的探索。

　　从研究内容来看，舆情作为各类组织机构与个体关于社会中各种现象、问题所表达的信念、态度、意见和情绪等的总和，本来就不是负面信息的代名词。特别是随着互联网发展的普及化，舆论主体的广泛性与舆论表达的便捷性使舆论的价值含量不断提升。为了探索舆情这种广泛的社会价值，本书从传播效果、媒体形象和热点领域三个维度进行了广泛探索。不仅如此，为了保证研究问题能够"接地气"，本书中的各个研究报告均与一些相关部门机构进行了深度合作。因此，本书的顺利出版，要特别感谢为我们提供支持的各个机构。

　　在研究方法的创新方面，我们则深入探索了大数据在舆情研究中的多种可能。"大数据"是人类信息革命发展的必然结果。自20世纪中期以来，人类所掌握的信息不仅规模急剧膨胀、类型丰富多样，并且呈加速度发展。大规模各种类型的数据使信息的意义发生革命性质变，从而使人类进入"大数据时代"。在这样一个新时代，传播的形态、模式、内容及效果方面均发生了深刻变化。为适应新时代的新闻传播研究需要，暨南大学舆情大数据研究中心一直把传播大数据作为重点突破方向。我们以构建统一的"数据湖泊"和细分的"数据仓库"为手段，以提升现代组织的"数据治理"能力为目标，以增进大众的"信息福利"为旨归，聚焦"重大理论难题、重大现实挑战、重大社会关切"，致力于搭建跨学科、开放式的研究中心和智库平台。在本书收录的各个研究报告中，我们力求用"数据说话"，并尝试使用了一些可视化方法来创新"数据叙事"的能力。不过由于能力有限，以及作为一种研究方法的传播大数据还在持续更新中，我们的探索可能还有不少瑕疵，在此恳请方家多多指正！

　　本书的出版，离不开暨南大学社会科学研究处与暨南大学新闻与传播学院的鼎力支持。潘启亮处长与黄晓燕副处长一直关心这本书的出版，支庭荣教授与张晋升教授也为我们提供了全方位的指导与支持，在此表示特别的感谢！

汤景泰

2019 年 8 月 15 日

目　录

政务新媒体传播效果

2017 年度广东省政务新媒体指数研究报告

董志杰[①]　毛张涵　张初瞳　李鹏扬　史　谅　殷　鑫
2018 年 1 月

一、引　言

党的十九大报告指出，我国社会主要矛盾已经转为"人民日益增长的美好生活需要和不平衡不充分的发展之间的矛盾"。为了推动解决新的社会主要矛盾，需要建立共建共治共享的社会治理格局，加强社会治理制度建设，推进社会治理体系现代化。而在这一过程中，政务新媒体扮演着重要角色。

"知屋漏者在宇下，知政失者在草野。"习近平总书记在 2016 年 4 月召开的网络安全和信息化工作座谈会上说："网络就是草野，网民就是草根。网民来自老百姓，老百姓上了网，民意也就上了网。"政务新媒体作为沟通政府与百姓之间的桥梁，具有上情下达、增进政民互信的重要功能。通过政务新媒体，各项政令可在第一时间为百姓所知悉，百姓的意见和建议也可以通过政务新媒体"一键送达"政府部门，从而提升和加强政民沟通的效率和效果。

微博、微信公众号兴起后，广东省大批政府机关先后"触网"，在各类新媒体平台推出自己的"服务窗口"。特别是 2016 年以来，广东又出现了主流媒体建设运营政务新媒体平台的新气象。"南方+"于 2016 年 10 月推出南方号平台，致力于打造"最懂广东的新媒体平台"，大大延伸了各类党政机关的服务范围，拓展了服务功能，一批账号迅速崭露头角，成为"网上广东"的新名片。微博、微信、南方号，已经成为广东政务新媒体的三大主要平台。

为提升广东政务新媒体运营能力，促进广东微政务生态的有机、有序、平衡发展，为广东各地市政府优化公共传播策略、推进互联网治理提供智力支持，暨南大学传播与国家治理研究院、广州市舆情大数据重点研究基地与南方报业传媒集团"南方+"客户端通力合作，从微博、微信、南方号等平台抓取基础数据，通过科学的指标计算，多维度考察广东省政务新媒体账号的运营水平，综合评估了 2017 年广东省政务新媒体的运营表现，推出了《2017 年度广东省政务新媒体指数研究报告》。

---

① 董志杰，暨南大学新闻与传播学院 2017 级硕士研究生。

二、2017 年广东政务新媒体运营情况综述

（一）优秀政务微信特征：高质量推文，全方位服务，有效的互动

1. 微信公众号平台获普遍重视

2017 年 9 月 6 日，随着一篇题为"当潮州的网络大咖齐聚一堂，会擦出怎样的火花？"的文章的推送，广东省 21 地市党政新闻发布机构全部亮相微信公众号平台。2017 年 1 月 1 日至 12 月 31 日，21 地市官方发布机构共发布推文 35 335 篇，平均每个账号每天发布 4.6 篇。其中，"汕头市政府应急办"发文量最大，共 2 796 篇，日均发文多达 7.66 篇。部分政务新媒体微信推文数量排行情况见图 1。

除地市官方发布机构之外，省直主要部门及公安、司法、共青团、教育系统均积极入驻微信公众号平台。从账号覆盖情况来看，共青团系统最完整，各地市均有开通。其次是公安、法院和检察院，共有 18 个地市开通微信公众号。教育系统有 15 个地市开通。交警系统有 14 个地市开通。其中"深圳公安发布"表现抢眼，共发文 1 942 篇，平均每天 5.3 篇。

如果将发文频率低于 1 篇/周的账号定义为"僵尸号"的话，在本次监测范围内，共出现 28 个"僵尸号"。这些"僵尸号"既没有将政务新媒体的"沟通"功能有效发挥，更没能做好"服务"功能，与政务新媒体开设初衷相去渐远，值得相关部门注意。

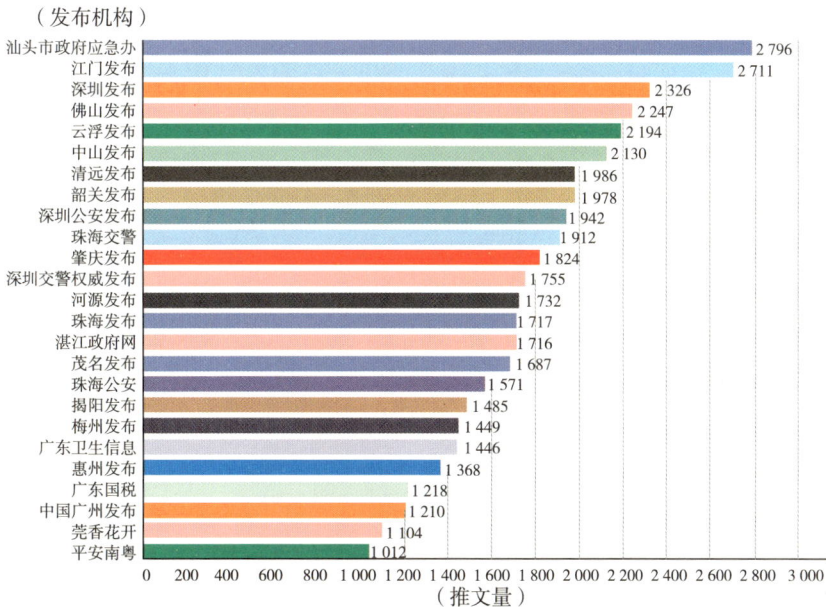

（发布机构）

发布机构	推文量
汕头市政府应急办	2 796
江门发布	2 711
深圳发布	2 326
佛山发布	2 247
云浮发布	2 194
中山发布	2 130
清远发布	1 986
韶关发布	1 978
深圳公安发布	1 942
珠海交警	1 912
肇庆发布	1 824
深圳交警权威发布	1 755
河源发布	1 732
珠海发布	1 717
湛江政府网	1 716
茂名发布	1 687
珠海公安	1 571
揭阳发布	1 485
梅州发布	1 449
广东卫生信息	1 446
惠州发布	1 368
广东国税	1 218
中国广州发布	1 210
莞香花开	1 104
平安南粤	1 012

（推文量）

图 1　2017 广东政务新媒体微信推文数量排行榜

2. 政务微信运营人员用心经营，老百姓由衷点赞

平均阅读量可以作为一个账号一段时间内推文整体质量的一个衡量指标。2017 年全年，"广东天气""广州交警""广东共青团""珠海交警""中山发布""佛山发布""佛山公安局"等账号表现优异（见图 2）。"广东天气"推文平均阅读量高达 78 346 次，"广州交警"高达 74 299 次（以上为服务号）；地市官方发布机构中，"中山发布"和"佛山发布"的推文平均阅读量分别为 27 117 次和 19 759 次。大部分账号的推文平均阅读量分布于 1 000～10 000 次，表明政务微信的运营质量整体较好。

图 2　2017 年政务微信平均阅读量气泡图

平均点赞量可以作为衡量一个账号内容受读者认可度的指标之一。2017 年，"广东天气""广东共青团""广州交警""广州公安"的推文平均点赞量均高于 550 次（见图 3）。其中，"广州公安"的推文点赞量高达 771 次。由于地市发文频率较密集，因此要取得较高的平均点赞量并不容易。但是"中山发布""佛山发布"仍然获得了将近 200 次的平均点赞量。

推文评论量可视为一个衡量百姓是否愿意对政务微信号畅所欲言的指标。2017 年，地市官方新闻发布机构领衔推文评论量榜单，成为老百姓最喜欢"碎碎念"的对象。"中山发布""肇庆发布"和"佛山发布"分别以 17 527 次、12 494 次、11 339 次的评论量名列评论量榜单前列（见图 4）。

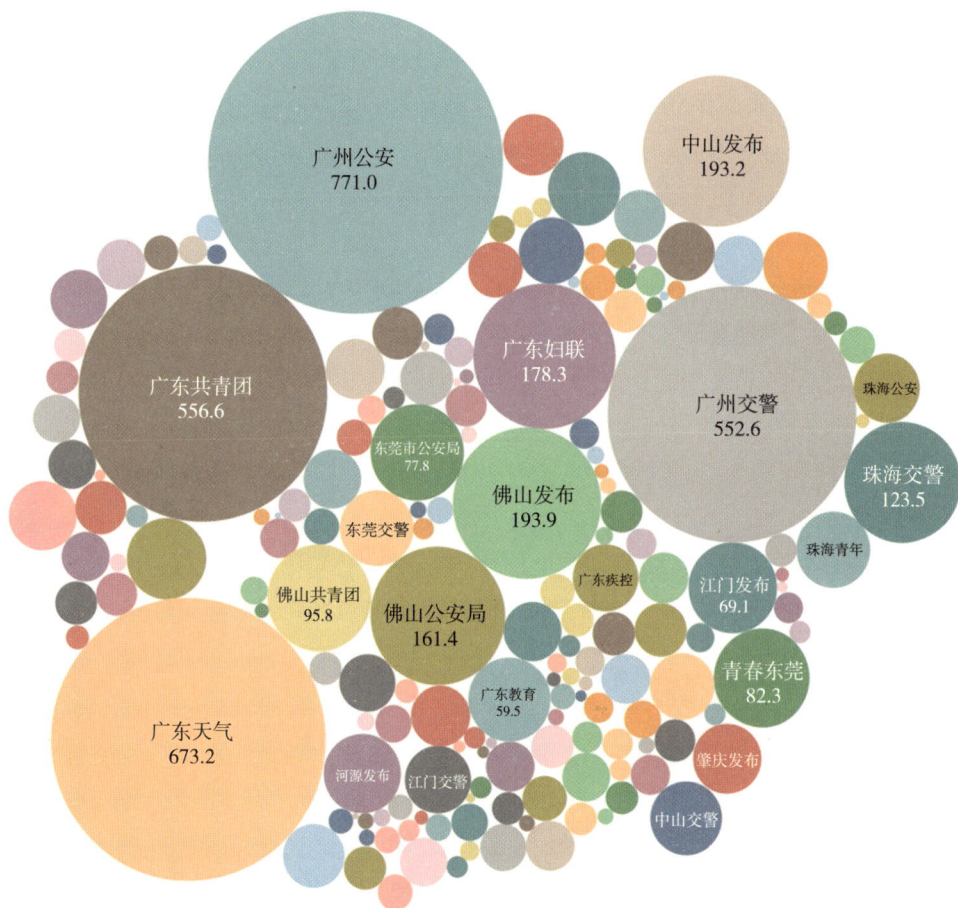

图 3　2017 年政务微信平均点赞量气泡图

图4　2017 年政务微信总评论量气泡图

综合微信推文的"阅赞评"三个指标可以发现，要想赢得百姓的认可，首先要保证推文的高质量，其次要为百姓提供一个表达心声的场所，并及时作出回应。如此，政务微信运营者"用心经营"，老百姓自然"由衷点赞"，政民关系也必然愈加和谐。

3. 运营规律：全时段为民服务

从微信月度发文规律来看，每个月的发文量总体均衡，没有特别明显的起伏（见图5）。但依然出现了八月、十一月、十二月的高潮月份，和相对平静的二月和五月。考虑到一月末二月初为春节假期，可以看出政务新媒体的运营人员基本上是节假日不休。

政务微信每日发文趋势可见图6。

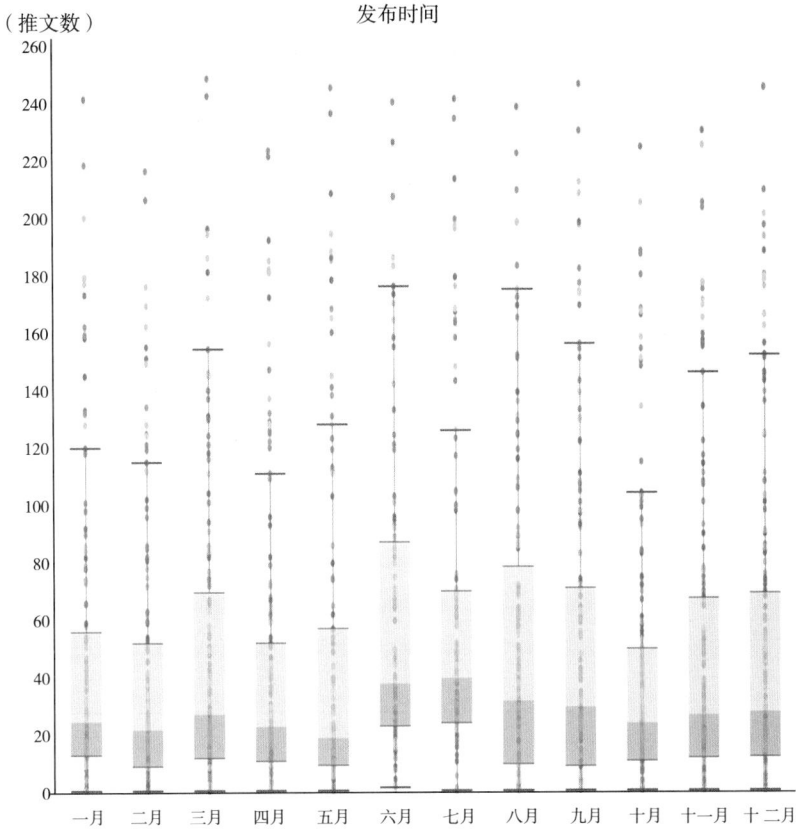

图 5　2017 年政务微信月度发文趋势

注：不同色彩圆点代表不同账号，下同。

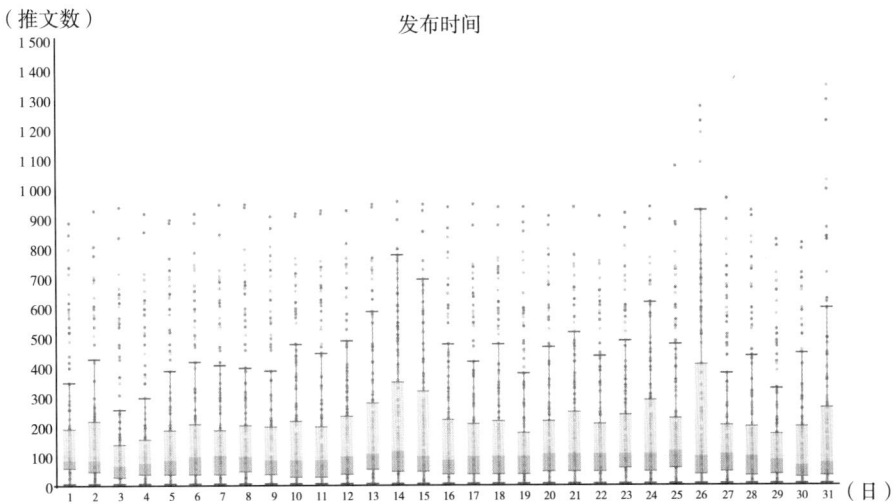

图 6　2017 年政务微信月度每日发文趋势

此外，政务微信月度平均阅读量趋势表明，八月至十二月多个账号的阅读量表现出众，尤以"广东天气""广州交警""广东共青团"为甚，"爆款"热文产出不断（见图7）。相应的，八月至十二月，以上几个账号的点赞量也在激烈的竞争中脱颖而出。政务微信月度平均点赞量趋势可见图8。

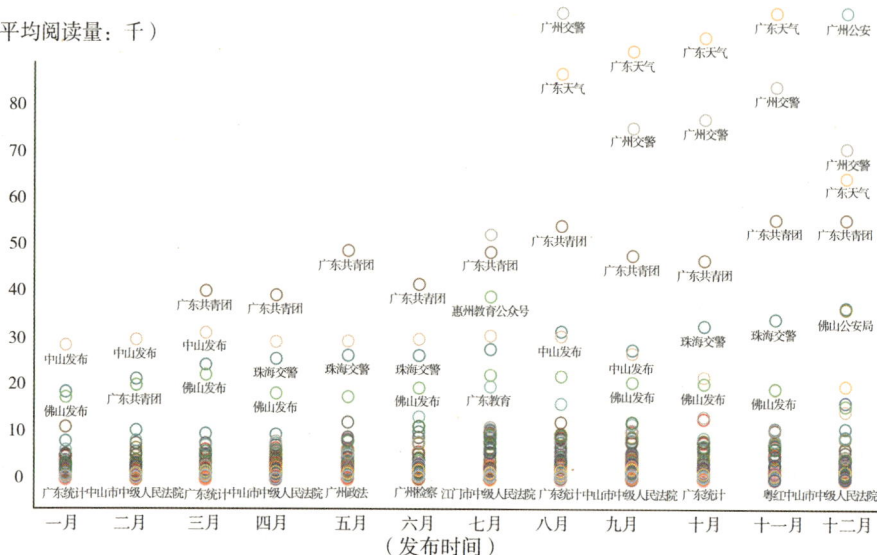

图7　2017年政务微信月度平均阅读量趋势图

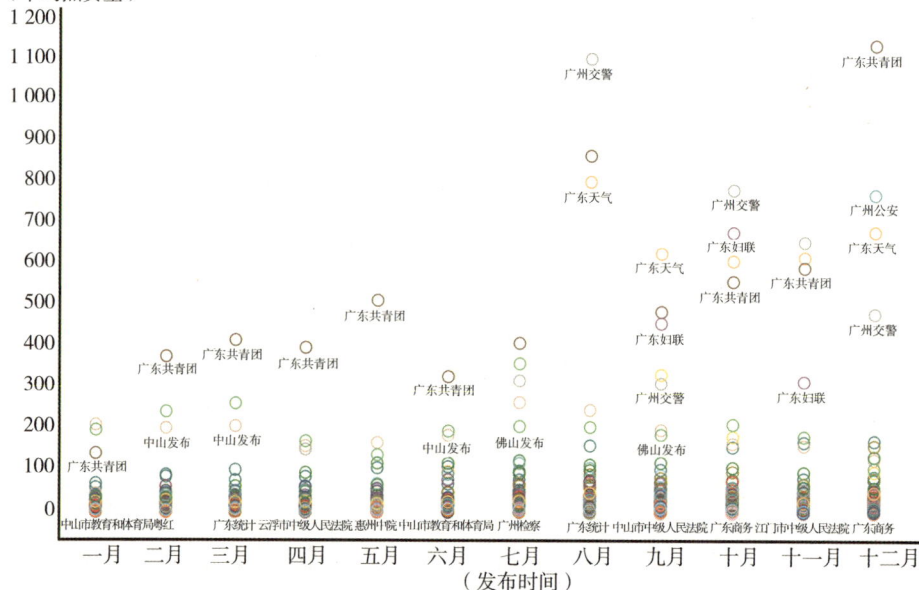

图8　政务微信月度平均点赞量趋势图

4. 运营成绩："广东共青团""中山发布""珠海交警"领跑榜单

就运营成绩而言，微信榜单前 10 名中，地市官方新闻发布机构和其他党政系统各占 5 席（见表 1）。"广东共青团""中山发布""珠海交警"领跑榜单，"佛山发布""广东天气""广州交警"等也有不俗的成绩。总体来讲，相邻账号间表现差距不大，公安系统账号表现较为出众。

表 1　2017 年广东政务微信综合榜

排名	微信账号	微信指数	行业	排名	微信账号	微信指数	行业
NO.1	广东共青团	37.70	共青团	NO.26	广东国税	28.40	省直
NO.2	中山发布	38.80	地市官方	NO.27	广东疾控	28.40	省直
NO.3	珠海交警			NO.28	惠州青年汇	28.20	共青团
NO.4	佛山发布	35.77	地市官方	NO.29	广州共青团	28.10	共青团
NO.5	广东天气	32.90	其他	NO.30	广东禁毒	27.90	省直
NO.6	广州交警	32.30	公安	NO.31	广东人社	27.70	省直
NO.7	江门发布	31.56	地市官方	NO.32	深圳教育	27.60	教育
NO.8	肇庆发布	31.48	地市官方	NO.33	广东环境	27.10	省直
NO.9	广东妇联	31.40	省直	NO.34	佛山教育	27.10	教育
NO.10	河源发布	31.32	地市官方	NO.35	肇庆交警发布	27.00	教育
NO.11	深圳交警权威发布	31.30	公安	NO.36	平安梅州	26.90	公安
NO.12	广东教育	31.20	教育	NO.37	深圳公安发布	26.80	公安
NO.13	广东卫生信息	31.20	省直	NO.38	肇庆市教育局	26.50	教育
NO.14	清远发布	30.74	地市官方	NO.39	河源警事	26.50	公安
NO.15	珠海公安	30.50	公安	NO.40	青春东莞	26.30	共青团
NO.16	江门交警	30.20	公安	NO.41	深圳市人民检察院	26.30	司法
NO.17	东莞市公安局	30.10	公安	NO.42	阳江公安	26.20	公安
NO.18	茂名发布	29.83	地市官方	NO.43	广东普法	25.90	省直
NO.19	广东地税	29.70	省直	NO.44	平安潮州	25.90	公安
NO.20	南粤清风	29.50	省直	NO.45	平安清远	26.80	公安
NO.21	中国广州发布	29.37	地市官方	NO.46	广州公安	25.80	公安
NO.22	揭阳发布	28.95	地市官方	NO.47	江门教育	25.60	教育
NO.23	平安南粤	28.80	省直	NO.48	广东检察	25.50	司法
NO.24	广东交警	28.70	公安	NO.49	佛山公安局	25.40	公安
NO.25	广东旅游	28.60	省直	NO.50	茂名教育	25.30	教育

（续上表）

排名	微信账号	微信指数	行业	排名	微信账号	微信指数	行业
NO.51	平安肇庆	25.30	公安	NO.82	深圳市中级人民法院	21.70	司法
NO.52	清远交警	25.00	公安	NO.83	公正肇庆	21.70	公安
NO.53	广东省高级人民法院	24.90	司法	NO.84	网信广东	21.70	省直
NO.54	中山市教育和体育局	24.80	教育	NO.85	潮州共青团	21.60	共青团
NO.55	茂名交警权威发布	24.70	公安	NO.86	广州政法	21.50	省直
NO.56	清远市教育局	24.60	教育	NO.87	广东人大	21.20	共青团
NO.57	中山青年	24.60	共青团	NO.88	广东财政	28.70	地市官方
NO.58	平安汕尾	24.40	公安	NO.89	韶关发布	20.70	地市官方
NO.59	深圳发布	24.28	地市官方	NO.90	惠州中院	20.20	司法
NO.60	广东网警	24.10	省直	NO.91	广东三防	19.90	省直
NO.61	平安揭阳	24.10	公安	NO.92	阳江共青团	19.50	共青团
NO.62	汕头交警	24.10	公安	NO.93	中山市公安局	19.40	公安
NO.63	茂名公安	24.10	公安	NO.94	河源青年1家	19.30	共青团
NO.64	广州市中级人民法院	24.00	司法	NO.95	韶关共青团	19.30	共青团
NO.65	平安云浮	24.00	公安	NO.96	茂名共青团	19.20	共青团
NO.66	佛山市中级人民法院	23.90	司法	NO.97	清远共青团	19.10	共青团
NO.67	广东林业	23.80	省直	NO.99	梅州发布	18.86	地市官方
NO.68	揭阳共青团	23.80	共青团	NO.100	东莞交警	18.80	公安
NO.69	河源教育局	23.80	教育	NO.101	汕头青年	18.80	共青团
NO.70	莞香花开	23.64	地市官方	NO.102	广东食药监	18.70	省直
NO.71	汕头市政府应急办	23.63	地市官方	NO.103	梅州青年	18.70	共青团
NO.72	广东国资	23.50	省直	NO.104	中山交警	18.50	公安
NO.73	广东工商	23.30	省直	NO.105	湛江青年	18.40	共青团
NO.74	河源交警	23.00	公安	NO.106	云浮发布	18.21	地市官方
NO.75	广东海洋与渔业	23.00	省直	NO.107	广东电网新闻	18.20	其他
NO.76	珠海发布	22.95	地市官方	NO.108	汕尾共青团	18.10	共青团
NO.77	平安韶关	22.90	公安	NO.109	广东扶贫	18.10	省直
NO.78	云浮交警	22.60	公安	NO.110	广东阳江发布	18.01	地市官方
NO.79	佛山共青团	22.50	共青团	NO.111	惠州教育公众号	18.00	教育
NO.80	惠州发布	22.13	地市官方	NO.112	广东安监	17.80	省直
NO.81	广东农业	21.80	省直	NO.113	肇庆共青团	17.80	共青团

（续上表）

排名	微信账号	微信指数	行业	排名	微信账号	微信指数	行业
NO.114	正义肇庆	17.00	公安	NO.143	惠州检察	13.70	司法
NO.115	江门公安	16.70	公安	NO.143	惠州检察	13.70	司法
NO.116	广东信访	16.20	省直	NO.144	广东缉私	13.70	省直
NO.117	广东国防	16.20	省直	NO.145	湛江公安	13.50	公安
NO.118	潮州检察	16.10	司法	NO.146	云浮市中级人民法院	13.40	司法
NO.119	平安湛江	16.10	公安	NO.147	江门市中级人民法院	13.40	司法
NO.120	正义中山	15.70	司法	NO.148	清远市中级人民法院	13.30	司法
NO.121	广州检察	15.50	司法	NO.149	广东商务	13.30	省直
NO.122	汕头检察	15.40	司法	NO.150	江门检察	13.20	司法
NO.123	广东国土资源	15.20	省直	NO.151	广东统计	13.20	省直
NO.124	深圳共青团资讯号	15.00	共青团	NO.152	茂名市中级人民法院	13.10	司法
NO.125	湛江政府网	14.92	地市官方	NO.153	汕尾教育资讯	13.10	教育
NO.126	云浮教育	14.90	教育	NO.154	湛江检察	12.90	司法
NO.127	韶关交警权威发布	14.80	公安	NO.155	江门共青团	12.80	共青团
NO.128	梅州交警	14.50	公安	NO.156	珠海检察	12.60	司法
NO.129	惠州公安	14.50	公安	NO.157	梅州市中级人民法院	12.40	司法
NO.130	韶关教育信息	14.30	教育	NO.158	正义云浮	12.40	司法
NO.131	广州建设	14.30	其他	NO.159	河源市人民检察院	12.30	司法
NO.132	韶关市人民检察院	14.30	司法	NO.160	广东侨务	12.30	省直
NO.133	潮州发布	14.27	地市官方	NO.161	汕尾市人民检察院	12.00	司法
NO.134	中山市中级人民法院	14.00	司法	NO.162	湛江交警	11.90	公安
NO.135	汕头市中级人民法院	14.00	司法	NO.163	正义梅州	11.50	司法
NO.136	茂名检察	14.00	司法	NO.164	清远检察	11.00	公安
NO.137	揭阳教育	14.00	教育	NO.165	揭阳检察	10.90	司法
NO.138	平安江门	13.90	公安	NO.166	广东省文化厅	10.90	省直
NO.139	湛江市教育局	13.80	教育	NO.167	揭阳市中级人民法院	10.60	司法
NO.140	粤红	13.80	省直	NO.168	汕尾市中级人民法院	9.50	司法
NO.141	揭阳交警	13.80	公安	NO.169	阳江检察	9.40	司法
NO.142	掌上汕尾	13.79	地市官方				

5. 小结

目前，微信公众号已成为各级政府机构首选的"微政务"平台，因此其账号覆盖度也较为广泛。优秀的政务微信账号首先应保证其推送文章的高品质，其次，应善于引导百姓表达自己的意见，积极与百姓展开互动。运营者结合百姓的新媒体使用习惯，选择在中午或傍晚时分集中推送消息，以获得最佳传播效果。但遇到紧急情况，也会选择在凌晨甚至是午夜及时发布消息，方便百姓第一时间获知消息。总体来讲，地市官方新闻发布账号的运营技巧较为成熟，能够及时与百姓展开互动。

（二）微博：广深账号最抢眼，总体活跃度偏低

1. 整体覆盖率较高，但活跃度"两极分化"

21 地市官方发布机构中，除云浮、韶关、揭阳外，均有开通官方认证微博。2017 年 1 月 1 日至 12 月 31 日，已开通官方微博的 18 地市共发布微博 56 396 条，平均每个账号每天发布 8.58 条微博。其中"深圳微博发布厅"平均每天发博量高达 28.2 条。部分政务新媒体发博量排行情况见图 9。

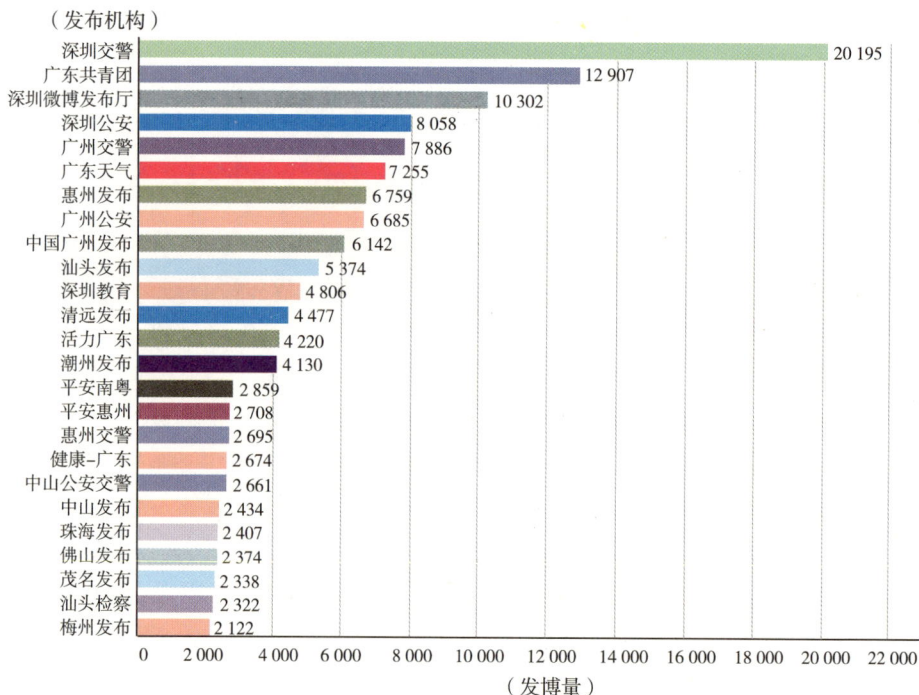

图 9　2017 年广东政务新媒体发博量排行榜

在省直、公安、法院、检察院、教育、共青团等系统中，2017 年 1 月 1 日至 12 月 31 日，129 个账号共发布 139 292 条微博。若将发博频率低于每两天一条，即全年发博量低于 182 条的账号视为不活跃，上述 129 个账号中，不活跃账户高达 50 个，占比 38.8%。其中，全年发博量低于 100 条的"僵尸号"共 40 个，占比高达 31%。可以看出，政务微博平台总体活跃度偏低。

2. 运营规律：8 月最活跃，值班人员全天候在线

微博的月度发文趋势总体上呈现以 8 月为中心的"倒 U 形"，7 月和 9 月、6 月和 10 月的发博量相仿（见图 10）。与微信平台相同，2 月份政务微博也较为"平静"。

和微信平台的集中推送不同，政务微博从 7 时起，除了 12 时和 13 时，均保持较高的发博频率。在 18 时至 24 时，其仍保持稳定的发博量以保证信息的及时推送。

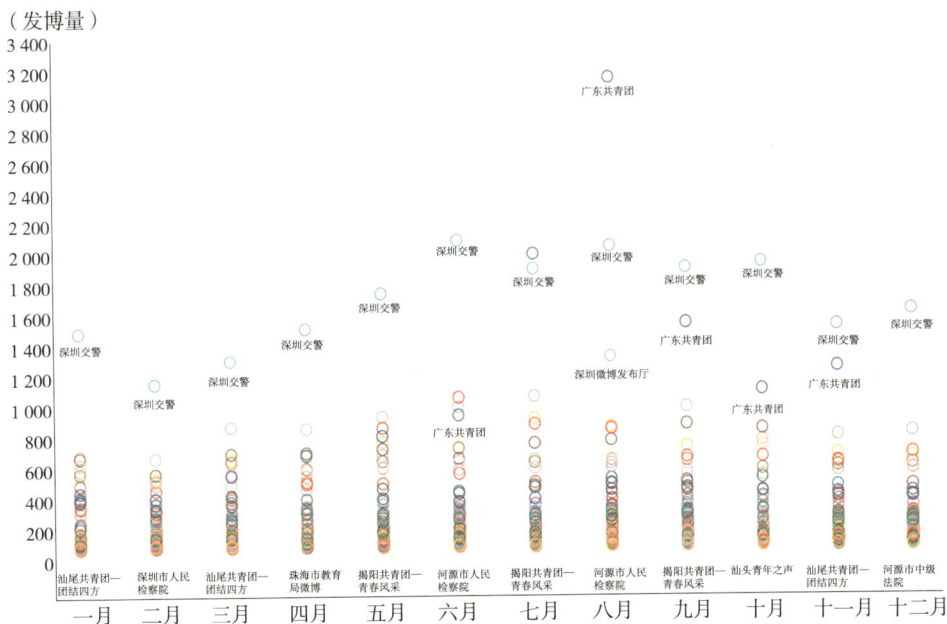

图 10　2017 年政务微博月度发文趋势

（发博量）

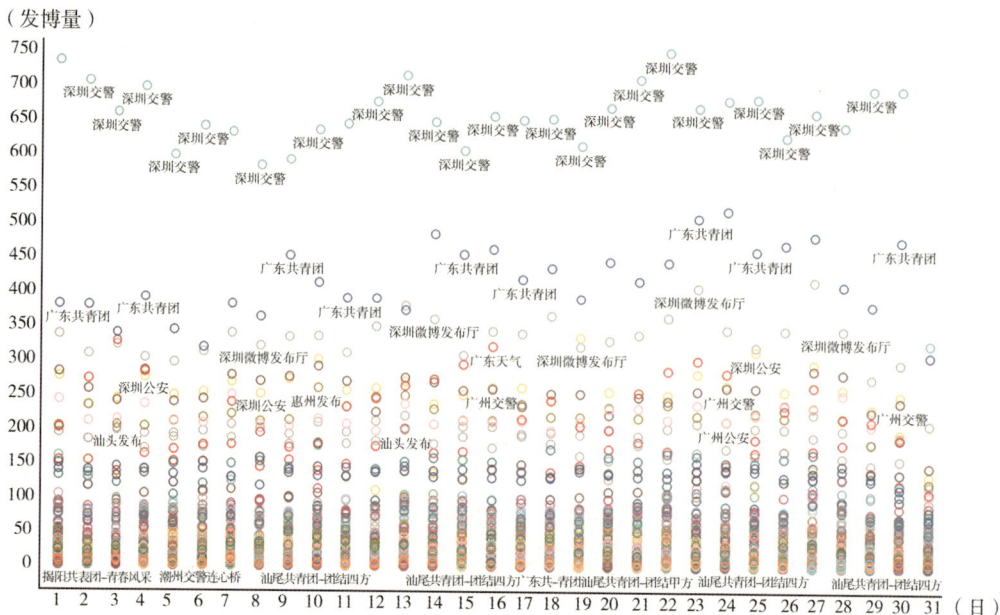

图11　政务微博每日发文规律

3.“转评赞”指标评估：公安系统微博账号最活跃

平均点赞量可以衡量老百姓对一个微博账号的认可程度。2017年，“深圳公安”“广州公安”“深圳交警”“广东共青团”“中国广州发布”“湛江公安”等得到微博网民的普遍认可（见图12）。“深圳公安”平均每条微博点赞量高达36.51次，“湛江公安”达24.36次。

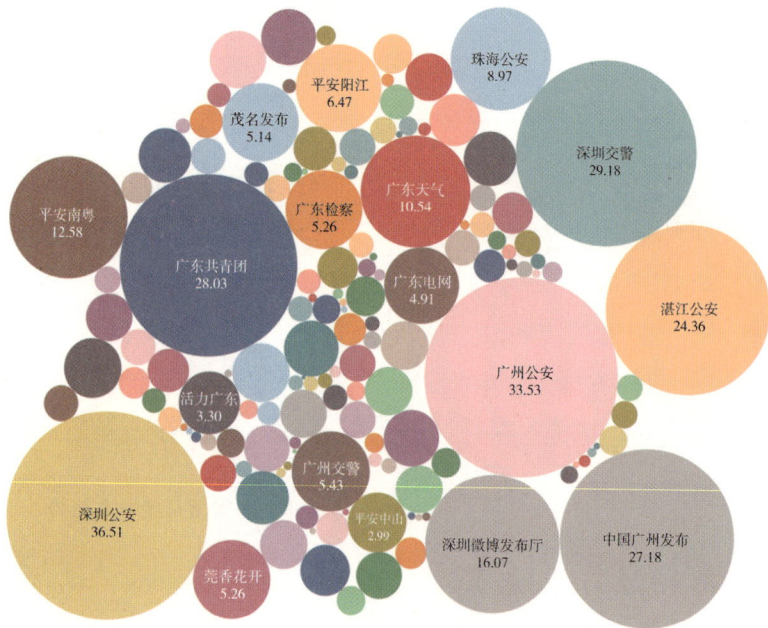

珠海公安 8.97
平安阳江 6.47
茂名发布 5.14
深圳交警 29.18
平安南粤 12.58
广东检察 5.26
广东天气 10.54
广东共青团 28.03
广东电网 4.91
湛江公安 24.36
广州公安 33.53
活力广东 3.30
广州交警 5.43
深圳公安 36.51
平安中山 2.99
莞香花开 5.26
深圳微博发布厅 16.07
中国广州发布 27.18

图12　2017年政务微博平均点赞量气泡图

　　平均评论量可以衡量一个账号过去一年内引发话题讨论的能力。2017 年，"深圳交警"微博平均评论量高达 23.72 次，"深圳公安""广州公安""广东天气"也分别达到 17.14 次、15.72 次和 14.45 次（见图 13）。

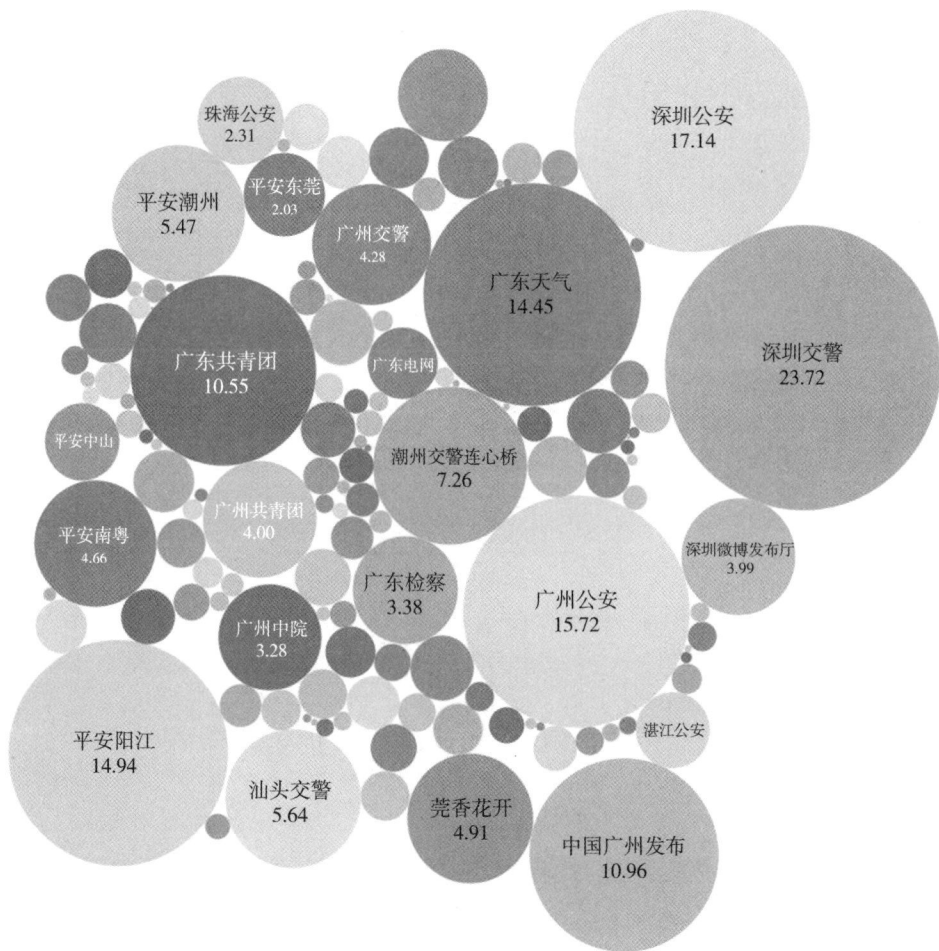

图 13　2017 年政务微博平均评论量气泡图

平均转发量可作为衡量一个微博账号是否发送有价值信息的标准之一。过去一年，"中国广州发布""平安南粤""广州公安""深圳公安""广东共青团"等所发布的信息得到了网友的积极响应，以上账号也位列微博转发榜前列。从图14中可以看出，许多账号的微博平均转发量都较为接近。但微博总转发量却呈现出明显的"头部效应"："深圳交警""广东共青团""深圳公安"等10个账号几乎包揽了绝大部分微博转发量（见图15）。这也说明了微博平台的"两极分化"现象较为严重。

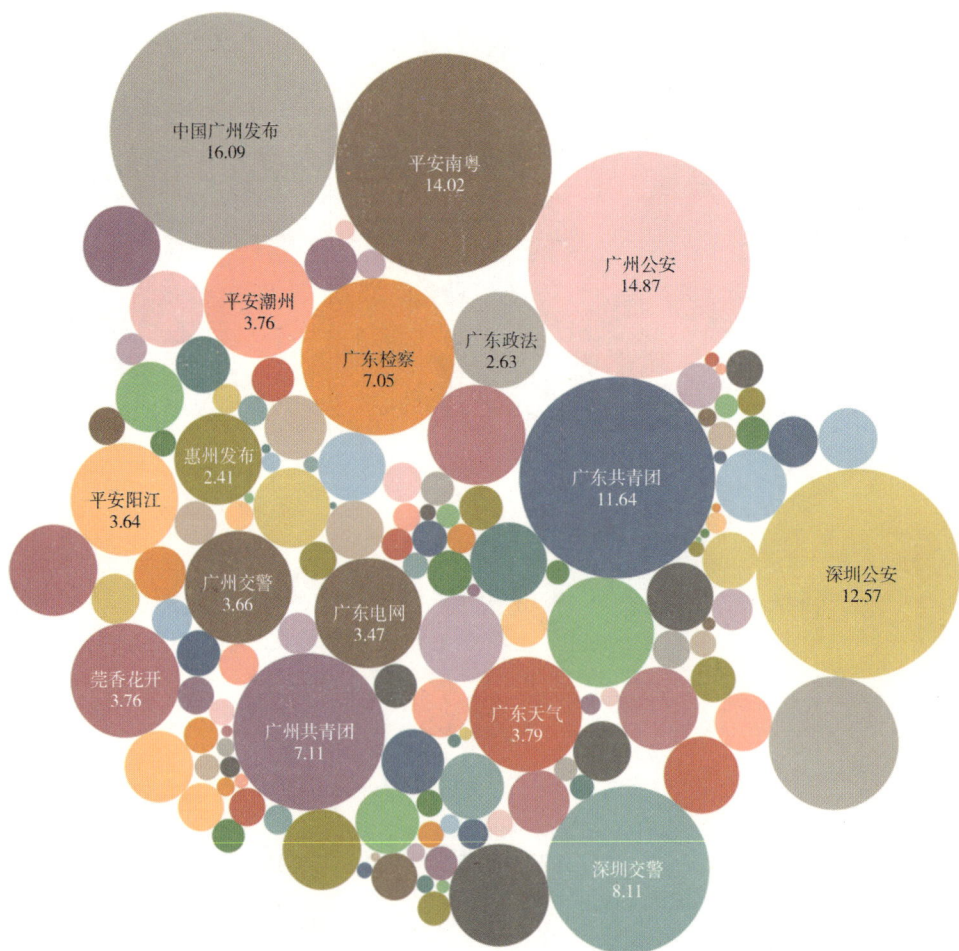

图14　2017年政务微博平均转发量气泡图

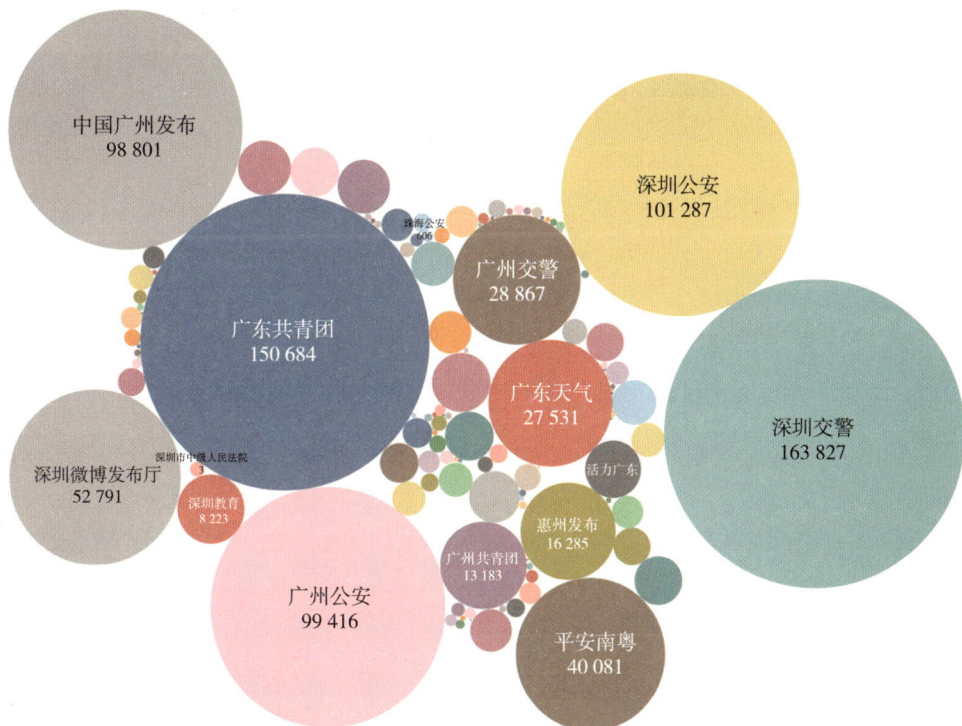

图 15　2017 年政务微博总转发量气泡图

4. 运营成绩："深圳交警""广东共青团""中国广州发布"领跑榜单

微博榜单由"深圳交警""广东共青团""中国广州发布"领跑，"深圳公安""广州公安""深圳微博发布厅"紧随其后，表现出众（见表 2）。同微信榜单相仿，地市官方发布机构和公安系统在微博平台的运营成绩也较为优秀。

表 2　2017 年广东政务微博综合榜

排名	微博账号	微博指数	行业	排名	微博账号	微博指数	行业
NO. 1	深圳交警	30.00	公安	NO. 9	广州共青团	21.90	共青团
NO. 2	广东共青团	29.90	共青团	NO. 10	广州交警	21.10	公安
NO. 3	中国广州发布	29.17	地市官方	NO. 11	广东天气	20.80	其他
NO. 4	深圳公安	28.80	公安	NO. 12	茂名发布	19.17	地市官方
NO. 5	广州公安	28.20	公安	NO. 13	清远发布	17.88	地市官方
NO. 6	深圳微博发布厅	27.56	地市官方	NO. 14	湛江公安	17.50	公安
NO. 7	平安南粤	25.40	公安	NO. 15	平安潮州	17.50	公安
NO. 8	平安阳江	22.10	公安	NO. 16	珠海发布	16.54	地市官方

（续上表）

排名	微博账号	微博指数	行业	排名	微博账号	微博指数	行业
NO.17	惠州发布	15.34	地市官方	NO.50	清远交警	11.00	公安
NO.18	深圳教育	16.20	教育	NO.51	东莞共青团	11.00	共青团
NO.19	惠州交警	15.70	公安	NO.52	平安韶关	11.00	公安
NO.20	活力广东	15.60	省直	NO.53	深圳市人民检察院	10.90	司法
NO.21	莞香花开	15.55	地市官方	NO.54	平安清远	10.70	公安
NO.22	梅州发布	15.52	地市官方	NO.55	汕头发布	10.63	地市官方
NO.23	肇庆发布	15.48	地市官方	NO.56	广东税务局	10.50	省直
NO.24	佛山发布	15.43	地市官方	NO.57	珠海青年	10.50	共青团
NO.25	中山发布	15.41	地市官方	NO.58	广州教育	10.40	教育
NO.26	汕头交警	15.00	公安	NO.59	平安汕尾	10.40	公安
NO.27	中山公安交警	14.60	公安	NO.60	湛江交警	10.30	公安
NO.28	平安东莞	14.60	公安	NO.61	广州中院	10.20	司法
NO.29	广东检察	14.20	司法	NO.62	广东省工商局	10.20	省直
NO.30	江门交警	14.20	公安	NO.63	广东国防	10.00	省直
NO.31	中国侨都—江门发布	13.80	地市官方	NO.64	平安梅州	9.90	公安
NO.32	潮州发布	13.75	地市官方	NO.65	河源发布	9.78	地市官方
NO.33	平安中山	13.70	公安	NO.66	佛山交警微路况	9.70	公安
NO.34	广东政法	13.70	省直	NO.67	韶关青年汇	9.60	共青团
NO.35	广东电网	13.70	其他	NO.68	广东地税	9.50	省直
NO.36	潮州交警连心桥	13.60	公安	NO.69	河源交警	9.40	公安
NO.37	公安主持人	13.30	公安	NO.70	汕头青年之声	9.40	共青团
NO.38	珠海公安	13.10	公安	NO.71	江门教育	9.40	教育
NO.39	平安揭阳	13.00	公安	NO.72	公正肇庆	8.70	司法
NO.40	广东省高级人民法院	12.90	司法	NO.73	平安云浮	8.70	公安
NO.41	平安惠州	12.80	公安	NO.74	汕尾发布	8.60	地市官方
NO.42	平安肇庆	12.70	公安	NO.75	平安河源	8.60	公安
NO.43	湛江发布	12.49	地市官方	NO.76	湛江检察	8.40	司法
NO.44	江门公安	12.40	公安	NO.77	广东网警巡查执法	8.40	省直
NO.45	广东阳江发布	12.22	地市官方	NO.78	中山青年	8.40	共青团
NO.46	平安汕头	11.40	公安	NO.79	佛山共青团	8.40	共青团
NO.47	正义肇庆	11.10	司法	NO.80	南粤防震减灾	8.30	省直
NO.48	东莞市教育局	11.00	教育	NO.81	广东交警	8.30	公安
NO.49	平安茂名	11.00	公安	NO.82	五邑法苑	8.30	司法

（续上表）

排名	微博账号	微博指数	行业	排名	微博账号	微博指数	行业
NO. 83	佛山市中级人民法院	8. 20	司法	NO. 114	惠州共青团	5. 30	共青团
NO. 84	茂名检察	8. 10	司法	NO. 115	东莞检察	5. 30	司法
NO. 85	广州检察	8. 00	司法	NO. 116	惠州检察	4. 90	司法
NO. 86	深圳共青团	7. 90	共青团	NO. 117	广东食药监	4. 90	省直
NO. 87	阳江中院	7. 80	司法	NO. 118	茂名交警	4. 70	公安
NO. 88	南粤绿声	7. 80	省直	NO. 119	深圳市中级人民法院	4. 60	司法
NO. 89	清远共青团	7. 80	共青团	NO. 120	共青团梅州市委员会	4. 50	共青团
NO. 90	中山检察	7. 70	司法	NO. 121	湛江共青团	4. 30	共青团
NO. 91	健康—广东	7. 60	省直	NO. 122	汕头市中级人民法院	4. 30	司法
NO. 92	韶关交警	7. 30	公安	NO. 123	惠州市中级人民法院	4. 30	司法
NO. 93	中山中院	7. 10	司法	NO. 124	云浮共青团	4. 10	共青团
NO. 94	江门共青团	7. 10	共青团	NO. 125	汕尾检察	4. 00	司法
NO. 95	阳江团市委	7. 10	共青团	NO. 126	梅州检察	3. 90	司法
NO. 96	汕头检察	7. 10	司法	NO. 127	广东省国土资源厅	3. 60	省直
NO. 97	珠海检察	7. 00	司法	NO. 128	茂名市教育局	3. 50	教育
NO. 98	韶关团委	6. 90	共青团	NO. 129	正义云浮	3. 40	司法
NO. 99	江门检察	6. 70	司法	NO. 130	珠海市中级人民法院	3. 10	司法
NO. 100	清远教育	6. 60	教育	NO. 131	河源市中级法院	3. 00	司法
NO. 101	珠海市教育局微博	6. 50	教育	NO. 132	广东侨务	2. 90	省直
NO. 102	汕尾共青团—团结四方	6. 30	共青团	NO. 133	肇庆教育	2. 60	教育
NO. 103	正义清远	6. 20	司法	NO. 134	茂名市中级人民法院	2. 40	司法
NO. 104	佛山教育局	6. 20	教育	NO. 135	惠州教育	2. 30	教育
NO. 105	清远市中级人民法院	6. 10	司法	NO. 136	阳江检察	2. 20	司法
NO. 106	汕尾市中级人民法院	6. 10	司法	NO. 137	河源共青团	1. 70	共青团
NO. 107	云浮市交警支队	6. 00	公安	NO. 138	河源市人民检察院	1. 60	司法
NO. 108	揭阳检察	6. 00	司法	NO. 139	韶关检察	1. 50	司法
NO. 109	青春肇庆	5. 90	共青团	NO. 140	潮州中院	1. 30	司法
NO. 110	揭阳共青团—青春风采	5. 90	共青团	NO. 141	珠海交警	1. 20	公安
NO. 111	茂名共青团	5. 80	共青团	NO. 142	潮州检察	1. 00	司法
NO. 112	汕头市青年联合会	5. 80	共青团	NO. 143	东莞市中级人民法院	0. 20	司法
NO. 113	佛山检察	5. 50	司法	NO. 144	云浮中院	0. 10	司法

5. 小结

由于微博的即时化、碎片化特点，公安、地市官方发布机构等以发布即时、简洁消息为主的账号在微博平台容易取得优秀成绩。从微博榜单可以看出，公安（含交警）系统的官方微博表现尤为出众。相较微信平台，微博平台的"有平台无运营"现象更为严重。微博总转发量几乎完全被前几名账号包揽。运营者应当思考：究竟是该改进运营策略，还是与其他平台做出权衡取舍？

（三）南方号：各级政务机构、各地党政机关全覆盖，助力"权威 + 专业"政务平台建设

南方号由"南方 +"客户端于 2016 年 10 月 21 日推出，不同于社交媒体和其他商业新闻客户端，南方号致力于打造广东首个专注于权威信源的自媒体平台和覆盖省市两级的政务服务平台。首批 120 多个入驻"南方号"的单位，以全省党政机关政务自媒体为主，同时囊括省内具有代表性的高等院校、社会团体、主流媒体的官方自媒体。

随后，南方号采取"横纵结合"的发展策略吸纳全省各级政务机构入驻。一方面，纵向的市县区三级政务机构以地市为单位组成新媒体矩阵依次入驻南方号。另一方面，从全省各党政机关系统入手，人社、通信、金融、水利、卫生……各地党政机关系统账号陆续入驻，为百姓提供专业、权威的消息，很大程度上弥补了地市官方党政新闻发布机构权威性和专业度方面的缺陷。

截至 2017 年底，全省各级政务机构共计 3 300 多家均开通了南方号。1 月 1 日至 11 月 30 日，21 地市官方政务新媒体共发布 28 375 条资讯，所获点赞量共计 136 593 880 次。

（四）小结：政务新媒体整体活跃度有待提升，各平台运营须"区别对待"

从账号开通情况看，纳入统计的党政新闻发布机构、省直、公安、交警、法院、检察院、教育、共青团八个类别的政务机关积极"触网"，有良好的新媒体发布消息意识。

从上述账号的消息推送情况看，21 地市官方新媒体账号的表现最突出——消息发送稳定、高频，很好地发挥了政务新媒体"信息发布"这一基本功能。公安、交警、共青团等其余七个系统的账号表现参差不齐，部分账号存在"僵尸号"现象。

微信公众平台分为订阅号和服务号，前者侧重信息发布，后者在微服务方面更具优势。因此，重点提供生活服务的单位热衷于开通服务号以提供更好的服务，如公安和交警系统；而旨在发布政务信息的机构如党政新闻发布机构和共青团系统则更偏爱开通订阅号。当然，个别单位（如深圳交警）同时开通了订阅号和服务号，以期在为百姓提供优质服务的同时，也能通过高频的消息推送更好

地与百姓互动，建构良好的单位形象。

相较于微信公众平台，微博具有即时化和碎片化的特点。因此，一些提供较强时效性服务的单位更乐于通过微博提供服务。如公安、交警和天气系统在微博平台的活跃度远远高于微信平台。而在新生的南方号平台，各政务机构正在探索区别于朋友圈推文的资讯风格，以更好地把握活泼与权威之间的度，树立良好的政务新媒体形象。

三、2017 年广东省各系统政务新媒体运营情况

（一）广东各地市官方新媒体

1. 概述

作为广东省政务新媒体的领军力量，各地市官方新媒体是先行者和探路者，在所有系统中运营成绩最为出色。

在微信平台，"中山发布""佛山发布"和"江门发布"位居榜单前列（见图16）。广州和深圳则在微博平台重点发力（见图17）。但总体来看，各地市在微信平台的活跃度要高于微博。

广东政务微信指数排行榜 2017·地市		
排名	微信昵称	微信指数
NO.1	中山发布	A+
NO.2	佛山发布	A+
NO.3	江门发布	A
NO.4	肇庆发布	A
NO.5	河源发布	A
NO.6	清远发布	A
NO.7	茂名发布	A-
NO.8	中国广州发布	A-
NO.9	揭阳发布	A-
NO.10	深圳发布	B+
NO.11	莞香花开	B+
NO.12	汕头市政府应急办	B+
NO.13	珠海发布	B+
NO.14	惠州发布	B+
NO.15	韶关发布	B
NO.16	梅州发布	B-
NO.17	云浮发布	B-
NO.18	广东阳江发布	B-
NO.19	湛江政府网	C
NO.20	潮州发布	C
NO.21	掌上汕尾	C

广州市舆情大数据重点研究基地 暨南大学传播与国家治理研究院
2018年1月

广东政务微博指数排行榜 2017·地市		
排名	微博昵称	微博指数
NO.1	中国广州发布	A+
NO.2	深圳微博发布厅	A
NO.3	茂名发布	B+
NO.4	清远发布	B
NO.5	珠海发布	B-
NO.6	惠州发布	B-
NO.7	莞香花开	B-
NO.8	梅州发布	B-
NO.9	肇庆发布	B-
NO.10	佛山发布	B-
NO.11	中山发布	B-
NO.12	中国侨都-江门发布	C+
NO.13	潮州发布	C+
NO.14	湛江发布	C
NO.15	广东阳江发布	C
NO.16	汕头发布	C-
NO.17	河源发布	C-
NO.18	汕尾发布	C-

广州市舆情大数据重点研究基地 暨南大学传播与国家治理研究院
2018年1月

图 16　2017 年各地市官方发布机构微信榜单　　图 17　2017 年各地市官方发布机构微博榜单

从地域来看，粤东、粤西和粤北地区官方新媒体整体活跃度不高。不过，值得一提的是，粤西城市茂名在微信平台表现较为突出，这也说明了虽然经济因素与政务新媒体运营成绩有关系，但并不是政务新媒体运营水平的决定性因素，粤西北地区政务新媒体的运营仍有极大的提升空间。

2. "震惊体""悬念体"流行

综合微信推文的阅读量、点赞量和评论量，本报告最终选取了106篇热门推文。综合微博的"转评赞"三指标，选取86条微博作为热门微博。这些热门资讯不仅梳理了过去一年百姓的关注焦点，也有助于分析各地市官方新媒体的话语特点。

微信平台的106篇热门推文中，"中山发布"共61篇，占比58%；"佛山发布"28篇，占比26%；其余几个账号则分别有1~6篇（见图18）。

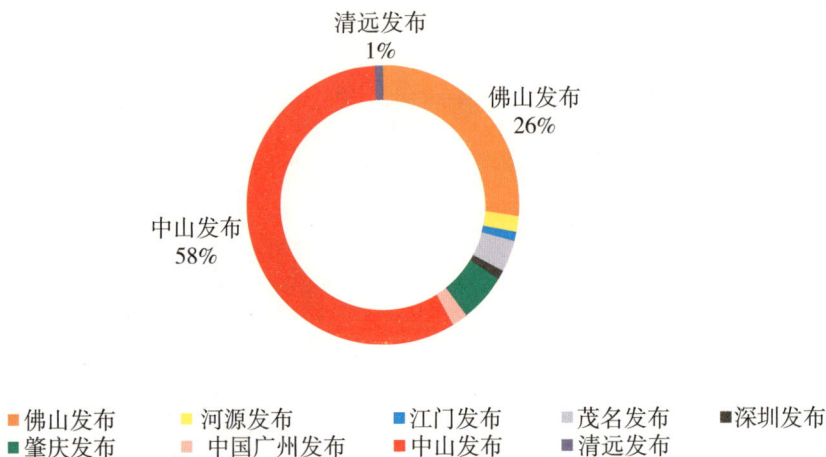

图18　2017年微信热文来源分布图

以推文点赞量为权重将上述106篇标题制作词云图（见图19）可以发现，"快讯""最新""震撼""重磅"这类"震惊体"在各地市官方新媒体的推文中广泛存在。这表明党政新闻机构的政务新媒体运营人员善于以开放包容的心态在标题上下功夫，改进政府机构的呆板文风。最后的成绩也证明，这样的做法使得传播效果更为显著。但是，政务新媒体运营人员不能因为当前的成绩沾沾自喜，而应对现有"震惊体"标题保持应有的警惕。比如，"回南天将至！持续到……"，这条标题采用的省略结构完全没有必要。在信息爆炸的时代，政务新媒体要做到让百姓以最低的获取成本得到想要的信息，上面的标题恰恰与这种理念相反。再比如，"河源首座玻璃吊桥今天迎客，壮汉爬着过，美女躺下玩自拍……"这一标题明显受到网络上色情标题的影响，虽然推文得到了"10万＋"的阅读量，但是这种做法却不值得提倡。

图 19　2017 年微信热文词云图

　　另外，热门文章标题的词云图为我们展现了一幅"惨不忍睹"的景象：台风、大雨、冰雹、降温导致"全市停工""停课"。这种现象表明，政务新媒体有效地履行了突发信息发布的功能，百姓可以直接通过政务新媒体获取第一手信息，极大方便了其日常的生产生活。从政府角度看，通过政务新媒体与百姓直接沟通对话，一方面体现了其服务效能不断提高和延伸，另一方面也是推进政府治理体系不断完善的重要环节。

　　86 条热门微博几乎全被"中国广州发布"和"深圳微博发布厅"占据，前者 55 条，占比 63.95%；后者 26 条，占比 30.23%（见图 20）。"清远发布""莞香花开""肇庆发布""珠海发布"分别有 1 ~ 2 条微博入围。

　　通过以热门微博点赞量为权重制作的热门微博词云图（见图 21）可以看出，"广州城事"占据了较大的版面，"广州地铁"也屡屡被提及。由于微博的即时性和碎片化特性，具有时效性的微博最容易得到百姓的关注。比如，"深圳限行外地车""广州地铁安检""辟谣"等主题博文得到了网友的点赞和热烈讨论。

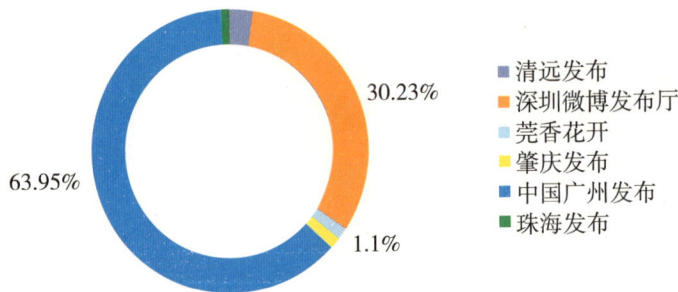

图20　2017年政务热门微博来源分布图

- 清远发布
- 深圳微博发布厅
- 莞香花开
- 肇庆发布
- 中国广州发布
- 珠海发布

30.23%
63.95%
1.1%

图21　2017年政务热门微博词云图

（二）公安系统

1. 概述

公安系统的"两微"表现非常活跃。微信榜单前 20 名中，公安系统所属账号共 9 个，占 45%。前 100 名中，公安系统账号共 29 个，占比将近 30%。微博榜单前 20 名中，公安系统账号则高达 13 个，占比 65%。

微信榜单中，"珠海交警""广州交警""深圳交警权威发布"位列前三名，"珠海公安""江门交警""东莞市公安局"也有较为出众的成绩（见图 22）。其余大部分账号表现集中于中等水平。

微博榜单中，公安系统账号表现尤为出色。"深圳交警"领跑公安系统微博榜单（见图 23）。此外，"深圳公安""广州公安""平安南粤（广东省公安厅）""平安阳江""广州交警"也进入了综合榜单前十名。

广东政务微信指数排行榜 2017·公安		
排名	微信昵称	微信指数
NO.1	珠海交警	A+
NO.2	广州交警	A
NO.3	深圳交警权威发布	A
NO.4	珠海公安	A-
NO.5	江门交警	A-
NO.6	东莞市公安局	A-
NO.7	广东交警	B+
NO.8	平安梅州	B
NO.9	深圳公安发布	B
NO.10	河源警事	B
NO.11	阳江公安	B
NO.12	平安潮州	B-
NO.13	平安清远	B-
NO.14	广州公安	B-
NO.15	佛山公安局	B-
NO.16	平安肇庆	B-
NO.17	清远交警	B-
NO.18	茂名交警权威发布	B-
NO.19	平安汕尾	B-
NO.20	平安揭阳	B-
NO.21	汕头交警	B-
NO.22	茂名公安	B-
NO.23	平安云浮	B-
NO.24	河源交警	B-
NO.25	平安韶关	B-
NO.26	云浮交警	B-
NO.27	公正肇庆	B-
NO.28	中山市公安局	C+
NO.29	东莞交警	C+
NO.30	中山交警	C+
NO.31	正义肇庆	C+
NO.32	江门公安	C+
NO.33	平安湛江	C+
NO.34	韶关交警权威发布	C
NO.35	梅州交警	C
NO.36	惠州公安	C
NO.37	平安江门	C
NO.38	揭阳交警	C
NO.39	湛江公安	C
NO.40	湛江交警	C-

图 22　2017 年公安系统微信指数排行榜

广东政务微博指数排行榜 2017·公安		
排名	微博昵称	微博指数
NO.1	深圳交警	A+
NO.2	深圳公安	A+
NO.3	广州公安	A+
NO.4	平安南粤	A
NO.5	平安阳江	A-
NO.6	广州交警	A-
NO.7	湛江公安	B+
NO.8	平安潮州	B+
NO.9	惠州交警	B+
NO.10	汕头交警	B+
NO.11	中山公安交警	B
NO.12	平安东莞	B
NO.13	江门交警	B
NO.14	平安中山	B
NO.15	潮州交警连心桥	B
NO.16	公安主持人	B
NO.17	珠海公安	B
NO.18	平安揭阳	B
NO.19	平安惠州	B
NO.20	平安肇庆	B
NO.21	江门公安	B-
NO.22	平安汕头	B-
NO.23	平安茂名	B-
NO.24	清远交警	B-
NO.25	平安韶关	B-
NO.26	平安清远	B-
NO.27	平安汕尾	B-
NO.28	湛江交警	B-
NO.29	平安梅州	C+
NO.30	佛山交警微路况	C+
NO.31	河源交警	C+
NO.32	平安云浮	C
NO.33	平安河源	C
NO.34	广东交警	C
NO.35	韶关交警	C
NO.36	云浮市交警支队	C
NO.37	茂名交警	C-
NO.38	珠海交警	C-

图 23　2017 年公安系统微博指数排行榜

2. 服务民生的"干货"成为公安系统政务新媒体的制胜法宝

内容方面，公安系统账号也是热门内容的主要提供者。187 篇热门微信推文，公安交警账号贡献了 88 篇，约占 47.1%；44 条热门微博，公安系统原创 29 条，约占 65.9%。

"台风"不仅是党政新闻发布机构关注的焦点，同样也登上了公安系统的议事日程。"天鸽"的破坏力通过微信热词图（见图 24）便可见一斑，"广州交警电子警察对不礼让行人开拍"引发市民热议，高速公路上频发的事故也是百姓关注的焦点。此外，公安系统微信账号热衷于用视频还原"抓拍"的"惊险"现场，以发挥其安全教育的职能。

从微博热词图（见图 25）可以看出，公安系统的账号以实时动态通报为主，交警微博重于发布即时交通信息，公安微博则多通报案情动态。同微信一样，小视频、直播在微博平台的应用也非常普遍，"梨视频"成为许多公安交警微博视频的引用对象。如 2017 年 9 月 7 日，湖北襄阳一男子酒驾后百般抵赖，拒绝接受酒精检测。他检测完成后发出的"人生啊，哪有出淤泥而不染的呢？"这一"灵魂叩问"，成为网络段子手们追踪的热点。

图 24　2017 年公安系统热门微信词云图

图 25　2017 年公安系统热门微博词云图

（三）共青团系统

1. 概述

除公安系统外，各地市共青团的"两微"账号也有不俗表现（见图 26、图 27）。

微信榜单中，"广东共青团"领跑共青团系统，整体热度突出（见图 26）。相较微信平台，共青团系统在微博上却整体表现一般。仅有"广东共青团"和"广州共青团"跻身综合榜单前十名，其余大部分账号位于微博综合榜单的第50～100名（见表 2）。

排名	微信昵称	微信指数
NO.1	广东共青团	A+
NO.2	惠州青年汇	A-
NO.3	广州共青团	A-
NO.4	青春东莞	A-
NO.5	中山青年	B+
NO.6	揭阳共青团	B+
NO.7	佛山共青团	B+
NO.8	潮州共青团	B-
NO.9	阳江共青团	B-
NO.10	河源青年1家	B-
NO.11	韶关共青团	B-
NO.12	茂名共青团	B-
NO.13	清远共青团	B-
NO.14	云浮共青团	B-
NO.15	汕头青年	B-
NO.16	梅州青年	B-
NO.17	湛江青年	B-
NO.18	汕尾共青团	B-
NO.19	肇庆共青团	C+
NO.20	深圳共青团资讯号	C
NO.21	江门共青团	C-

图 26　2017 年共青团系统微信指数排行榜

排名	微博昵称	微博指数
NO.1	广东共青团	A+
NO.2	广州共青团	A
NO.3	东莞共青团	B
NO.4	珠海青年	B
NO.5	韶关青年汇	B-
NO.6	汕头青年之声	B-
NO.7	中山青年	B-
NO.8	佛山共青团	B-
NO.9	深圳共青团	B-
NO.10	清远共青团	B-
NO.11	江门共青团	B-
NO.12	阳江团市委	B-
NO.13	韶关团委	C+
NO.14	汕尾共青团-团结四方	C+
NO.15	青春肇庆	C
NO.16	揭阳共青团-青春风采	C
NO.17	茂名共青团	C
NO.18	汕头市青年联合会	C
NO.19	惠州青年	C
NO.20	共青团梅州市委员会	C-
NO.21	湛江共青团	C-
NO.22	云浮共青团	C-
NO.23	河源共青团	C-

图 27　2017 年共青团系统微博指数排行榜

2. 用年轻话语为青年传递价值正能量

共青团系统"两微"账号中，入选的热门内容均源于"广东共青团"。其中，微信推文共 68 条，约占 36.4%；微博 14 条，约占 31.8%。

"台风"出现在共青团系统的微信热词图（见图28）上并不意外，毕竟它与所有人的生活息息相关。但是，对比党政新闻发布机构、公安系统的微信热词图可以发现，在涉及"台风"的推文中，共青团系统使用的词语更加活泼，风格也更加年轻化。比如"只能用震撼两字来形容"等短语更贴近青年的表达方式，也使得广大青年朋友更容易接受。类似的表达不限于描述"台风"，如"这个故事昨天弄哭了整个朋友圈""燃爆了"等也频频出现在推文中。这一风格表明运营者积极探索使青年易于接受的传播方式，以期得到更好的传播效果，足见其良苦用心。

微博热词（见图29）则更加凸显出年轻化特色："摊手""抱抱""悲伤""不说了"等直接或间接表明态度的词语是年青一代经常挂在嘴边的话语；王源、王俊凯、郑爽等人则是年青一代的偶像。此外，"中国特种兵""九一八""勿忘历史""蛟龙号"等出现在教材上的政史名词也有较高的提及率，表明共青团系统"两微"账号对青年爱国主义教育的重视。

图28　2017年共青团系统热门微信词云图

图29　2017年共青团系统热门微博词云图

（四）教育系统

在报告选取的党政机关系统中，教育系统的"两微"账号开通率相对较低，其整体表现还有较大的提高空间。

微信榜单中，"广东教育""深圳教育"和"佛山教育"位居前三（见图30）。其中，"广东教育"在综合榜单中排名第12；惠州、云浮、韶关、揭阳、汕尾四市在综合榜单中排在第110名之后；其余地市的排名在第30~70名（见表1）。

在开通微博账号的10个地市类教育系统账号中（见图31），第一名"深圳教育"在综合榜单中排名第18，其余账号均在第45名之后（见表2）。

图30　2017 年教育系统微信指数排行榜　　图31　2017 年教育系统微博指数排行榜

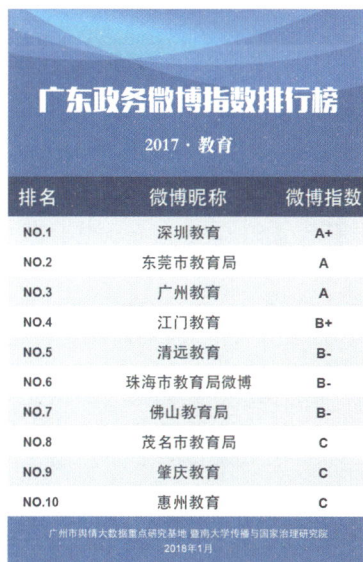

教育系统的热门内容集中在 2017 年高考以及招生录取工作（见表 3）。其中，录取分数线、录取日程、语文作文题目得到网民的高度关注。2017 年 4 月 19 日，广东省教育厅公布的《【重磅】我省原民办教师和原代课教师审核工作实施方案发布》成为朋友圈热点，但由于推文没有公开评论，所以无法从中准确了解网民的观点。此外，中考、中小学教育政策、幼儿园教师资格认定等也是教育行业的热点。

表 3　2017 年教育系统热门微信推文

标题	阅读量	点赞量
广东高考录取 7 月 6 日开始，录取工作日程看过来	100 001	764
刚刚，粤 2017 年一本投档线出炉！各高校最全投档信息都在这里……	100 001	782
广东二本投档线出炉！文理共投出 176 426 人	100 001	279
【重磅】我省原民办教师和原代课教师审核工作实施方案发布	100 001	1 424
快讯！广东提前第一批本科第一次投档分数线公布（附录取查询方式）	100 001	427

（续上表）

标题	阅读量	点赞量
重磅！《广东省教育厅、广东省招生委员会关于2018年深入推进普通高等学校考试招生改革的通知》公开征求意见！	100 001	458
刚刚，2017年广东高考各批次录取分数线发布	100 001	1 571
快讯！2017广东高考语文作文题公布！（附过去10年广东作文题）	100 001	990
快讯！第三批专科第一次投档情况出炉	99 905	97
想当老师看过来！2017年春季中小学（含中职）、幼儿园教师资格认定开始啦	90 755	288
供您参考！近4年广东本科高校第一次/第一志愿组投档情况汇总	81 967	423
【权威发布】佛山中考提前批录取分数线出炉！	75 235	119
广东二本征集志愿计划公布，今日16：00开始征集志愿	74 074	84
【高考】供您参考：近两年广东本科毕业生就业质量报告，看哪个专业薪酬最高？	71 294	164
2017年秋季中小学、幼儿园教师资格认定9月12日开始网上申报	70 782	242

（五）司法系统

从账号开通情况来看，21地市司法系统的"两微"账号开通率较高，其中微信账号共33个（见图32），微博账号40个（见图33），总数仅次于党政新闻发布机构。

在微信平台，"深圳市人民检察院""广东检察""广东省高级人民法院"占据司法系统榜单前三名。但是，除了"深圳市人民检察院"和"广东检察"分别在综合榜单中位列第41名和第48名外，其余账号均在50名以外，大部分账号甚至集中在100名以后（见表1）。

广东司法系统在微博平台的表现稍优于微信平台。"广东检察"和"广东省高级人民法院"分别在综合榜单中排名第29和第40（见表2）。

广东政务微信指数排行榜

2017·司法系统

排名	微信昵称	微信指数
NO.1	深圳市人民检察院	A
NO.2	广东检察	A
NO.3	广东省高级人民法院	A-
NO.4	广州市中级人民法院	A-
NO.5	佛山市中级人民法院	A-
NO.6	深圳市中级人民法院	B+
NO.7	惠州中院	B+
NO.8	潮州检察	B-
NO.9	正义中山	B-
NO.10	广州检察	B-
NO.11	汕头检察	B-
NO.12	韶关市人民检察院	B-
NO.13	中山市中级人民法院	B-
NO.14	汕头市中级人民法院	B-
NO.15	茂名检察	B-
NO.16	惠州检察	C+
NO.17	云浮市中级人民法院	C+
NO.18	江门市中级人民法院	C+
NO.19	清远市中级人民法院	C+
NO.20	江门检察	C+
NO.21	茂名市中级人民法院	C+
NO.22	湛江检察	C
NO.23	珠海检察	C
NO.24	梅州市中级人民法院	C
NO.25	正义云浮	C
NO.26	河源市人民检察院	C
NO.27	汕尾市人民检察院	C
NO.28	正义梅州	C-
NO.29	清远检察	C-
NO.30	揭阳检察	C-
NO.31	揭阳市中级人民法院	C-
NO.32	汕尾市中级人民法院	C-
NO.33	阳江检察	C-

广州市舆情大数据重点研究基地 暨南大学传播与国家治理研究院
2018年1月

图32 2017年司法系统微信
指数排行榜

广东政务微博指数排行榜

2017·司法系统

排名	微博昵称	微博指数
NO.1	广东检察	A+
NO.2	广东省高级人民法院	A
NO.3	正义肇庆	A
NO.4	深圳市人民检察院	A-
NO.5	广州中院	A-
NO.6	公正肇庆	B
NO.7	湛江检察	B
NO.8	五邑法苑	B
NO.9	佛山市中级人民法院	B
NO.10	茂名检察	B
NO.11	广州检察	B
NO.12	阳江中院	B-
NO.13	中山检察	B-
NO.14	中山中院	B-
NO.15	汕头检察	B-
NO.16	珠海检察	B-
NO.17	江门检察	B-
NO.18	正义清远	B-
NO.19	清远市中级人民法院	B-
NO.20	汕尾市中级人民法院	B-
NO.21	揭阳检察	C+
NO.22	佛山检察	C+
NO.23	东莞检察	C+
NO.24	惠州检察	C
NO.25	深圳市中级人民法院	C
NO.26	汕头市中级人民法院	C
NO.27	惠州市中级人民法院	C
NO.28	汕尾检察	C
NO.29	梅州检察	C-
NO.30	正义云浮	C-
NO.31	珠海市中级人民法院	C-
NO.32	河源市中级法院	C-
NO.33	茂名市中级人民法院	C-
NO.34	阳江检察	C-
NO.35	河源市人民检察院	C-
NO.36	韶关检察	C-
NO.37	潮州中院	C-
NO.38	潮州检察	C-
NO.39	东莞市中级人民法院	C-
NO.40	云浮中院	C-

广州市舆情大数据重点研究基地 暨南大学传播与国家治理研究院
2018年1月

图33 2017年司法系统微博
指数排行榜

司法系统政务新媒体活跃度较低。首先，是因为其系统的特殊性，大部分百姓在生活中与法院和检察院有一定的距离。其次，了解法律内容需要一定的专业知识。因此，与公安、交警、天气等系统相比，司法系统发布的消息竞争力相对较低。但是，如果能够紧抓热点，契合新媒体的传播规律，司法系统新媒体也可以有较高热度。例如，《背锅的易学习，我们为什么还要学习他？》《〈战狼2〉中的那一脚，您是司法官，该怎么办？》等热门文章均与彼时热点有很大关联；《广东高院再审改判，郭利无罪》则报道了2009年一起引起广泛争议的因奶粉中含三聚氰胺而向施恩公司"索取赔偿"事件。

十九大报告指出：依法治国是实现国家治理体系和治理能力现代化的必然要求。法院、检察院等相关部门肩负着向群众普法的任务，绝不能因为系统门槛较高就放弃与百姓沟通的机会。相反，在当前百姓法律意识普遍不高的情况下，正是相关部门发挥其作用的时刻。

（六）省直机关系统

总体来看，省直机构在"两微"平台的表现呈"两极分化"状态。

省直机构在微博平台的活跃度不高。省直机构有40余家入驻微信公众平台，但入驻微博平台的仅有19家。在微博平台排名前列的"活力广东"和"广东政法"（见图34）在党政新闻发布机构外的微博综合榜单中分别排名第15和第21。随后的"广东税务局"和"广东省工商局"也进入综合榜单前50名。

在微信平台，"广东妇联""广东卫生信息"排名前列（见图35），它们在综合榜单中分别排名第5、第10。"广东地税""广东疾控""广东禁毒"和"南粤清风"也在综合榜单中排在前20名。综合榜单前50名中，省直机关共19个，占比高达38%。

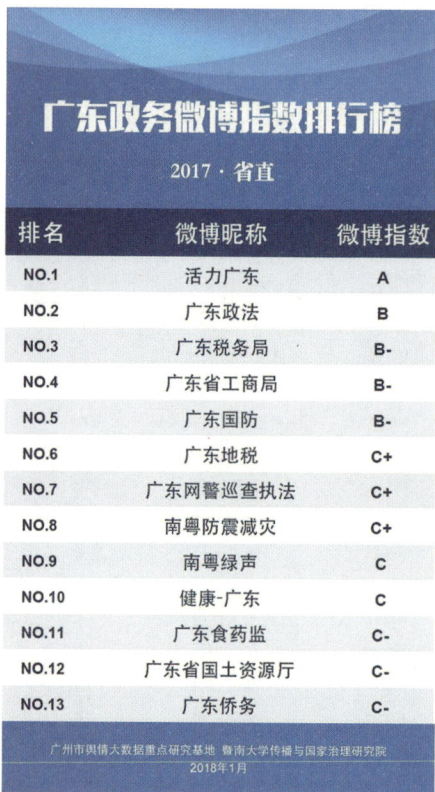

广东政务微博指数排行榜		
2017·省直		
排名	微博昵称	微博指数
NO.1	活力广东	A
NO.2	广东政法	B
NO.3	广东税务局	B-
NO.4	广东省工商局	B-
NO.5	广东国防	B-
NO.6	广东地税	C+
NO.7	广东网警巡查执法	C+
NO.8	南粤防震减灾	C+
NO.9	南粤绿声	C
NO.10	健康·广东	C
NO.11	广东食药监	C-
NO.12	广东省国土资源厅	C-
NO.13	广东侨务	C-

广州市舆情大数据研究重点研究基地 暨南大学传播与国家治理研究院
2018年1月

图34 2017年省直机构微博
指数排行榜

（七）小结

从以上分析可以得出，除地市官方新闻发布机构外，越是与百姓有直接联系的政务，其新媒体的整体运营成绩越好。如公安（含交警）系统账号，在各个榜单中的表现均非常出色。但除此之外，相应账号运营人员的辛劳也是重要因素。比如，广州交警、深圳交警等部门不断优化微信公众号的服务系统，改进微博消息发送策略，以期为百姓提供最优服务。此外，广东共青团、广州共青团等单位在推文主题和质量上狠下功夫，以精品文章收获了良好的成绩。这也给其他表现暂时落后的账号一些启示：虽然有的领域没有直接与多数百姓打交道，但从长远发展来看，它们和百姓的日常生活有着密不可分的关系。比如，税务系统承担着科普税务知识的责任和义务，司法系统则承担着向百姓普法的任务，在依法治国的背景下显得尤为重要。因此，这些暂时落后的账号应当及时改进运营策略，向优秀的单位学习运营技巧，提高自身运营水平，更好地为百姓提供服务。

广东政务微信指数排行榜

2017·省直

排名	微信昵称	微信指数
NO.1	广东妇联	A+
NO.2	广东卫生信息	A+
NO.3	广东地税	A
NO.4	南粤清风	A
NO.5	平安南粤	A
NO.6	广东旅游	A
NO.7	广东国税	A
NO.8	广东疾控	A
NO.9	广东禁毒	A-
NO.10	广东人社	A-
NO.11	广东环境	A-
NO.12	广东普法	A-
NO.13	广东网警	B+
NO.14	广东林业	B
NO.15	广东国资	B
NO.16	广东工商	B
NO.17	广东海洋与渔业	B
NO.18	广东农业	B
NO.19	网信广东	B
NO.20	广东人大	B
NO.21	广东财政	B-
NO.22	广东三防	C+
NO.23	广东食药监	C+
NO.24	广东扶贫	C+
NO.25	广东安监	C
NO.26	广东信访	C
NO.27	广东国防	C
NO.28	广东国土资源	C
NO.29	粤红	C-
NO.30	广东缉私	C-
NO.31	广东商务	C-
NO.32	广东统计	C-
NO.33	广东侨务	C-
NO.34	广东省文化厅	C-

广州市舆情大数据重点研究基地 暨南大学传播与国家治理研究院
2018年1月

图35　2017年省直机构微信
指数排行榜

四、南方号：打造政媒互动新平台，拓展全新宣传阵地

（一）21地市矩阵渐次亮相，广东声音"粤"来"粤"响

南方号平台于2016年10月上线后，采取各地市党政新闻发布机构先行的战略，形成了囊括各级党政机关、社会团体、高等院校等主要单位，以地市官方发布账号为中心的政务新媒体发布矩阵。2016年12月20日，珠海53家政务新媒体账号集体入驻南方号，珠海也成为广东首个实现南方号全面覆盖的城市。此后，各地市政务新媒体账号矩阵陆续入驻并不断完善。截至2017年底，南方号基本实现了全省各地市全覆盖。

由此形成的以地市官方发布账号为中心的政务新媒体矩阵在各个重要事件节点积极发声，以权威信源、新鲜资讯抢占舆论阵地制高点，让广东声音"粤"来"粤"响。

2017年5月，广东省第十二次党代会召开。5月初至6月中旬，100多家南方号入驻单位围绕省党代会发布了700多篇稿件，总阅读量突破200万。如此大规模、长时间、高影响力的宣传在移动互联网时代尚属首次。在此期间，一些账号的优秀作品得到了广泛传播。如"惠州发布"策划的"喜迎党代会"栏目，将本地特色融入党代会宣传，《惠州在全省率先建立政府采购权责清单，公共资源交易增收节支近90亿》《市发改部门公开回应网友：惠州地铁1号线力争早日获批》《惠州机场打造珠三角千万级干线机场》等与百姓息息相关的政务信息、民生新闻赚足了目光。

2017年10月，十九大召开期间，"十九大"成为当月南方号文章的热门关键词。当月阅读量前50名的稿件中，有20多条聚焦"十九大"议题，占比将近50%。《十九大今天开幕，一图了解会议日程和热点》《党的十九大开幕，习近平作报告》《重要论断！我国社会主要矛盾已经转化》等多篇热点文章的单篇阅读量超过30万。南方号围绕中心，服务大局，营造了良好的宣传环境。

同年12月，全球财富论坛在广州开幕。从开幕前的"寻找百张广东财富面孔"系列报道，到会议期间各项重点议程、场外花絮，再到有关广州人文历史的深度延伸，南方号集体发声，不仅深入解剖了全球财富论坛这一热点议题，而且将广州作为国际化大都市的形象推向全球。

（二）纵向市区镇，横向全系统，民生服务不留死角

在以地市官方发布账号为中心的政务新媒体矩阵中，纵向市区镇三级官方发布账号面向各地市百姓提供资讯。在此之外，以横向不同系统为中心的账号则面向不同行业的民众提供专业化特色服务。

2017 年 4 月 7 日，广东省人社厅领衔省、市、县三级人社部门政务自媒体矩阵入驻南方号，实现了南方号对省、市、县三级人社部门政务自媒体矩阵的全面覆盖。此后，5 月 12 日，广东电信、广东移动、广东联通、广东铁塔领衔全省电信企业、互联网信息企业、终端制造厂商集体入驻南方号。金融、水利、卫生、国资等系统也陆续入驻。这些垂直政务新媒体的入驻弥补了官方党政新闻发布机构服务面宽泛但专业度不足的短板，能及时为百姓提供特色化专业服务。2017 年 7 月 15 日，广州遭遇台风"塔拉斯"，广东水利三防系统南方号集体上线，为用户推送各类台风应急服务信息，对台风影响范围和应对措施作了详细介绍。再以卫生系统为例，广东卫生信息、中山一院、省中医院、珠海疾控等领衔的卫生计生服务类账号为百姓提供最新的健康资讯。"广东卫生信息"所开设的"警惕""养生""健康""减肥""实用"等栏目，大部分内容是移动端传播的"爆款标配"，这些文章也一度占据南方号热文排行榜前列，在南方号榜单中名列前茅。

（三）创新政媒互动形式，守好舆论宣传阵地

当时间的指针指向移动互联网时代，技术的赋权使得人人都有一支麦克风。社交媒体、自媒体平台在满足人们表达欲望和表达权利的同时，也使得信息真假难辨。民粹主义、狭隘民族主义常常使用的情绪化表达、二元对立视角不断涌现，由此造成主流声音形成的难度加剧，向心力和凝聚力更难以形成，给社会治理、国家发展带来了不小的负面影响。

在今日头条等商业资讯客户端所谓的"一切交给技术"旗号下，黄色信息、虚假流言、耸人听闻的消息充斥大屏小屏，移动互联网资讯平台亟须激浊扬清。在此背景下，"南方 +"客户端推出南方号，为各级政府机关提供了一个权威的资讯发布平台。同社交媒体相仿，政府机关可以直接通过"南方 +"为百姓提供服务。

回顾 2017 年，与百姓生活息息相关的民生新闻多次成为南方号月度热门文章，如《大提速！广州大桥扩宽今年竣工！金融城和琶洲间也要建跨江隧道》《教你省出一箱油！堵车时，这么做就对了……》等。政府人事变动，领导行程安排也时时得到人们关注。此外，围绕中心工作策划的特色专题稿件阅读量也表现出众。比如，7 月份以"我来说共享经济"为主题的《真的！有中山人想出了"共享纸巾"，你愿意试吗?》《共享家族又添新成员，"共享雨伞"登陆惠州》均引起百姓的好奇和关注。

这些根据新媒介形态推出的新型资讯是政府机关在网民注意力稀缺时代引导主流舆论、牢牢把握宣传阵地的重要方式。

通过"南方 +"客户端，一方面，政府机关可以面向百姓发布新鲜资讯；另一方面，也可以将其"服务窗口"拓展至移动端，极大地提升了服务效能。

另外，作为大众媒体的南方传媒通过"南方＋"客户端将百姓对政府提供服务的反应和建议及时反馈给政府机关，以促进相关单位及时改进工作。传统的"发稿←采访→内部简报"模式借由新媒介、新技术得到了升级改进。新型政媒互动关系在提升政府服务效能、促进社会治理体系改善的同时也为传统媒体在新兴媒介环境中的转型提供了有益启示。

五、2017 年广东政务新媒体典型案例

（一）"广东卫生信息"：打通内部数据，联动服务，打造公共卫生信息服务

"广东卫生信息"隶属广东省卫生厅政务服务中心，在发挥基础性功能，普及养生保健、疫情防控、卫生预防、健康知识等资讯的同时，为市民提供了一个门类齐全、全面覆盖的立体化微信服务平台。其主页面设有服务菜单，连接省卫生计生委官网、"健康热点·联盟"、微信无纸化会议小程序等官方系统及全省预约挂号、网站微信培训、医院医师护士查询等服务性平台（见图36）。

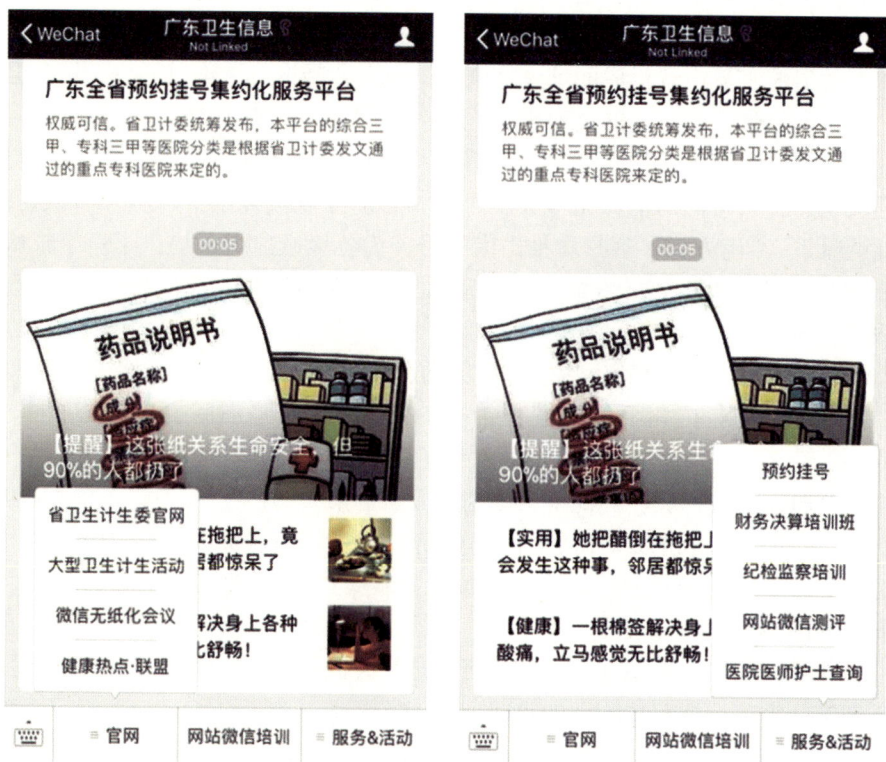

图36　"广东卫生信息"微信公众号菜单界面

市民只需通过主页面"服务＆活动"菜单内的"预约挂号"子菜单，便可自主选择"医院挂号""科室挂号"等选项。挂号新入口的推出缓解了医院排队挂号难与慢的问题，提高了效率，也加强了便民性。

在"健康热点·联盟"中，用户能及时获得热点、科普、辟谣等来自全国不同医疗卫生组织的健康资讯，实现了以"广东卫生信息"为核心、多方互联和一个微信号的功能延伸，"一号多用"。广东卫生信息实现了政务新媒体的指尖化与立体化。

此外，"广东卫生信息"还入驻了南方号。在"广东卫生信息"南方号发布平台，用户可同时实现健康资讯类信息的浏览与其他相关媒体的阅读（见图37）。微信公众号与南方号信息的互联，让两大平台实现优势互补。在"相关"一栏中，用户可自主选择订阅媒体社群中的任一账号，如"健康广东""广东疾控"等。账号类型多样，涉及医院、民间医疗团队、政府卫生部门等多个系统，以及网罗卫生监督、医患故事、健康科普等多种资讯，各类信息"一网打尽"。优质资源的集约化让政务新媒体更加多元。

作为广东省卫生和计划生育委员会官方发布平台，"广东卫生信息"的功能性特点鲜明突出，在众多医疗卫生系统政务媒体中非常具有代表性，多方融合、互联互动，增进了医生、患者、媒体三者之间的联系，也推动了政务新媒体在医疗卫生系统的良性发展。

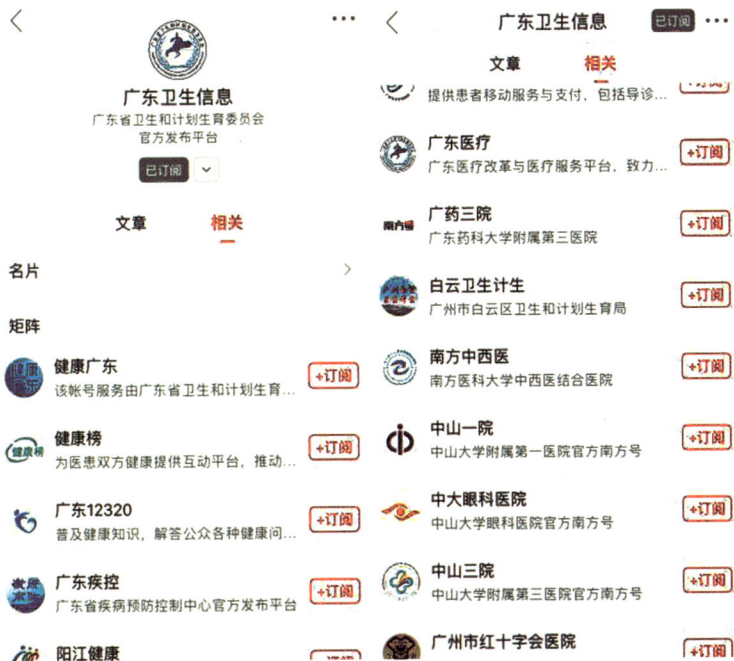

图37 "广东卫生信息"南方号发布平台界面

（二）"广东旅游"：一号知广东，心悦游岭南

"广东旅游"微信服务号是广东省旅游局的官方微信公众平台，用于发布广东省旅游行业最新资讯，展示广东丰富多彩的旅游资源，功能新颖，阅读量较大，其粉丝数在全国旅游类账号中名列前茅。

"广东旅游"平台包括每日推送的文章、资讯、攻略、服务四块主要内容。"服务"板块包含政策解读、信息报送、导游查询、景区天气、回应关切五个主要功能，可实时解答游客资讯，并推送全省范围内的新鲜旅游资讯、实用的旅行攻略和出行提示。用户服务功能方便快捷，菜单层级分明，功能齐全。此外，在功能指导方面，设置了"信息报送""政务咨询"等关键词自动回复，并且人工回复效率高，增强了功能性和服务性。"广东旅游"每月还会不定期举行微信线上送福利活动，以此来扩大平台的传播力和影响力，增强与用户的互动。

在运营方面，"广东旅游"与广东省各地市旅游局公众号建立微信集群（见图38），并与广东旅游资讯网打通，结合全省旅游行业的各微信公众号实时发布的内容，快速及时地反馈游客提出的问题，为游客的出游提出实时可靠的建议。同时，设立自己的微网站并开发各类线上线下互动，与旅游应用合作，为广东旅游品牌形象的线下推广提供更有趣、更简单便捷的互动方式。

"广东旅游"以其"一号知广东，心悦游岭南"的理念以及专业化、个性化、互动化的运营方式在市场营销与品牌打造方面探索出了新媒体发展的可行路径。例如，"广东旅游"微信公众号2017年中获得最高阅读量和点赞数的文章《当茂名与湛江同登央视，这场魅力城市风采大秀你我岂能错过？》，通过介绍中央电视台主办的"魅力中国城"活动，

图38 "广东旅游"微信集群界面

展示了海滨之城茂名和湛江的城市魅力，对面向全国宣传广东，提升广东省旅游品牌形象起到了积极作用。

（三）"广东地税"：关注民生所需，打造指尖上的办税平台

"广东地税"是广东省地方税务局的官方微信公众号，在普及税费知识、宣传税费政策、实现征纳互动中着力打造一个便民的微信办税平台。其微信账号的服务、科普功能尤为突出。

"广东地税"公众号在服务栏目的设置上分类清晰，信息发布、办税入口、基础服务全覆盖（见图39）。在"微发布"中，涵盖了办税指引、政策法规、门户网站等内容，提供了详细的办税需求指引，在该菜单中还提供了"查看更多"的服务，将未列入分类中的信息以后台回复的方式与用户进行互动，满足了用户的各类信息需求，也使得服务菜单简洁易懂。

"微办税"中办税入口细分，企业、个人、房地产交易等分类明确，操作难度小。通过实名认证可以绑定公众号和个人信息，极大地便利了用户进行个人信息查询、信息总览等操作，能够更好地为用户提供个性化的服务。微信办税平台的建设使用户足不出户就能够办理之前耗时费力的税务项目，真正使微信公众号变得实用、好用、易用，惠及普通用户。

"微服务"为补充性服务菜单，提供用户税费计算、办税地点地图等基础性服务。对于服务菜单中未出现的内容，"广东地税"还提供"微税搜"服务，用户可以自行输入并搜索需要的内容，基础服务内容的完善也进一步增强了用户使用公众号的自主性。

"广东地税"在日常推送上较为频繁，一周推送五天，每次推送的内容基本保持在三条图文；推送内容涉及税务新规、税务故事、税务提示等民生信息；在图文排版和文字风格上较为轻松活泼，善用漫画、网络动图来增强内容的吸引力和传播力（见图40）。

图39　"广东地税"微信公众号服务栏

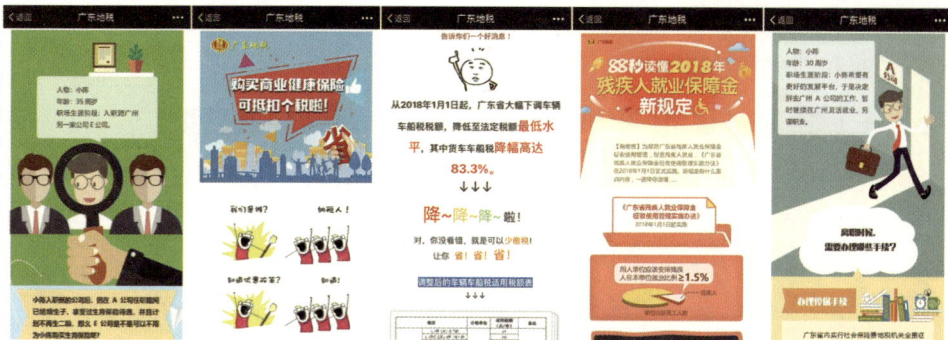

图40 "广东地税"微信公众号推文界面

（四）"广州交警"：完善功能矩阵，提升用户体验

"广州交警"微信公众号是广州市交警支队推出的官方微信号，其推文主题主要为：信息发布和交规解读、行政事务和办事指南、安全警示和其他信息。从内容运营来看，广州交警官方微信主要有以下两个特点：

1. 新规发布和交规解读屡成"爆款"

从内容发布来看，"新规发布和交规解读""安全警示""行政事务和业务指南"三个主题的文章数量较多，可见广州交警非常重视专业信息和公共服务信息的采编。我们从阅读量和点赞量的双排行还能看出受众对于"新规发布和交规解读"这一类主题的文章颇为重视，这体现了"广州交警"微信端的权威性，还在用户的使用体验上强化其有用和易用感受，从而进一步增强用户黏度。受众主要对两部分关注度较高，其一是切合实际能用来解决自身遇到的问题的文章，其二则是交通类热点事件的官方解读。从整体来看，宣传类和安全警示类的文章在微信端的阅读量低于平均阅读量，应当进一步加强针对性，尤其应突出信息内容的本地化和接近性，即以本地信息以及和用户自身直接相关的信息为主。安全警示类的文章还是要尽量贴近新近发生的热点事件，在增加曝光量的同时也能起到更好的安全宣传效果。

2. 不断完善功能矩阵，打造电子化公共服务平台

2013年9月，"广州交警"作为全国首推的交警官方微信服务号上线，当月便推出了轻微交通事故报备、机动车年审预约和缴纳200元以下罚款的交通事务办理预约等服务功能。

2016年3月，"广州交警"微信正式上线交通违法行为处理与缴罚功能，广州市籍机动车在全国的简易程序交通违法都可以通过微信处理，微信缴款还能实时消除违法记录。2017年2月，"广州交警"微信推出电子驾驶证和电子行驶证，只要实名注册广州交警e会员，就可以在"广州交警"微信公众号领取证件。同时还推出了交通违法的举报功能，激励全民遵守交通规则。图41为2017年12月"广州交警"微信公众号界面。

图41 "广州交警"微信公众号功能菜单（2017年12月）

（五）"平安南粤"：百名英雄肖像影展贯穿全年，拉近"平凡的英雄"与百姓的距离

"平安南粤"是广东省公安厅推出的新媒体账号。2017年，"不忘初心，牢记使命"——广东公安百名英雄肖像影展贯穿全年，使得群众有机会了解公安干警们的英勇故事。由此，"平安南粤"在网民心中树立起了"铁血硬汉"的形象。

"不忘初心，牢记使命"是广东省公安厅策划创办的广东公安百名英雄肖像影展。这种特殊性、策划性与持续性较强的主题发布使该政务微信平台与其他政务微信区别开来，也说明其对自身定位有着较好把握，达到了建设自身品牌的效果，具有一定借鉴意义（见图42）。

另外，本次广东省公安厅举办的影展紧扣学习习近平新时代中国特色社会主义思想和党的十九大精神，深入贯彻落实习近平总书记在全国公安系统先进集体英雄模范表彰大会上的讲话精神，充分展现了广东公安英雄模范不忘初心、牢记使命，永不懈怠、砥砺奋进的感人事迹。该系列活动详细介绍了每一个看似平凡的公安人员背后不平凡的事迹，拉近了广东公安与民众的距离，在民众心中树立了正面形象，体现了作为政务微信的一大价值——改善政府部门形象，拉近政民距离。

（六）小结：优秀运营无定法，条条道路通罗马

可以看出，以上5个优秀案例并没有特别一致的运营技巧。"广东卫生信息"既从内容发力，以贴近百姓日常健康的题材入手，又积极完善服务功能，打通系统各单位账号，为百姓提供全方位服务。"广东旅游"从品牌形象上着力，以"一号知广东，心悦游岭南"为中心，开展全方位活动。"广东地税"和"广州交警"则在完善自身功能的基础上，快速对其服务矩阵迭代升级，向真正成为"指尖上的政务平台"努力。"平安南粤"则独树一帜，从"平凡的英雄"这一主题入手，为老百姓展示公安干警们真实的生活故事。虽

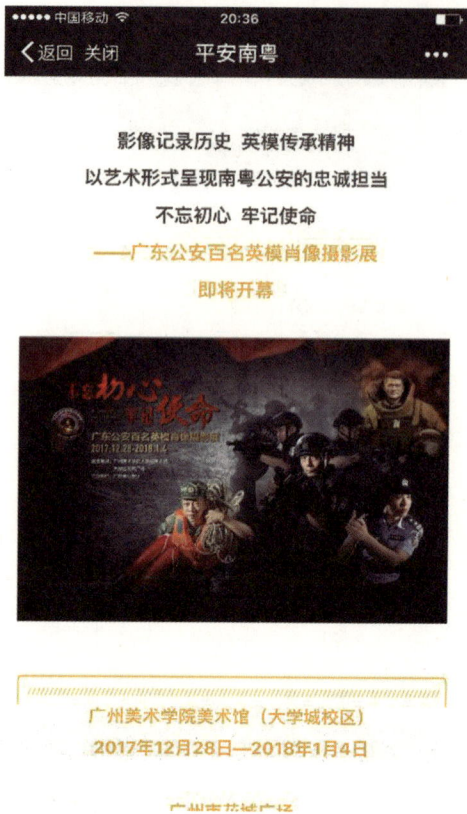

图 42　"平安南粤"微信公众号推文界面

然各自的运营重点不同，但它们均从全省众多政务新媒体中脱颖而出。因此，很难从这些优秀账号中总结出一套适合所有单位的运营策略以提升其运营成绩。不论是功能先行还是推文优先，仔细梳理不难发现，这些优秀的账号均在对本单位定位明确的情况下，制定了清晰的运营目标。所以，明确本单位的定位是各个政务新媒体优秀运营的前提条件。"条条道路通罗马"，结合自身定位，寻找一个着力点，是取得相对优秀的运营成绩的策略之一。

2017 年度广州交警新闻宣传效果评估

程姣姣① 董志杰
2018 年 3 月

一、引 言

本报告通过统计与分析 2017 年 5 月至 2018 年 3 月与广州交警相关的报刊、新闻网站、微博和微信等数据，分析了广州交警在该时间段内的媒体传播趋势、渠道分布、关键词、热点事件、全媒体宣传等。网络媒体和社交媒体是主要的报道来源，"执法""服务"是媒体报道广州交警的关键词。媒体报道主要聚焦于"广州交警开展'利剑'行动，最牛'超速哥''冲灯哥'被抓""广州交警多角度多方位护航高考""广州交警部署'百日攻坚战大会战'""广州交警重拳整治交通违法行为，成效显著获舆论肯定""广州交警 2.5 万安保力量护航春运，回家路秩序良好警情下降获舆论赞许""深圳交警发布'限外'新规，广州车辆限制政策再起争论"等事件。从广州交警的全媒体宣传可以看出，这一年来，广州交警的相关报道利用网络媒体的宣传指数远高于传统纸媒。同时随着广州交警互联网自媒体平台方面的不断建设和整合，目前已形成了"两微三端"（"两微"：微博、微信；"三端"：今日头条、网易、羊城派）互联网自媒体平台。"广州交警"政务"两微"在广州地域性的交通安全宣传工作中发挥着越来越重要的作用。其中，"广州交警"微博是警民沟通的桥梁，"广州交警"微信已成为便民服务自助平台。本文试从议题设置、话语风格和平台联动三个角度提出政务新媒体运营策略，以帮助广州交警继续提升政府传播力。

---

① 程姣姣，暨南大学新闻与传播学院 2016 级硕士研究生。

二、概　　述

　　数据显示，截至 2018 年 3 月 20 日，各平台发文情况如下：报刊 4 914 条，网站 85 845 条，社交媒体 74 962 条。从报道渠道来看，网站和社交媒体是主要的报道来源（见图 1）。其中报道量排名前 7 的平面媒体与报道量排名前 8 的网络媒体发布的与"广州交警"相关的报道情况见图 2、图 3。媒体报道主要聚焦于"广州交警开展'利剑'行动，最牛'超速哥''冲灯哥'被抓""广州交警多角度多方位护航高考""广州交警部署'百日攻坚战大会战'""广州交警重拳整治交通违法行为，成效显著获舆论肯定""广州交警 2.5 万安保力量护航春运，回家路秩序良好警情下降获舆论赞许""深圳交警发布'限外'新规，广州车辆限制政策再起争论"等事件。

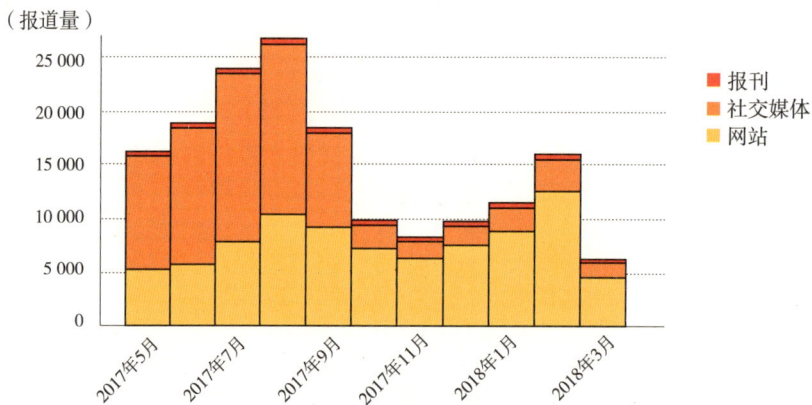

图 1　媒体报道趋势

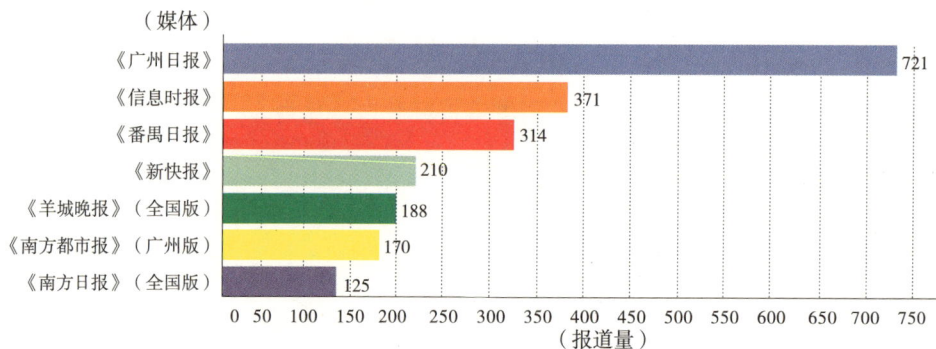

图 2　平面媒体报道分布

（媒体）

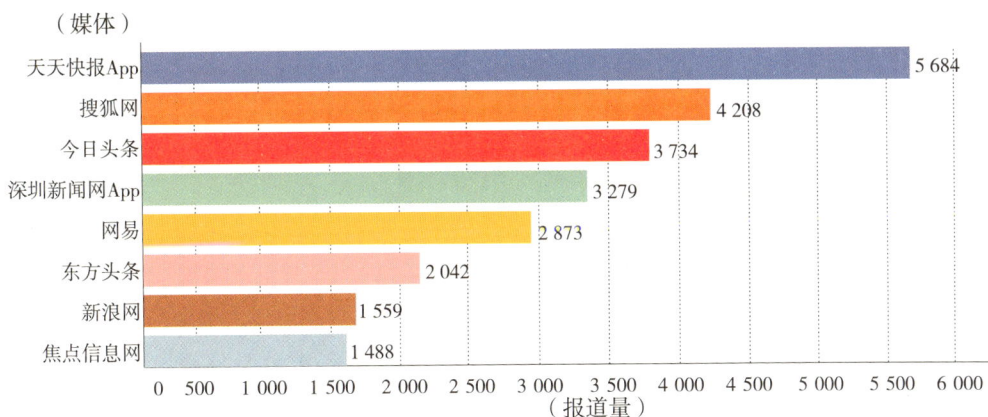

图3　网络媒体报道分布

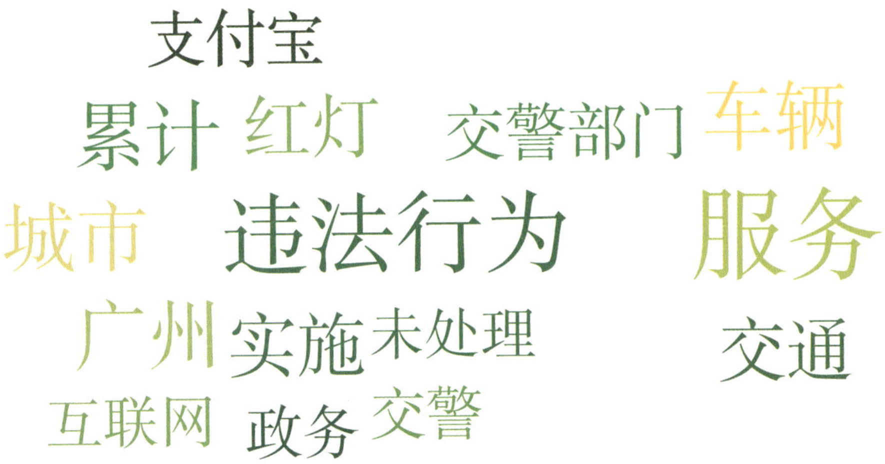

图4　热门报道关键词

　　从媒体报道内容来看，"违法行为"与"服务"是报道最常使用的关键词（见图4），由此可知，广州交警执法服务两不误。"利剑"行动以来，广州交通安全形势取得了较大改观，在针对100次以上交通违法未处理车辆进行精准打击后，全市一般程序处理事故发生宗数同比下降18%，全市逃逸交通事故发生宗数同比下降37%。与此同时，广州交警积极推进"互联网＋政务服务"工作，开通网上办事通道，有效优化了政府服务。广州交警官方微博提示，交通违法缴费不用去窗口扎堆办理，关注广州交警微信公众号或支付宝服务窗在线注册"e会员"后就可直接办理。

三、年度热点事件盘点

（一）最牛"超速哥""冲灯哥"被抓，舆论为广州交警亮剑整治点赞

广州交警开展"利剑"行动期间，查处100次以上交通违法未处理车辆34辆，在天河、白云、黄埔等地区查扣"假套牌"出租车34辆，广州交通安全形势取得了较大改观。

行动期间，广州交警擒获了身背595张罚单的"违法之王"。其冲红灯违法行为高达590宗，冲灯率达99.2%，迅速引发舆论热议。央视新闻、《环球时报》、人民网等官方微博都对此进行了通报。在持续开展交通执法大整治行动的过程中，广州交警利用大数据研判，查获了一辆身背263张罚单，其中有152张因超速行为受罚的小车，网友纷纷为广州交警亮剑整治行动点赞。

（二）广州交警多角度多方位护航高考，网友微博留言赞"中国好交警"

高考期间，广州交警全员上路加强治安整治，净化考场周边环境，为所有考生保驾护航。广州交警部门还通过"广州交警"微博、交通电台、路面情报信息板等平台实时发布道路交通信息。

对交警的辛苦和敬业，媒体赞广州交警"铁骑柔情"；从"执勤疏导交通""处理交通事故"到"护送求助考生"，媒体称广州交警的"护考日常不平常"。不少网友也在"广州交警"微博留下"每每高考时都在为学子保驾护航""爱心护考，中国好交警"等感谢话语。"广州交警"微信公众号在推出"交通设施""爱心护考包""摩托接送"等"备考指南"后，收获了超过8万的阅读量和超过1 000次点赞。

（三）广州交警部署"百日攻坚战大会战"，交通整治显成效获舆论肯定

7月13日，广州交警召开2017年上半年全市公安交通管理工作总结暨贯彻落实公安局"百日攻坚大会战"工作推进会，部署"百日攻坚大会战"有关工作。《信息时报》、《南方日报》、《南方都市报》、大洋网、新浪新闻、人民交通网等多家媒体对此进行了报道，广州交警上半年工作成果总结和"百日攻坚大会战"工作推进是这些媒体报道的重点。搜索"广州交警百日攻坚战大会战"，谷歌出现59 000条搜索结果，其中《信息时报》、新浪新闻搜索权重较高；百度出现13 500条搜索结果，搜狐新闻、21CN和凯迪社区媒体报道覆盖率较高。

（四）广州交警重拳整治交通违法行为，成效显著获舆论肯定

针对广州市非机动车交通违法现象突出的情况，广州交警强化对非机动车交

通违法行为的执法力度。2017 年 11 月以来，广州交警在全市范围内执罚非机动车违法行为 6 万余宗。在加强执法管理的同时，广州交警持续强化源头管理，交通整治成效显著，获舆论肯定。

广州交警全面强化针对非机动车交通违法现象的治理力度，通过采取定点设卡、路口管控、巡逻管控三种手段推进治理，全市常规设置整治点 64 个，对非机动车逆行、骑行过程中使用手机、横穿机动车道行驶、闯红灯等违法行为进行重点整治。此外，广州交警已充分意识到，处罚并非最终目的，通过执法让广大市民养成自觉遵守交通法规习惯，通过他律形成自律，才是执法初衷。为增强外卖送餐行业交通安全意识，预防和减少道路交通事故的发生，广州交警宣讲团队走进美团外卖公司，开展交通安全系列宣讲活动，进一步增强外卖行业的交通安全意识和守法意识。

（五）深圳交警发布"限外"新规，广州车辆限制政策再起争论

2017 年 8 月 17 日深圳交警发出公告称，9 月 1 日起正式实施"限外"新规，扩大限行范围，缓解深圳市区道路交通压力。由此引出的关于外地车限行政策的话题再次被公众热议，网络一度传出"广州也即将'限外'"的说法。很快广州交警进行辟谣，表示广州市交通部门从未收到类似通知。

2017 年，广州仍是一线城市中唯一一个实行"限牌"而未"限外"的城市，但本地市民对"限外"的呼声较高，认为缺失了"限外"政策支撑的"限牌令"只是"一纸空文"。在《2017 年度交通报告》中，广州仍为全国晚高峰最堵城市。《南方日报》、《广州日报》、人民网等多家媒体也都对市民就"限外"的讨论进行报道，但基于区域及人群特殊性、政策本身的合法合理性、长期的执行效果等问题，公众舆论在"限外""限牌"政策上难达一致。

四、全媒体宣传效果评估

（一）全媒体综合传播效果评估

根据《广州日报》《南方日报》《羊城晚报》等传统纸媒的发行量及新浪网、腾讯网等网媒的日均 UV（独立访客数量），同时综合以上媒体的权威度及相关专题报道量，加权后得到媒体综合传播指数。由图 5 可知，2017 年 5 月 1 日至 2018 年 3 月 25 日，《广州日报》综合传播指数位列第一。因新浪网、腾讯网均属于商业门户网站，无法自行采写，新闻资讯多转自《广州日报》《南方日报》《羊城晚报》等媒体。在报道量及整合传播力方面，网络媒体仍具有一定优势，但传统纸媒提供了优质的内容来源，保证了新闻质量和权威的新闻生产。

（传播指数）

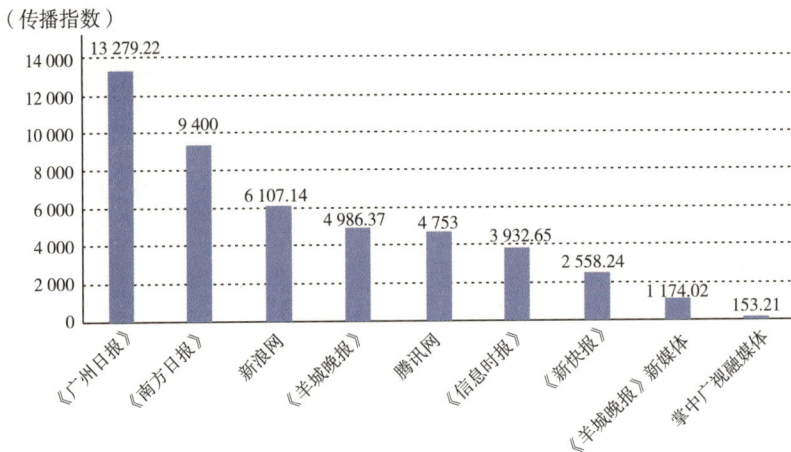

图5　9家媒体综合传播指数

从综合传播指数上看，"掌中广视融媒体"排名垫底，虽然其在广州交警"百日攻坚大会战"等相关专题报道中起到了调动其旗下自媒体平台（如"掌中广视微信公众号"等），发挥各平台优势以增强报道影响力的作用，但总体报道量仍远少于其他媒体，未达到理想的传播效果。

（二）专题报道传播效果分析

综合全网媒体宣传报道量，得出2017年5月至2018年3月期间"广州交警"相关专题报道全网传播指数。由图6可知，广州交警2018"春运"系列报道成为全媒报道的热点。《广州日报》、《南方日报》、新浪网成为关键传播主体（见图7），"广州交警守护春运""春运平安回家路""平安春运交警同行""新技术新举措"等成为报道高频词。

同时，广州交警从2017年5月开始展开的"文明出行"专项重点整治行动也受到媒体和公众的广泛关注，与此相关的"不礼让斑马线"整治行动系列报道在全网传播指数中位列第二。《广州日报》、新浪网、《羊城晚报》等多家媒体在对整治行动进行集中报道的同时，也成为不文明行为曝光的平台。其中《广州日报》形成核心传播力（见图8），突出表现在其对广州交警新增电子警察对不礼让行为进行执法的报道中，让"倡导文明出行""平安有序""有效惩治""创新执法"等再次成为公众热议的焦点，积极有效引导社会舆论。网友也评论"警示作用加强""鼓励加大曝光""呼吁文明出行"，对广州交警的严查方式表示支持并表明愿意以身作则。

（专题项目）

专题项目	全网传播指数
春运	120.0
不礼让斑马线	107.6
新能源车	62.0
"警家校"	51.8
非机动车	46.5
百日攻坚大会战	32.6
查酒驾	31.1
"利剑"行动	23.9
高考	23.2
黄标车	20.0

（全网传播指数）

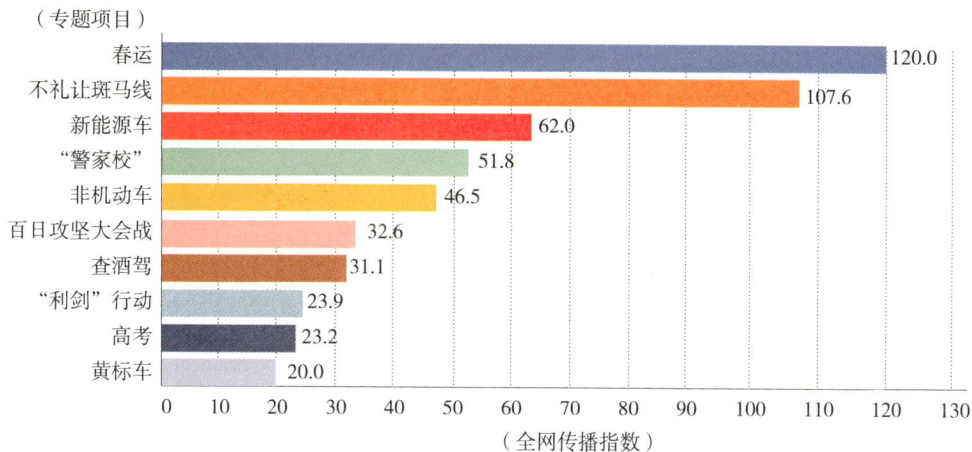

图6 "广州交警"专题报道全网传播指数

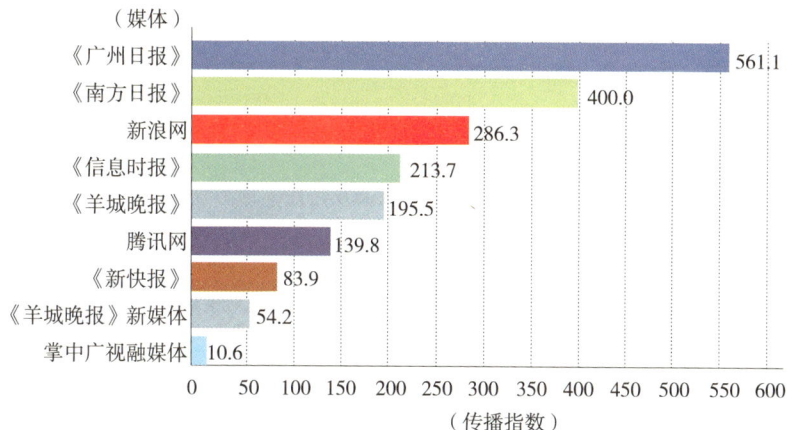

（媒体）

媒体	传播指数
《广州日报》	561.1
《南方日报》	400.0
新浪网	286.3
《信息时报》	213.7
《羊城晚报》	195.5
腾讯网	139.8
《新快报》	83.9
《羊城晚报》新媒体	54.2
掌中广视融媒体	10.6

（传播指数）

图7 "春运"系列专题报道传播指数

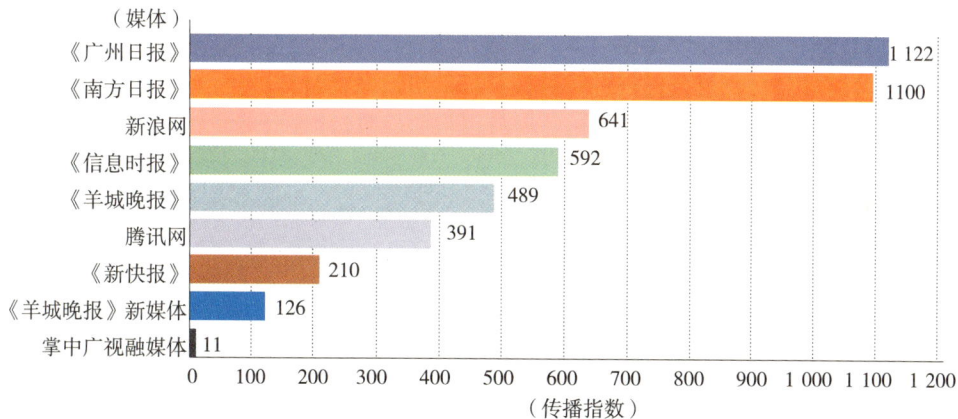

（媒体）

媒体	传播指数
《广州日报》	1 122
《南方日报》	1100
新浪网	641
《信息时报》	592
《羊城晚报》	489
腾讯网	391
《新快报》	210
《羊城晚报》新媒体	126
掌中广视融媒体	11

（传播指数）

图8 广州"不礼让斑马线"整治行动专题报道传播指数

媒体是影响社会重大项目推进、政策推行的主要力量之一。广州交警于2017年12月推出的首副新能源汽车专用号牌及"警家校"护安护畅模式，成为媒体传播指数分列第三、第四的热点。《广州日报》、《羊城晚报》、新浪网等媒体在项目实施的过程中发挥了促进形成舆论利好氛围、加大宣传推广项目影响力的重要作用（见图9、图10）。

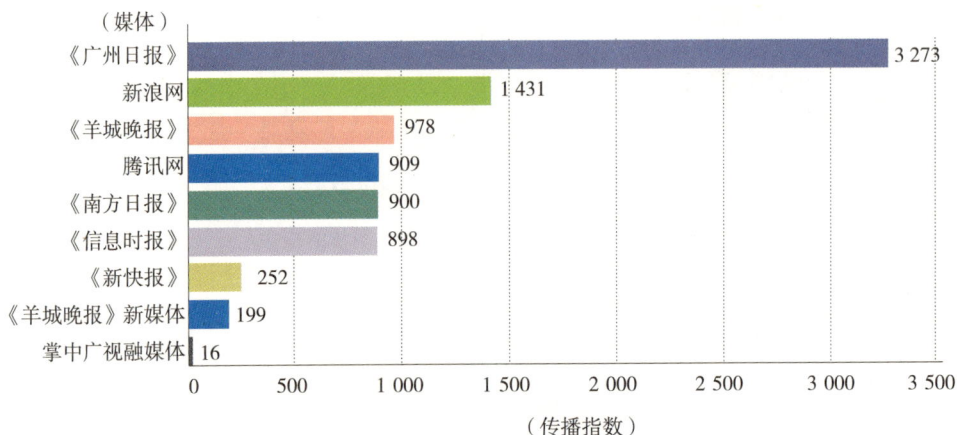

图9　广州发出首副新能源汽车号牌报道传播指数

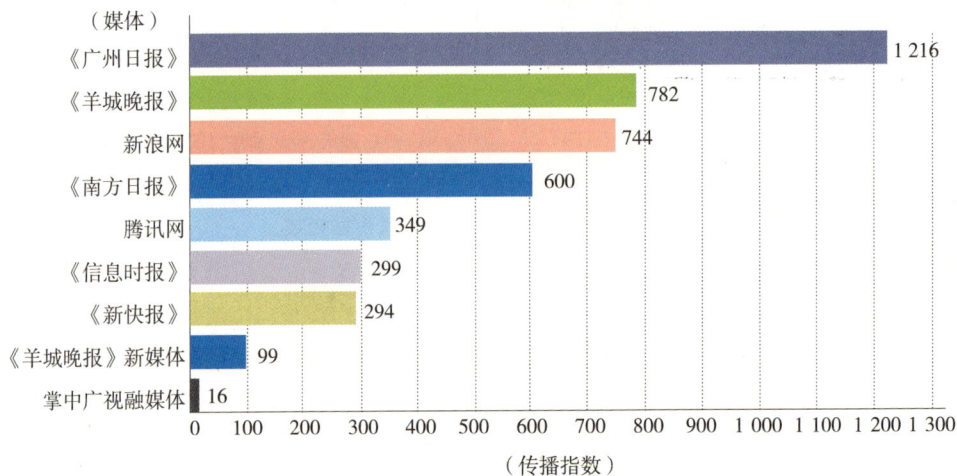

图10　广州"警家校"模式试点报道传播指数

在9家主要媒体中，《广州日报》成为传统媒体队伍里的主体力量。《南方日报》将广州交警相关专题报道的主要比重安排在了地方版面，报道量方面并不占优势，但因其发行量较大，且具有一定权威性，各大专题报道的传播指数基本仍位列前三。腾讯网（含大粤网）、新浪网（含新浪广东）等网媒则借助平台优势，整合新闻资源，在传播广度和深度上都达到了一定的传播效果。"广州交警"其他相关专题报道的传播指数见图11至图16。

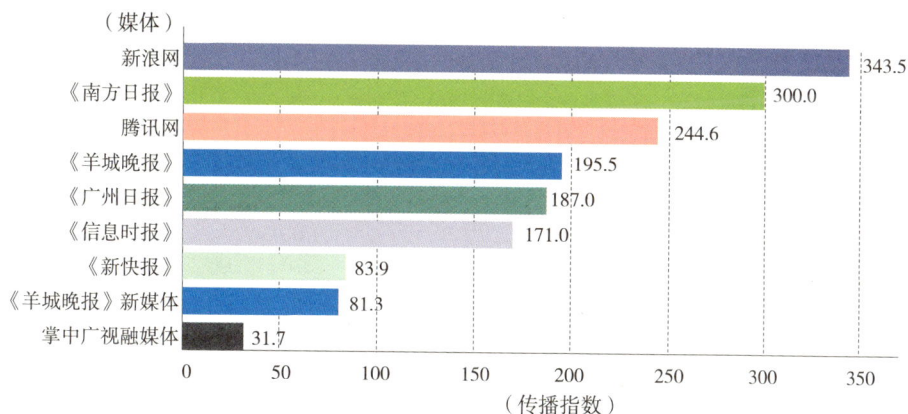

（媒体）

新浪网	343.5
《南方日报》	300.0
腾讯网	244.6
《羊城晚报》	195.5
《广州日报》	187.0
《信息时报》	171.0
《新快报》	83.9
《羊城晚报》新媒体	81.3
掌中广视融媒体	31.7

（传播指数）

图11　《广州市非机动车和摩托车管理规定》施行传播指数

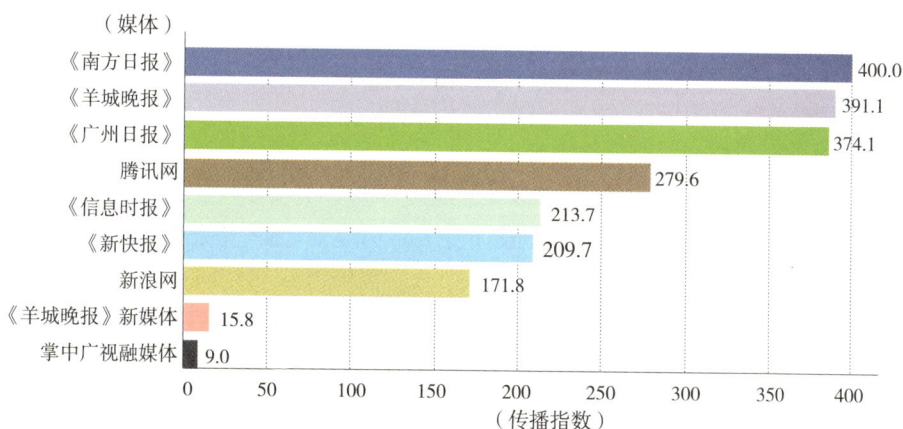

（媒体）

《南方日报》	400.0
《羊城晚报》	391.1
《广州日报》	374.1
腾讯网	279.6
《信息时报》	213.7
《新快报》	209.7
新浪网	171.8
《羊城晚报》新媒体	15.8
掌中广视融媒体	9.0

（传播指数）

图12　广州交警"百日攻坚"专题报道传播指数

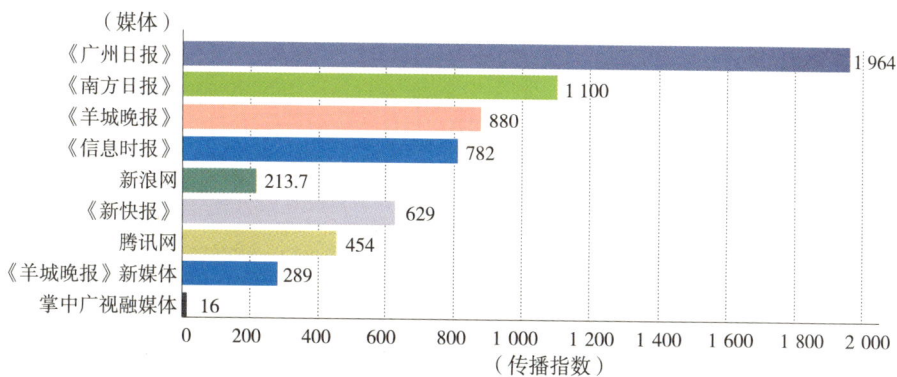

（媒体）

《广州日报》	1 964
《南方日报》	1 100
《羊城晚报》	880
《信息时报》	782
新浪网	213.7
《新快报》	629
腾讯网	454
《羊城晚报》新媒体	289
掌中广视融媒体	16

（传播指数）

图13　广州交警酒驾醉驾严查行动专题报道传播指数

（媒体）

媒体	传播指数
《广州日报》	187.0
新浪网	133.6
腾讯网	104.8
《南方日报》	100.0
《羊城晚报》	97.8
《信息时报》	85.5
《新快报》	41.9
《羊城晚报》新媒体	18.1
掌中广视融媒体	5.3

（传播指数）

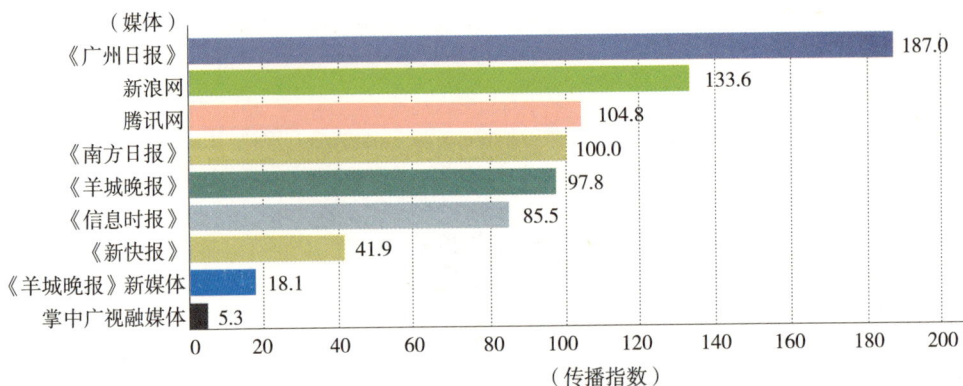

图 14　广州交警"利剑"行动专题报道传播指数

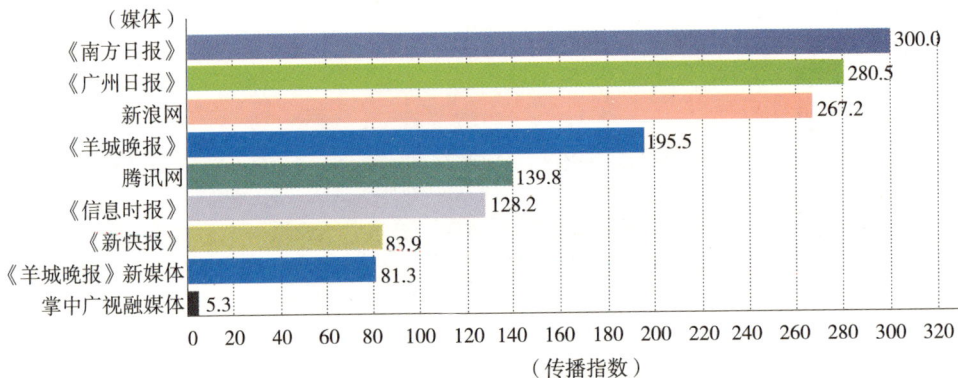

（媒体）

媒体	传播指数
《南方日报》	300.0
《广州日报》	280.5
新浪网	267.2
《羊城晚报》	195.5
腾讯网	139.8
《信息时报》	128.2
《新快报》	83.9
《羊城晚报》新媒体	81.3
掌中广视融媒体	5.3

（传播指数）

图 15　广州交警"护航高考"专题报道传播指数

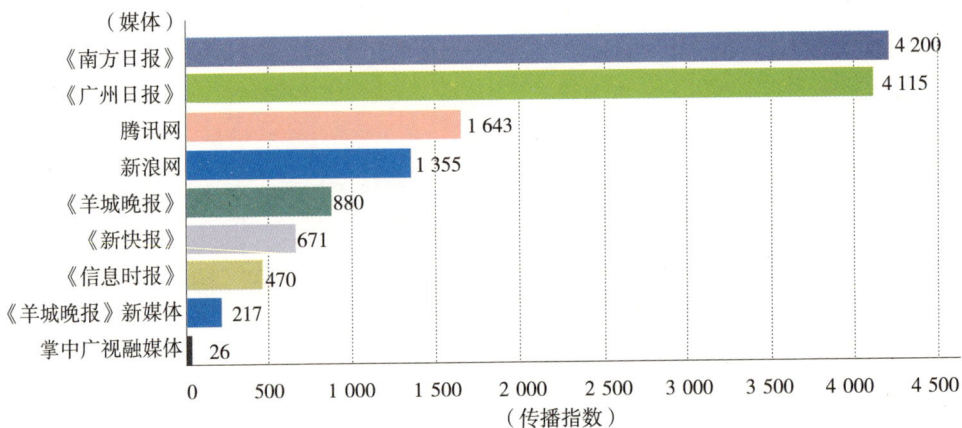

（媒体）

媒体	传播指数
《南方日报》	4 200
《广州日报》	4 115
腾讯网	1 643
新浪网	1 355
《羊城晚报》	880
《新快报》	671
《信息时报》	470
《羊城晚报》新媒体	217
掌中广视融媒体	26

（传播指数）

图 16　广州交警"黄标车"执法专项行动专题报道传播指数

（三）传统媒体与网络媒体

从 2017 年 5 月 1 日至 2018 年 3 月 25 日，以上 9 家媒体中与"广州交警"相关的热度 Top15 报道集中在交通新规、交通事故等方面（见表 1）。综合各月份报道指数，8 月是各大媒体报道量集中的月份。如"《广州市非机动车和摩托车管理规定》将于 9 月 1 日实施"的相关报道引起了市民的广泛关注，多家媒体对该规定进行了解读，《广州日报》还对广州交警与高德地图联合进行的大数据预测进行报道，在舆论上强调了该规定的合理性和科学性。

表 1　9 家主要媒体热度 Top15 报道

时间	报道标题	刊登媒体
2017.11.17	10 月有 14 人被终生禁驾	《信息时报》
2017.10.07	广东交警发布国庆返程指引　这 5 大堵点宜绕行	新浪网
2017.12.02	虎门大桥正式实行新车速标准　超速扣 3 分罚 200 元	新浪网
2017.08.31	《广州市非机动车和摩托车管理规定》9 月 1 日施行　骑单车过人行横道要下车推行	《广州日报》
2017.08.16	@街坊们　广州这些路段将取消 529 个免费咪表泊位，莫违停！	新浪网
2017.08.11	儿童骑车撞伤老人　父母被判赔 10 万元	腾讯网
2017.05.08	抗拒执法撞倒交警驾车逃逸涉案男子涉嫌妨害公务罪被刑事拘留	《广州日报》
2017.12.11	穗交警"史上最严"查酒驾行动延伸至凌晨和上班早高峰	金羊网
2017.10.06	新能源车驶上快车道　广深莞补贴直接抵扣车款　共享汽车井喷带动新能源车销量	《广州日报》
2017.09.13	共享汽车"BUG"不少：无证租赁酒后驾驶都有	新浪网
2017.06.22	广州实施机动车号牌新政　支持二手车用原号牌	新浪网
2017.05.21	注意！广州 5 月 27 日至 6 月 1 日暂停办理车辆检验	腾讯网
2017.09.23	广州共享汽车被用来玩漂移　平台回应：会员赶时间	新浪网
2017.09.21	8 月份广东有 446 人被终生禁驾　珠海被禁人数全省最少	新浪网
2017.06.30	163 宗违法未处理"老赖车"南沙落网	《信息时报》

同样在 8 月，广州交警试点使用电子警察，对机动车不礼让斑马线行为进行执法，新技术的使用成为各大媒体关注的重点。《南方日报》、《广州日报》、大洋网等本地媒体对此次广州交警的新技术试点进行了报道，新华网、人民网、腾讯网等多家媒体纷纷转载。报道多聚焦于"广州电子警察"的试点成效、新设备的"执法"方式、不礼让行为的表现和惩罚举措、广州交警持续开展的文明出行专项行动等方面。

（四）社交媒体

2017年5月至2018年3月的近一年来，广州交警不断建设和整合互联网自媒体平台，目前已形成了"两微三端"互联网自媒体平台，再通过细分平台，精准定位，逐步形成了全天候、无缝衔接的自媒体宣传矩阵，强力打造了一个属于广州交警的"官方通讯社"。网络信息传播进入了零延时的实时状态，任何事件、场景都可在网络上以直播形式呈现。形式多样、渠道多变的信息传播，一举摆脱传统媒体传播方式延时的制约，第一时间发出自己的声音既塑造了形象，也增强和提升了广州交警的公信力和影响力。同时，也为广州交警"善用媒介，服务大局，引导舆论"的宣传工作思路提供了强力支撑，实现了主动回应公众舆论关切，掌握主动，引导舆论的宣传格局。

本文将选取广州交警"两微"账号为研究对象，从传播内容、传播对象、传播效果三个角度深入分析和解读广州交警在政务新媒体运营中的不足和优点，为广州交警运用政务新媒体提供相关策略。

1. 微博

（1）"广州交警"微博：警民沟通桥梁。

2011年4月，"广州交警"官方微博正式开通。截至2017年12月31日，新浪微博"广州交警"已有粉丝185万余人，累计发布微博近7万条，成为广州交警的第一信息发布平台，搭建起警民沟通的新桥梁。

"广州交警"以"服务大众"为主线，通过"在线答疑""实时路况""在线辟谣""网络互动"等运营内容，搭建起一座警民沟通的桥梁。其中"爱心接力护送""高考微博爱心护考""微博通缉令""交警蜀黍请您来找茬"等微博创新运用案例，更是引得众多网友为"广州交警"点赞，被媒体及大众评为最勤政、最亲民的政务微博。

（2）"广州交警"微博粉丝画像。

数据显示，"广州交警"的粉丝以男性为主，占总粉丝数的60%（见图17中间的饼状图）。男性用户对"广州交警"发布的"交通信息"关注较多。了解粉丝的性别比例，可依据男性和女性的不同需求、心理和行为习惯，为信息传播采取相应的服务策略。

"广州交警"78.19%的粉丝处于"潜水"状态，日活跃的用户仅占3.04%（见图17左边的饼状图）。微博贴近民生，但多为通知、告知、提示等单向信息，粉丝互动占比较小。由于微博粉丝主要分布在广东，本地互动特征较为明显，"广州交警"对于市民举报的违法违章信息都会给予及时回复，互动力较强。

"加V"粉丝数占比不高（见图17右边的饼状图）。"加V"粉丝数占比是衡量粉丝质量的重要标准，可以从侧面反映微博的影响分量。

25～34岁的中青年人构成了"广州交警"粉丝的主体结构（见图18）。这个年龄段的群体，思维活跃、精力充沛，乐于参政议政，习惯于在新媒体中发表自己的观点，阐述自己的个性主张，热衷参与政府的各项管理和服务，对政府的施政布政和舆论传播都有积极影响。通过分析粉丝年龄结构，可以明确活跃在"广州交警"微博发布中的人群比例，从而根据此阶段的年龄特点，有针对性地采取相应的服务策略。

"广州交警"微博的粉丝大多来自广东（见图19）。

此外，广州交警对上级政务微博更为关注，如"广东交警总队指挥中心""广州公安"等。同类部门之间更易进行互动，如"交通安全蜀黍""交通安全局"等。

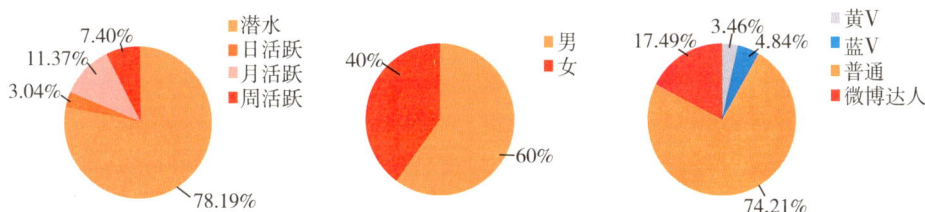

图 17 "广州交警"微博粉丝活跃度、性别、认证情况

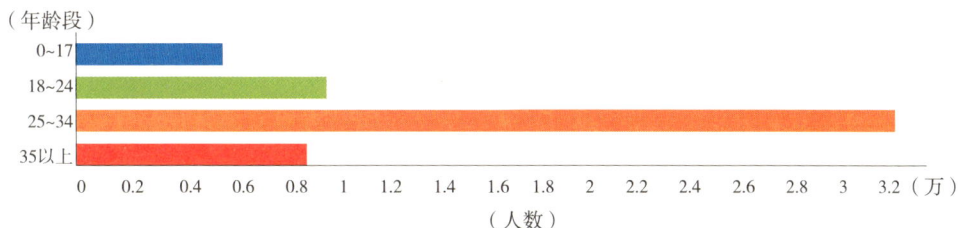

图 18 "广州交警"微博粉丝年龄分布

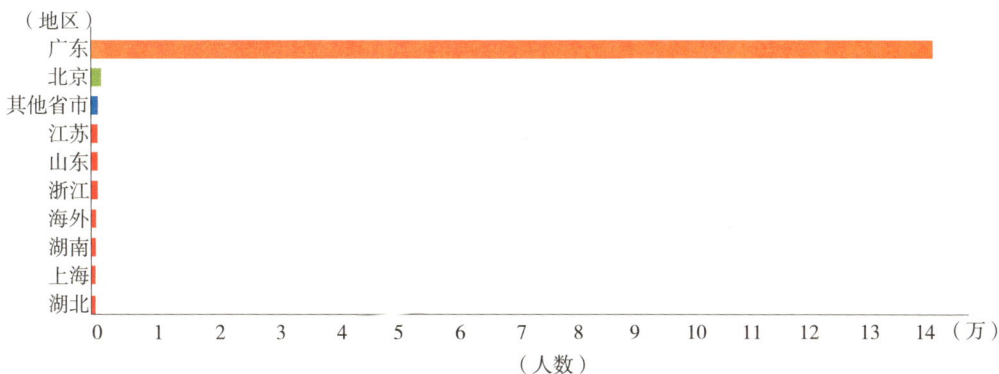

图 19 "广州交警"微博粉丝地域分布

（3）"广州交警"微博运营分析。

数据显示，2017 年 1 月 1 日至 2017 年 12 月 1 日，"广州交警"微博共发文 8 377 条，发文的时间段主要为 6：00—22：00。结合图 20 和图 21 可以看出，微博上有关"广州交警"的讨论热度与"广州交警"微博发文趋势基本一致，"广州交警"微博酝酿了很多讨论热度较高的话题。如"广州交警"2017 年 4 月 11 日左右发布的"官微六周年庆祝"活动取得了较好的宣传效果，微博讨论热度较高。

（平均值）

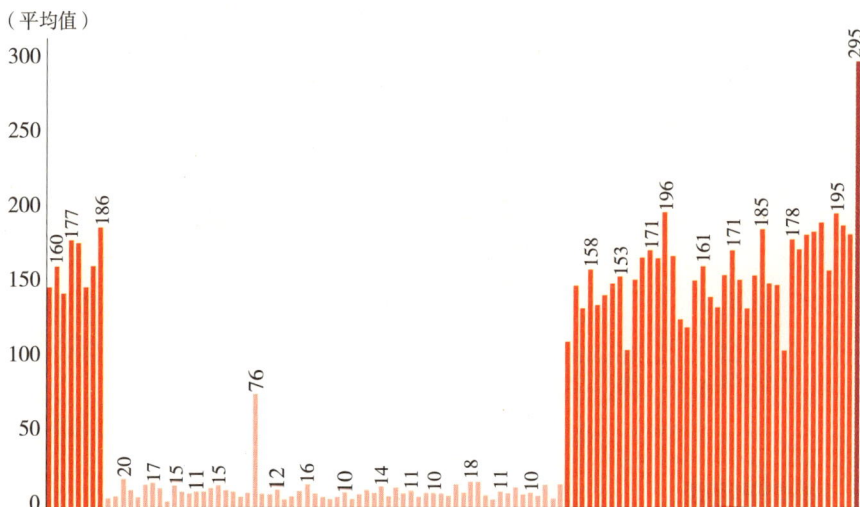

图 20　"广州交警"微博全年发文趋势

（平均值）

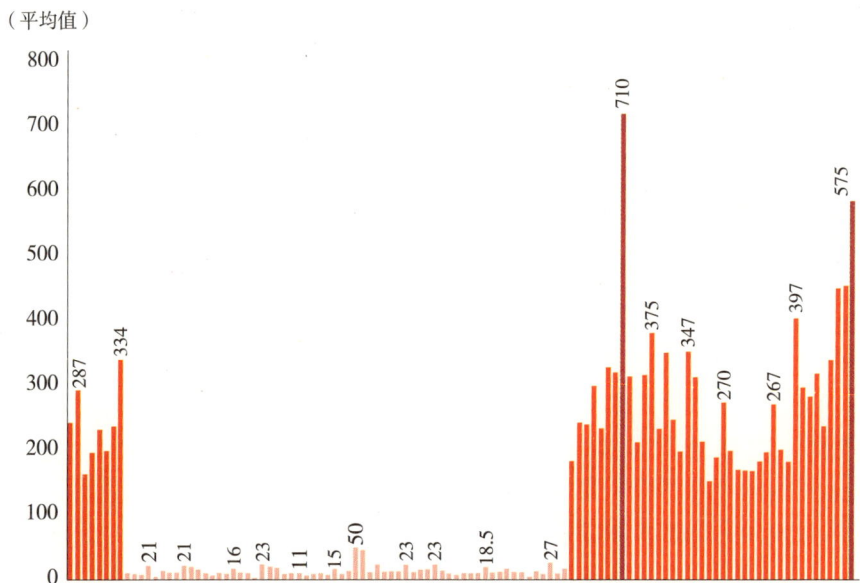

图 21　"广州交警"微博声量分布

qw现时　　消息
路段　大道缓慢大桥
西行　　　交通

图22　"广州交警"微博关键词

从"广州交警"的微博关键词（见图22）来看，"广州交警"微博发布的内容主要为交通消息和温馨提示等单向信息，粉丝互动机会不多。反观同类部门"广州公安"的微博关键词"民警""男子""现场""禁毒""毒品""平安"等可以发现，"广州公安"的微博内容多为重大事件通报，话题吸引力较高，容易引发粉丝讨论。

数据显示，"广州交警"最常转发的对象为上级政务微博和同类部门微博，主要包括"广东交警总队指挥中心""广州公安""交通安全蜀黍"等。转发"广州交警"微博次数最多的用户主要为市民、同类部门以及媒体，主要包括"广州公安""广州市政府新闻办"等。

2. 微信

（1）"广州交警"微信：便民服务自助平台。

广州交警依托微信平台着手开发"广州交警"微信，与警民通 App 功能互补，逐步实现事故 e 处理、年审预约、新车上牌预约、驾驶证补换、交通违法缴罚、电子证件等业务功能，全力打造移动端的便民服务自助平台（见图23）。

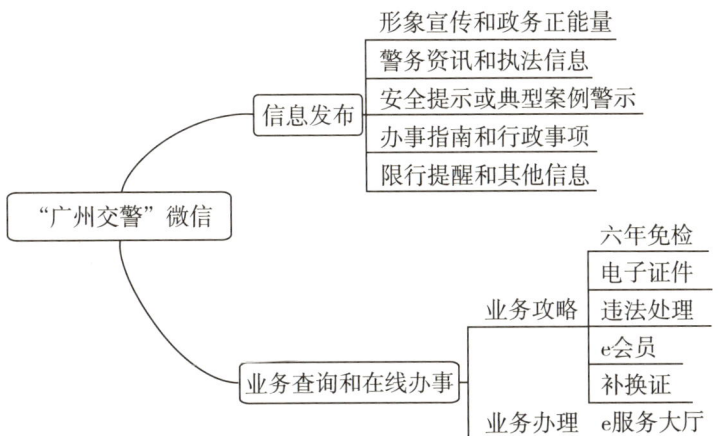

图23　"广州交警"微信平台功能设置

截至 2018 年 3 月，"广州交警"微信平台的关注用户已有 124 万余人。自 2014 年 4 月开始，"广州交警"建立层级微信宣传群，以全市 8 000 名交通民警和交通协管员为基础，建立公安交警各层级的微信集群网，向朋友圈推送以微交通、微视频、微形象、微服务为主题的微信内容。以"每一位民警（协管员）就是一位交通安全宣传员"为理念，基于人际传播理论，充分借助网络、微博、微信等新兴媒体，通过民警（协管员）日常的生活、工作，潜移默化地将交通安全宣传的理念传播至民警身边的家人、同学、朋友，再通过上述人群推广，形成多级传播网络，从而强化微信平台的宣传功能。

内容发布上，"广州交警"非常重视专业信息和公共服务信息采编，针对微信公众号"重服务轻发布"的定位，重点推送"警务咨询和执法信息""安全提示或典型案例警示""办事指南和行政事项"三个主题的信息。这样的信息采编和发布偏向既可以突出信息的针对性，又可以在用户的使用体验上强化其有用和易用感受，从而进一步增强用户黏度。2017 年 6 月中旬推送的《广州交警启动最严交通执法大整治，重点整治哪些看这里!》《最严执法持续中，这些车被广州交警盯上了》两篇文章，30 分钟内阅读量均超过 10 万，总阅读量超过 66 万。

回应机制上，"广州交警"主要通过自定义菜单实现与用户互动。自定义菜单位于微信界面下端，公众根据信息提示，只需点击便可获取相应内容。"广州交警"在一级菜单中设置了"业务攻略""业务办理""我"三栏（见表2）。

表2 "广州交警"微信公众号自定义菜单设置

一级菜单	二级菜单	功能设置
业务攻略	无	链接"攻略百科大全"、六年免检、电子证件、违法处理、e 会员、补换证
业务办理	e 服务大厅	链接"e 服务大厅"
	交通违法	车辆在线办理、缴款、违法免分券
	预约业务	可办理交通违法处理和机动车业务预约
	机动车业务	可办理六年免检，年审、新车上牌、变更登记、转移登记、事故 e 处理预约服务
	驾驶证业务	有效期满证、转入换证、损毁换证、遗失补证、自助机指南
我	e 会员认证	申请注册 e 会员认证
	电子行驶证	链接"e 服务大厅"
	电子驾驶证	链接"e 服务大厅"
	个人中心	e 会员登录、认证界面

（2）"广州交警"微信粉丝画像。

广州交警政务微信定位于"本地化"，其推送的信息多立足于广州市本地。截至2018年3月，广州交警政务微信拥有的124万余粉丝，绝大多数分布在广州市本地，从政务信息传递、政务服务实施等角度看，政务微信本地粉丝数越多，说明政务服务和信息传递的效果越好。

在关注"广州交警"微信的用户中，男性的占比略高于女性。男性用户占57%，女性用户的占比为43%（见图24）。

分析"广州交警"微信的用户阅读数据可以发现，"警务资讯和执法信息发布""安全提示或典型案例警示""办事指南和行政事项"三个主题的文章阅读量较大（见图25），可见文章内容本身是决定阅读量大小的关键因素。用户在关注公安类微信账号时有极为明确的行为倾向，即获取和个人直接相关的服务信息。点赞数也基本遵循了这个规律，即和用户自身关系更为直接的信息，点赞数往往较大（见图26）。此外，对于有关广州交警的宣传内容，阅读数和点赞数均未达到均值，传播效果不理想。

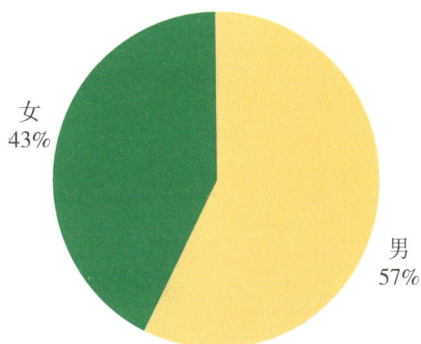

图24　"广州交警"微信粉丝性别比

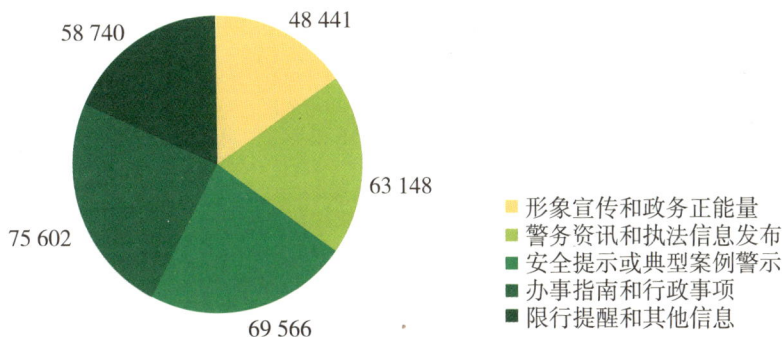

- 形象宣传和政务正能量
- 警务资讯和执法信息发布
- 安全提示或典型案例警示
- 办事指南和行政事项
- 限行提醒和其他信息

图25　"广州交警"微信推文阅读数分布

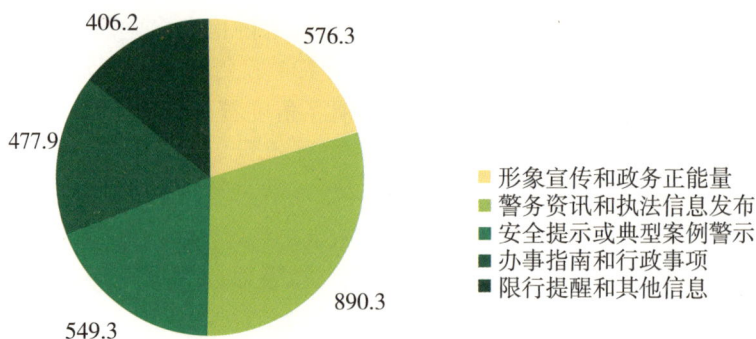

图26　"广州交警"微信推文点赞数分布

（3）"广州交警"微信运营分析。

统计发现，2017年1月31日至2017年12月1日，"广州交警"微信公众号共发布微信推文68条，这显示微信用户在公共信息的获取规模上不大，这和手机互联网使用者强调使用感受上的易用性和有用性两个因素相关。分析全部文章内容，"广州交警"发送的推文内容包括：形象宣传和政务正能量、警务资讯和执法信息发布、安全提示或典型案例警示、办事指南和行政事项、限行提醒和其他信息（见图27）。

从内容发布来看，"办事指南和行政事项""限行提醒和其他信息""安全提示或典型案例警示"三个主题文章数量较大，显示出广州交警非常重视专业信息和公共服务信息采编。这样的信息采编和发布偏向既可以突出信息的针对性，又可以在用户的使用体验上强化其有用和易用感受，从而进一步增强用户黏度。此外，关于广州交警"形象宣传和政务正能量"的宣传内容，阅读数和点赞数均未达到均值，传播效果不理想。

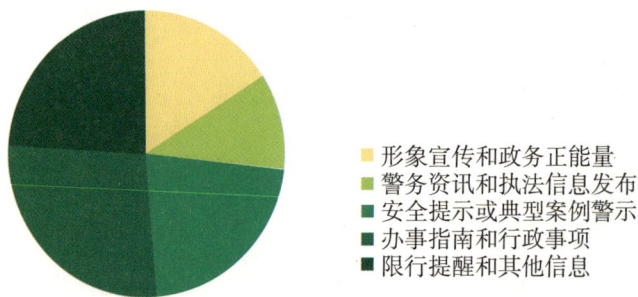

图27　"广州交警"微信内容分布

3. 建议

（1）议题设置：通过信息发布与控制，引领智慧交通。

智慧交通是以我国的智能交通体系框架为支撑打造出的高效、环保、安全、文明出行的智慧交通与运输体系。它将有效提升我国城市交通运输系统的运行效率和管理水平，为我国广大人民群众提供更为全面的交通信息服务及高效便捷、安全舒适的交通运输服务，并为交通监管部门的精准决策、高效决策提供大量的数据支撑。智慧交通的主要系统模块包括：数据收集系统、信息传输系统、交通信息存储与处理系统和信息发布及控制系统（见图28）。

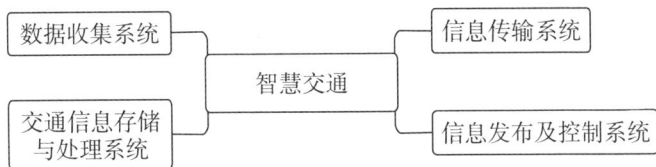

图28 智慧交通的主要系统模块

在经过前三个系统的信息分析处理后，政务新媒体可充分发挥其传播优势，将这些有价值的信息转化为与交通出行有关的各种信息服务，如交通引导信息、停车位置信息、交通安全控制信息、突发事件信息等，并通过政务微博实时发布交通路况信息，引导司机实现高效便捷出行。此外，当出现突发事故时，可及时通报路况信息，并通知事故处理机构前来协调解决等。智慧交通将成为世界各国交通行业发展的主流趋势，通过政务新媒体的信息发布和控制来引领智慧交通，公众将接收到更全面和精确的交通信息，从而使人们的出行更为高效便捷。

议题互动，自由切换政府—公众视角。广州交警应当开始重视受众潜在的自主意识。以微博议程设置为例，如前所述，微博议程设置的形成离不开微博用户的参与，因而微博用户的议题发布及被选择是微博议程形成的前提，微博中意见气候的形成更依赖于"自下而上"而非"自上而下"的形式。广州交警要想在微博议程中取得重要地位，扩大影响力，需取得微博粉丝的大力支持，并积极参与微博议题的互动，增加微博议程的接触指数和广州交警的发声指数，积极参与微博议程、媒体议程的互动。尤其是在微博发声上，"广州交警"必须做到持续跟踪、正确表态，引导大众，以此吸引微博公众的注意力，推动微博议程正确发展。一方面，广州交警需以受众为中心，鼓励公众积极参与交通安全宣传。另一方面，广州交警应发挥政府职能效应，对社会舆论和微博议题进行引导，并对一些重要事件进行公正处理。这就要求广州交警在进行微博议程设置时，能够做到政府—公众视角的自由切换。

公众视角。要想让公众积极参与到广州交警的交通安全宣传中来，必须选择一个能引起受众关注的议题。影响微博议题的作用机制包括：微博议题顺应事件的发展流程；发布重要的罕见事件；发布已报道事件中有价值的部分；制造有新闻价值的事件。微博议题顺应事件的发展流程，要求发布议题顺应该事件的发展脉络，通常该事件是公众所普遍关注和想要了解的议题；在微博中设置重要及罕见的议题也能达到好的传播效果，通过强调该事件的重要性及不常见性吸引用户关注和评论，从而形成微博议程，达到微博议程设置的效果；对于已被报道过的事件，选择该事件中有价值的部分进行深入挖掘与剖析同样会引起公众关注；广州交警还可通过制造有新闻价值的事件，如微博直播交警执法，来影响微博议程设置。通过微博赋予某一事件显著性，并经过一段时间的跟踪关注，塑造一种"拟态环境"来影响受众的认知。

政府视角。微博传播的内容既有真实的一面，也有虚假的一面。当微博中的负面舆论上升至微博议题时，就需要"广州交警"对舆论进行引导，将其控制在有效的管理范围之内。"广州交警"应做到第一时间发布正确信息，以及时引导公众对事件的认识和做到准确应对各种事件，以此获得公众的信任，实现与公众的良性互动，引导事件朝正面发展，推动交警宣传工作的实际进展。

（2）话语风格：利用政务新媒体传播优势建立公共权力的话语结构。

该话语结构包含以下几类：一是回应性话语，即倾听民众呼声，对人们提出的问题作出回答，发现需要决策的对象。颇具代表性的如征集建议，针对网络舆论反映的问题，倾听各阶层的声音，了解大众的情绪和要求，吸纳各方意见，回答公众的疑问。二是政策性话语，即把制定的政策或制订方案的基本内容、实施要求和政策目标向公众说明，以利于动员广大公众参与决策，为相关政策的制定或修改提供智力支持，以及确保公众对政策的准确理解和政策的持续贯彻。其中，通过解释政策和人民利益的关系以增强公众对公共政策的认同度是该话语的核心内容。三是评价性话语，即广州交警借助微博微信平台，及时作出评价性话语，判明社会事务的是非或美丑，抨击恶德对社会公共利益的危害，在客观评价下主持正义，捍卫人们的真正利益，进而维护交警权威。值得注意的是，在公共危机事件中，政府与公众的对峙状态会使得公众的心理承受能力降低，易于臆想和猜测事态，从而倾向信任经由网络暴民恶意传播的造谣信息而非真实信息，而一旦网络舆论偏向极端，煽动起来的民意则是危险和难以控制的，因此，广州交警必须及时发表具有导向性的话语以引导网络舆论。在构建话语结构的同时，还需注重话语风格的表达。广州交警可从以下三个方面构建自己的话语风格，促进政务新媒体的良性发展。

受众视角，避免官腔。受众视角要求广州交警站在受众的角度来分析问题、给出对策，让受众受益。在此过程中，广州交警需极力避免"官腔式"表达。传统风格的官腔多是一些形式主义、套话、空话、口号，并没有切合实际，没有把握受众需求。新媒体时代，网络表达方式自由多变，官场套话式的语言、摆官架、打官腔都是不受欢迎的行为，势必受到网民的排斥。因此广州交警在内容发布上需改变惯用的官方话语表达方式，避免流露"官腔"，运用更多口语化、人情化等贴近用户的用语，确保与公众保持良好互动。

语言精准，态度亲和。"文化研究"学派的代表人物斯图亚特·霍尔（Stuart Hall）在其编码与解码理论中提出了"反向解读"或"对抗式解读"的信息解读方式，即受众对于媒介提供的讯息内容和意义作出完全相反的解释和理解，尤其是对于模糊多义的政府信息文本，受众更易产生对抗式解读的心理，以此来宣泄自己的不满，抵抗政府信息中的权力霸权。这就要求广州交警在信息表达中凝练深度和广度，做到表意清晰、符合逻辑。此外，广州交警还需要在语言表达上体现亲和力，表达亲民的态度。在了解相关网络流行语的基础上，夹杂一定的修辞手法给信息增添趣味文风，进一步拉近与公众的距离，吸引更多的公众，提高"广州交警"的影响力。

善用修辞，把握尺度。在政务新媒体表达中，运用相关的修辞手法，利用多种语言手段能够收到更好的表达效果，使表达更具准确性、可理解性和感染力。在信息发布时，运用恰当的修辞手法，能够产生独特的注意效果。随着网络流行语的增加，广州交警需保持适度得体的使用态度。部分网络流行语的使用，可以为信息表达增加感染力，但一味迎合则会使政务发布显得不规范甚至粗俗。正确运用网络流行语可以带来一定的幽默感和关注度，但对于网络流行语要有一定的了解，尤其是网络语言的感情色彩。

（3）平台联动：打造交通宣传"双微合璧"。

作为网络问政的平台，政务微博微信平台各有优势，都能够起到加强政府与公众交流互动的作用，广州交警应充分发挥两个平台各自的优势，尝试以微博信息发布和微信公众平台的互动服务为主导的"两微"并行架构，以期使广州交警的信息发布和政务服务更好地结合，有效实现政务新媒体所具有的交通安全宣传"信息传播"、交通管理服务"网上办事"两大基础性功能。对于如何践行，有以下三个措施：

一是渠道联动。借助运营较为成熟的"广州交警"微信平台推广微博，通过微信平台实现粉丝引流。同时，微博的开放性高于微信，利用微博平台，可以有效扩大政务微信的推广范围。具体而言，广州交警"两微"的渠道联动可以通过以下两个方法实现：在广州交警官方微博的友情链接栏中增加广州交警微信公众号的名片，或者在广州交警微信公众号的菜单栏中设置广州交警微博的链接，使二者之间形成互动效应，引导公众对"两微"平台的同时关注；"两微"渠道联动还可通过在具体信息发布中内嵌双方的链接实现。如在广州交警微博发布的信息中添加广州交警微信公众号的文章链接或微信公众号的二维码图片等，打通二者之间的信息通路，使"两微"平台得以借势宣传，协同发展。

二是功能联动。鉴于微博和微信的传播机制及传播特色存在差异，其功能定位也应有所区别。危机应对中，政务微博是不间断的新闻发布平台，而微信是精准化的应急中心；舆论引导中，微博具备谣言自净机制，而微信拥有深度解释的优势。因此，广州交警在实现"两微"平台的功能联动中，可重点发挥微博的信息传播和舆论引导功能，着重凸显微信公众号的深度解读和公共服务功能。如，广州交警微博可侧重于热点信息、安全提示、交通路况信息的及时发布；微信则侧重典型案例解读、办事指南等信息的发布，并及时把握公众的需求，在微信菜单栏中增设新的便民服务功能。

三是内容联动。对于重要信息的发布，广州交警可选择在"两微"平台同时推送，扩大影响范围，形成一定的规模和舆论效应。针对日常发布，广州交警可依据"两微"平台各自的优势和传播特性，有针对性地推送不同内容。微博平台的内容传播字数受限、次数不受限，使得信息发布简洁、碎片化。微博传播的时效性较强，可在第一时间将信息公之于众，达到迅速占领舆论制高点的效果。此外，微博的应用，加强了不同政府部门之间的沟通互动，且具有明显的集群效应。相较于微博，微信平台更适合发布即时性强、针对性高的信息。其发布次数存在限制，但其优势在于能够深度且精准地实现信息的发布和互动，尤其是政策解读方面的信息，弥补了微博字数限制等不足。将微博与微信结合使用，相互配合，能产生更好的总体效果。如在微信平台收到的投诉、曝光等内容，经核实后选取部分发布在微博上，实现微信平台后台沟通，微博公开性监督的功效。

政务微博微信平台是政民互动赖以进行的物理平台，是交通安全宣传事业发展的基础。广州交警需将政务新媒体平台建设置于核心位置，在充分发挥政务微博微信平台优势的基础上，协调投入，坚持平衡发展的原则。要客观认识政务"两微"平台建设的重要现实意义，重新审视各平台在互联网交通安全宣传中发挥的作用及承担的任务，适当调整各平台的定位，促进平台间相互协调、合理发展，从而壮大广州交警交通安全宣传事业。

地方全球媒体形象

海南全球媒体形象报告（2014—2017）

王　静①
2018 年 1 月

一、研究概述

（一）研究背景

　　1988 年 4 月，中国最年轻的省份和最大的经济特区——海南省正式成立。2010 年 1 月国务院发布《国务院关于推进海南国际旅游岛建设发展的若干意见》，海南建设国际旅游岛作为国家重大战略部署，目标是在 2020 年将海南初步建成世界一流海岛休闲度假旅游胜地，成为开放之岛、绿色之岛、文明之岛、和谐之岛。时光荏苒，建省 30 年，国际旅游岛建设 8 年，海南以其繁荣昌盛、生机勃勃的形象屹立于祖国的最南端，世界的东方。

　　2013 年，习近平总书记到海南视察时提出了"加快建设经济繁荣、社会文明、生态宜居、人民幸福的美好新海南"的重要指示，为新形势下海南的发展指明了方向。2017 年 4 月，中共海南省第七次代表大会明确提出海南未来五年的发展目标是经济繁荣，十二个重点产业形成，服务型开放型经济充分发展；社会文明、社会治理体系和治理能力现代化水平明显提高，居民文明程度大幅提升，建成一批全国文明城市、卫生城市；生态宜居，生态文明建设领跑全国，森林覆盖率保持在 62% 以上，全域旅游格局基本形成，成为宜居宜业宜游宜养的生态岛、健康岛、长寿岛；人民幸福，基本公共服务均等化水平走在全国前列，居民就业更加充分、居住条件更加舒适、出行更加便捷、生产生活环境更加安全，现行标准下农村贫困人口如期全部脱贫。这些美好的目标设计，为海南的发展设计了具体的路径。作为中国最大的经济特区，以及建设 8 年的国际旅游岛，海南对外展示了何种形象？国内外对海南形象的认知和评价度如何？2018 年，在海南即将庆祝建省和经济特区成立 30 周年之际，海南师范大学新闻传播与影视学院、海

---

　　①　王静，海南师范大学新闻传播与影视学院副教授。

南省社会舆情与治理研究中心联合暨南大学传播大数据实验室，从媒体的视角回顾海南 2014—2017 年的政策沿革、经济发展和城市进步，对海南的媒体形象进行分析研究，开展"海南全球媒体形象报告"项目。一方面，通过采集全球媒体报道来分析世界各国和国内各地区对海南的关注程度；另一方面，通过挖掘报道文本来掌握被媒体高频关注的行业、企业、机构、事件等，为海南特区区域形象传播和政府政策的制定提供价值参考。

（二）研究方法①

本研究主要用到以下几种方法或工具：

1. 爬虫技术

网络爬虫是一种自动提取网页的程序，它为搜索引擎从万维网上下载网页，是搜索引擎的重要组成部分。本研究就是通过网络爬虫技术从百度新闻和谷歌网页上采集 2014 年 1 月至 2017 年 11 月期间与海南相关的国内外新闻报道，采集关键词主要围绕"海南""Hainan"进行数据抓取。

2. 内容分析法

内容分析法是借由数理统计对传播内容进行量化的分析与描述，属于定量研究范畴。本研究运用 Excel 和 Python 软件对所抓取到的全球各媒体新闻报道内容进行挖掘，统计出高频词汇、高频人物、高频组织等。

3. 话语分析法

话语分析法是以文字等记录在案的资料为研究对象，运用符号学、结构主义和语言学的分析方法来分析文本的结构与意义，对文本内容进行不断挖掘与发现，探索意义的不同解读方式和文本中所隐藏的意识形态力量，属于质化研究范畴。本研究则是对媒体报道进行解读，研究全球媒体如何建构海南形象，如何通过报道角度的确立，新闻素材的选择和词语、图片等符号的综合运用，生产出符合媒体立场的话语意义。

（三）研究说明

1. 媒体分类

本报告将全球媒体分为三大类：中国大陆媒体，即中国大陆 31 个省、自治区、直辖市的媒体；中国港澳台媒体，即中国香港、澳门和台湾地区媒体；国际媒体，即除中国以外的媒体。

---

① 本报告的研究方法参考了《南方都市报》旗下数相科技发布的《重庆全球媒体形象报告（2012—2016）》。

2. 数据库说明

（1）GDELT。

本研究截取了 GDELT 2 平台 2014 年 1 月 1 日至 2017 年 11 月 30 日作为分析时段。由于该平台对英文文本的处理较为准确，因此本报告主要依托该平台的英文检索和英文文本挖掘。

（2）Factiva.com。

Factiva 全球新闻数据库最初是由道琼斯通讯社（Dow Jones）和路透社（Reuters）联合推出的全球领先的商业及新闻在线数据库，现已被道琼斯通讯社全资收购。收录全球 1 500 余种报纸、3 200 余种期刊与杂志、640 多家通讯社内容、160 余家电视广播新闻稿、4 000 余个著名商业网站链接、200 余个著名博客内容和 22 种语言的全球顶尖新闻及商业网址。

二、海南的全球媒体报道

媒体关注度是指全球媒体对任何地区、人物或事件的曝光程度，体现为媒体报道量的多少。媒体发表的报道越多，说明该报道对象受媒体关注度越高，反之则越低。本部分将从媒体报道量的角度分析全球媒体对海南的关注程度。分析维度包括全球媒体报道热点地图、不同国家/地区媒体的报道量、不同语种媒体的报道量和意见领袖媒体分布等。

数据显示，2014 年 1 月至 2017 年 11 月，全球媒体对海南的总报道量为203 111 篇，其中中国大陆媒体新闻报道最多，报道量达 130 904 篇，占总量的64.4%；国际媒体次之，达 64 511 篇，占总量的 31.8%；中国港澳台媒体最少，仅 7 696 篇，占总量的 3.8%。

具体分析如下：

（一）地理维度：东南亚与欧美国家关注度高

热点地区根据全球各国媒体对海南的报道量而绘制，以反映各国对海南的关注程度。GDELT 平台的热点地图分析显示，除了中国境内省份，东南亚地区、北美洲地区、欧洲地区、东亚地区、大洋洲地区均与海南有着密切联系。

以马来西亚、新加坡、泰国为代表的东南亚国家对海南尤为关注（见图 1）。欧美国家中，美国、英国、德国、俄罗斯、法国对海南的关注度较高。此外，韩国和澳大利亚的媒体也对海南表现出相当的兴趣。

图1　最关注海南的 10 个国家

除中国地区外，国际媒体中，以马来西亚对海南最为关注，报道量高达 4 003篇；新加坡次之，报道量为 2 193 篇；美国以 1 769 篇位列第三。

在本次排名中，欧美地区上榜的国家为 5 个，亚洲地区上榜的国家为 4 个，大洋洲上榜国家为 1 个。从资讯来源的角度上看，马来西亚的《星洲日报》《中国报》，新加坡的《联合早报》《联合晚报》等主流媒体对海南的曝光率最高，这与海南岛与东南亚国家多年来密切的经济文化交流紧密相关。因此，在海南的对外形象中，这些媒体掌握着较强的话语权。欧美国家的主流媒体如美通社、路透社等的国际影响力十分突出，是全球信息流通的主要枢纽，因此，虽然这些媒体报道在总体数量上并不算太多，但其在海南国际形象的塑造和传播上同样发挥着至关重要的作用。

（二）语种维度：汉语信息最多，西方发达国家语言占优势

海南相关媒体报道涉及 23 种语言，其中以我国大陆媒体的简体中文报道最多，其次是中国港澳台及东南亚、欧洲等地区的华文报刊中的繁体中文报道，达 9 597篇。位列第三的是英文报道，总量为 4 313 篇。德文以 1 244 篇排名第四（见表1）。

表1　全球媒体报道量语种排名表

排名	语言	新闻数量
1	简体中文	130 904
2	繁体中文	9 597
3	英文	4 313
4	德文	1 244
5	法文	354
6	意大利文	252
7	西班牙文	239
8	俄文	153
9	印尼文	137
10	葡萄牙文	126
11	韩文	120
12	荷兰文	90
13	马来文	73
14	捷克文	72
15	西班牙加泰罗尼亚文	49
16	匈牙利文	31
17	丹麦文	17
18	瑞典文	16
19	斯洛伐克文	14
20	阿拉伯文	7
21	保加利亚文	6
22	波兰文	6
23	土耳其文	6
24	芬兰文	1

从表1可以看出，除汉语类报道之外，大部分语种均为西方发达国家的官方语言，如英文、德文、法文、意大利文、西班牙文、俄文、葡萄牙文等，这些国家对海南都有着不同程度的关注，共同建构着海南的国际形象。此外，周边国家的官方语言，如印尼文、韩文、马来文也对海南有着一定的报道量，说明地缘关系对海南国际形象的传播也有一定影响。

总体而言，除了汉语信息之外，西方发达国家语言与东南亚国家语言信息也对塑造和传播海南形象形成了一定的集聚效应，因而我们不能忽视多语种信息传播对进一步扩大海南形象传播规模和提升宣传效果的有力影响。

（三）机构维度：东南亚媒体、传统主流媒体和省内网络媒体掌握主动权

本报告共采集到与海南新闻报道相关的外媒和中国港澳台资讯来源机构 59 家，主要来源于东南亚国家、西方发达国家和中国港澳台地区的主流媒体。

剔除非海南主题以及通告类新闻，在海南的国际形象传播过程中，马来西亚的新闻媒体发挥着举足轻重的作用。在上榜的资讯来源前 10 名中，马来西亚的媒体就占据了 5 位，且新闻报道数量也遥遥领先。新加坡也有 3 家媒体上榜。

除此之外，西方发达国家的一些权威媒体机构，如美国的美通社、《华尔街日报》，英国的路透社、《每日邮报》等也对海南多有关注。中国港澳台地区则属台湾对海南的关注度最高。

表 2　外媒及中国港澳台媒体资讯来源排名

排名	媒体名称	国家/地区	数量	排名	媒体名称	国家/地区	数量
1	《星洲日报》（繁体）	马来西亚	1 354	16	美通社	美国	202
2	RIM 情报公司	日本	925	17	《联合晚报》（简体）	新加坡	201
3	《星洲日报》（简体）	马来西亚	817	18	道琼斯通讯社	美国	196
4	《中国报》（繁体）	马来西亚	648	19	《新明日报》（简体）	新加坡	187
5	《联合早报》（繁体）	新加坡	482	20	《光明日报》（简体）	马来西亚	153
6	《南洋商报》（繁体）	马来西亚	401	21	路透社	英国	139
7	《中国报》（简体）	马来西亚	374	22	《联合报》（繁体）	中国台湾	132
8	《台湾经济新报》	中国台湾	322	23	《中国日报》	中国大陆	121
9	《联合早报》（简体）	新加坡	320	24	《苹果日报》	中国香港	112
10	《联合晚报》（繁体）	新加坡	297	25	《东方日报》	中国香港	98
11	《南洋商报》（简体）	马来西亚	280	26	《明报》	中国香港	97
12	《新明日报》（繁体）	新加坡	264	27	《澳门日报》	中国澳门	89
13	《中国时报》	中国台湾	249	28	《信报》	中国香港	80
14	《光明日报》（繁体）	马来西亚	244	29	《联合报》（简体）	中国台湾	75
15	ARD Transkripte	德国	218	30	安塔拉	印度尼西亚	74

中国大陆媒体部分，主要分为省内媒体和省外媒体两大类。省外媒体主要集中在新华社、《人民日报》、中国新闻社等传统主流媒体机构以及中国经济信息网、《人民日报》电子版、人民网等网络媒体。省内媒体又分为省属媒体和中央媒体的地方频道，共同构成海南对外传播的主要渠道。其中又以网络媒体为核心，如人民网海南视窗、中国新闻网海南频道、海南在线、海口网、南海网等关于海南的报道数量都较多，且都以综合类信息为主，包含经济、政治、社会等各个方面。

（资讯来源）

资讯来源	报道数
新华社	9 601
中国经济信息网	7 478
《人民日报》电子版	5 290
中国经济信息网(简体)	4 525
《上海证券报》(简体)	4 473
人民网(简体)	3 642
《人民日报》	2 928
《证券时报》(简体)	2 565
中国新闻社—中国经贸通(简体)	2 399
人民网海南视窗(简体)	2 126
中新网海南频道(简体)	2 040
海南在线(简体)	1 502
中国新闻社(简体)	1 458
中国资讯行—新闻频道(简体)	1 265
《海口晚报》—海口网(简体)	1 164
百川资讯(简体)	1 159
南海网(简体)	709
央广网—中国广播网(简体)	652
海南网(简体)	596
《新京报》(简体)	530
中国证券报(简体)	454
中国新闻网(简体)	427
中国经济网—经济口日报(简体)	269
《第一财经日报》(简体)	218
中国网(简体)	188
《人民日报》法语版	140
人民网青海频道(简体)	139

（报道数）

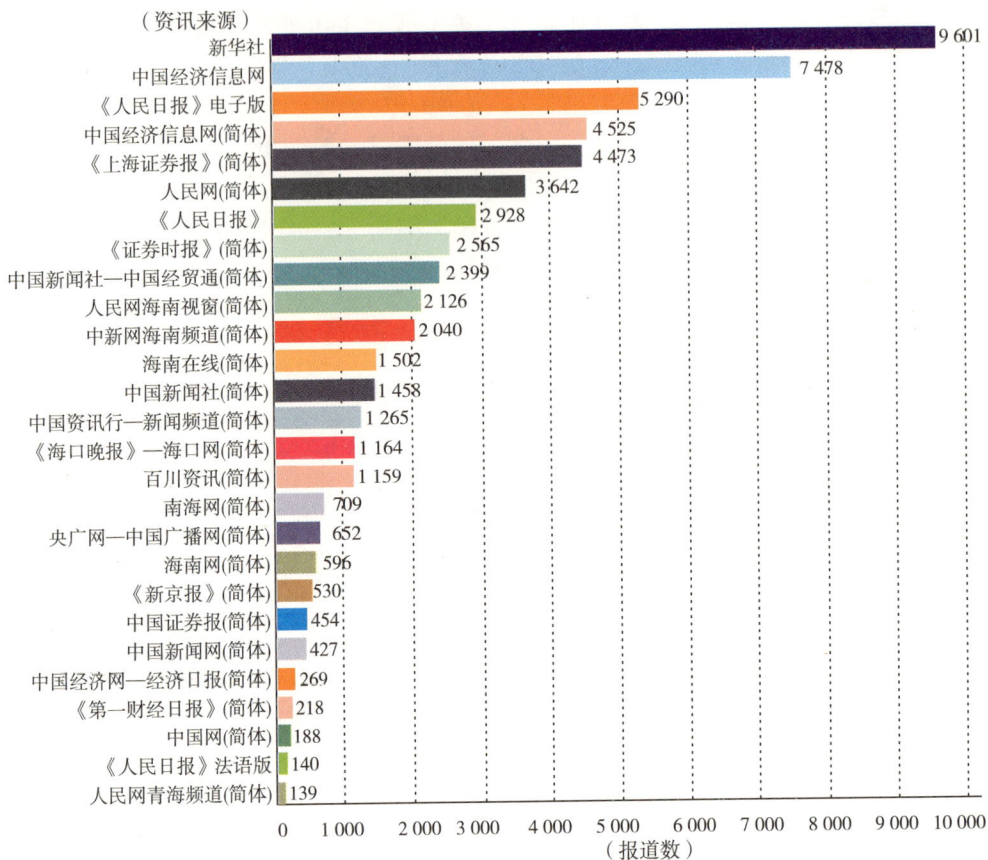

图 2　中国大陆媒体资讯来源排名

（四）省份维度：北上广最关注海南

对海南关注度最高的地方是北京，报道量高达 11 559 篇，广东和上海分别位居第二和第三，报道量分别为 3 256 篇和 1 771 篇。对海南关注度较高的省份还包括广西、山东、浙江、江苏、河北以及河南（见图 3）。2017 年 4 月，海南省第七次代表大会明确提出，要扩大区域间交流合作，全面融入国家"一带一路"倡议，推动海南与沿线国家和地区港口、航空交通基础设施互联互通，密切与泛珠三角"9+2"经济区、北部湾城市群的战略合作，扎实推进琼州海峡经济带建设，从信息关注角度上讲，与该倡议目标基本吻合。

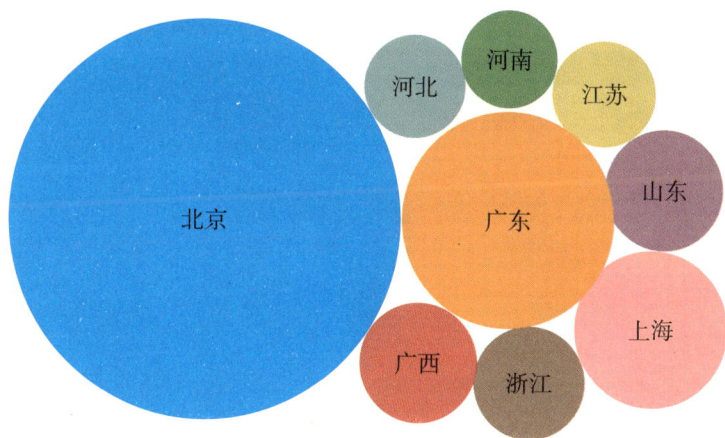

图3　最关注海南的省份排名

三、海南的全球议题建构

议程设置是指大众传播对某些议题的着重强调和这些议题在公众中受重视的程度构成强烈的正比关系。换言之，在大众传播中越突出某一事件，多次、大量地报道某一事件，就会使社会公众突出地议论这一话题。媒体报道什么样的信息，以什么样的方式报道，不同媒体对新闻不同的议题建构，形成什么样的舆论，都关系到公众对某一地域形象的正确认识。

近30年来，海南经济社会发展成就显著，产业结构调整取得积极进展，基础设施建设明显提速，生态文明建设展开新篇章，现代服务业发展水平大幅提升，对外开放格局基本形成，各项社会事业全面进步。近年来，海南在全球媒体上的曝光率与日俱增，关注全球媒体对海南的新闻报道议题，有助于明晰海南的全球形象建构以及对海南全球形象进行适度调试。

为了明晰新闻报道议题，本报告对国际媒体、中国大陆媒体和港澳台媒体的新闻报道进行内容分析，并对提炼出的主要关键词进行聚类，总结出以下结论：

（一）中国大陆媒体

在2014年1月至2017年11月期间，中国大陆媒体有关海南的新闻报道主要集中在规划/政府方针、旅游、政治/综合新闻、天气等议题（见图4）。报道提及的主要行业有旅游业、房地产业、金融业、农业、化工能源业等。数据显示，中国大陆媒体对海南如何在国家整体战略框架下发展给予了更多的关注。

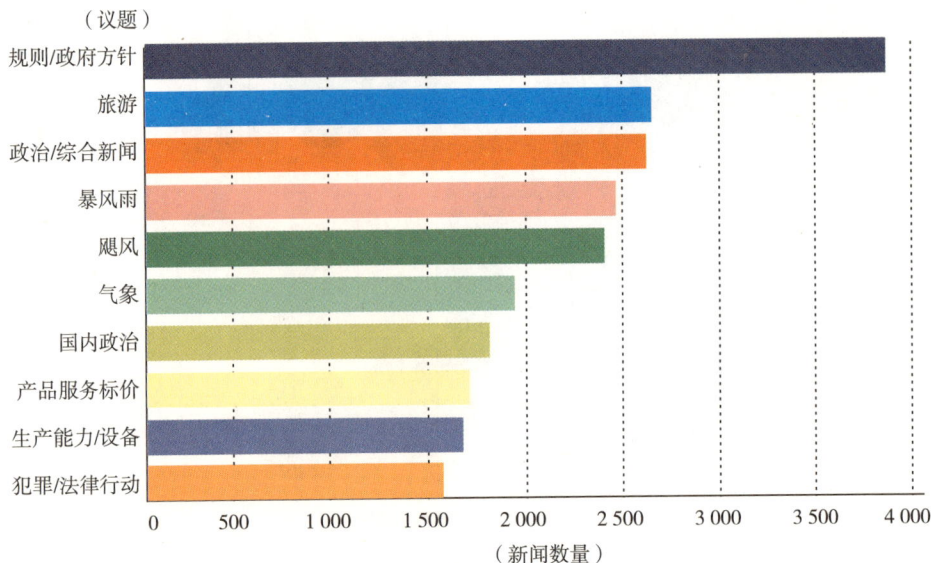

图4　中国大陆媒体有关海南的议题排名

1. 旅游依然是海南的核心议题，政策监管和产业转型升级是关键词

旅游一直是海南经济和形象的核心代名词，尤其是 2010 年海南国际旅游岛建设上升为国家战略之后。在本次所采集的数据中，与旅游直接或间接相关的议题占据了半数以上的份额，而对这些报道进行词频统计后发现，关于旅游的新闻报道主要集中在政策监管、产业发展、市场动态等几大议题（见图5）。

（1）政策监管：利好政策不断出台，旅游市场监管逐步优化。

2010 年，海南国际旅游岛建设上升为国家战略。海南国际旅游岛初步定位为我国旅游业改革创新的试验区、世界一流的海岛休闲度假旅游目的地、全国生态文明建设示范区、国际经济合作和文化交流的重要平台、南海资源开发和服务基地、国家热带现代农业基地。

图5　以"旅游"为关键词的词频图

2020 年初步建成国际旅游岛。围绕这一战略定位，海南迎来了多重政策利好，发展进入提速阶段，如"海南 6 市县划入北部湾城市群""海口、三亚成为'一带一路'重要支点城市""海南成为全国首个全域旅游创建省""海南成为国家服务贸易创新发展试点地区"等信息，都成为国内媒体和民众热切关注的议题。除此之外，政府对旅游市场管理方面的议题也较为突出，尤其是对于三亚旅游市场的管理，比如整治三亚海鲜市场、成立旅游综合执法监督管理办公室，建立全国首支旅游警察队伍等，都成为国内媒体关注的重点。

（2）产业发展：加快转型升级，构建有海南特色的旅游产业体系。

《国务院关于推进海南国际旅游岛建设发展的若干意见》明确提出海南国际旅游岛建设发展的六大战略定位，其中包括我国旅游业改革创新的试验区、世界一流的海岛休闲度假旅游目的地等。因此，海南旅游产业发展的方向路径和创新时间举措成为众多媒体关注的核心。值得一提的是，在 2016 年 1 月全国旅游工作会议上，海南被确定为全国首个全域旅游创建省，全域旅游成为众多媒体关注海南的核心议题。加快转型升级，构建有海南特色的旅游产业体系，是海南旅游产业报道的重要内容和核心主题，如做精做强滨海旅游，建设医疗健康旅游，创新发展文体旅游、会展旅游、乡村旅游、全域化特色城镇游、免税购物游，等等。该类议题的报道方式绝大多数是新闻发布，报道态度较为积极。2017 年 12 月 1 日，海南省人民政府办公室印发了《海南省旅游发展总体规划（2017—2030）》，规划中明确提出，要依据海南旅游发展现状及存在问题，以均衡发展为目标，以品质发展为要求，以特色发展为突破，以产业富民为指引，明确"品牌引领，突出特色；规划统筹，全域联动；国际标准，精品塑造；兴旅富民，多产共融"的规划原则。由此可见，从议程设置的角度来看，近年来国内媒体的相关报道对于海南未来旅游形象塑造和产业发展起到了一定的推动作用。

（3）市场动态：旅游活动丰富，旅游经济平稳增长。

市场动态方面的报道，主要分为两大类，一是旅游企业动向，二是海南旅游消费。旅游企业动向主要是报道海南各大旅游景区、酒店等所推出的最新项目、优惠措施或活动等。这类报道主要集中在节假日前夕，主要目的是通过增加曝光率和提升优惠度来吸引游客，比如 2017 年国庆中秋黄金周前后，三亚大小洞天旅游区、海南槟榔谷黎苗文化旅游区、海南分界洲岛旅游区、陵水南湾猴岛生态旅游区等 17 家旅游景区共推出了 48 项优惠措施，相关内容在国内众多媒体上均有报道。海南旅游消费主要是报道海南在节假日或者年度接待的游客数量、旅游收入、消费收入等数据，此类报道内容均从政府部门公布的相关信息或数据中获取，各大媒体相互转发。例如"2017 年前三季度海南接待入境游客约 80 万人次，超去年全年"一则消息，就几乎同时被人民网海南视窗、海南在线、南海网、海口网、央广网、新华网海南频道等多个媒体集中报道。中国大陆媒体提及海南旅游时的细分行业见图 6。

[行业（旅游细分）]

细分行业	新闻数量
酒店/汽车旅馆	501
休闲/艺术/餐饮与酒店业	323
客船海运	152
酒店建造	133
旅游经营商	54
酒店/餐馆	33
在线旅游预订服务	28
药品	27
耕作	26
产业/伤亡保险	25
机场	21

（新闻数量）

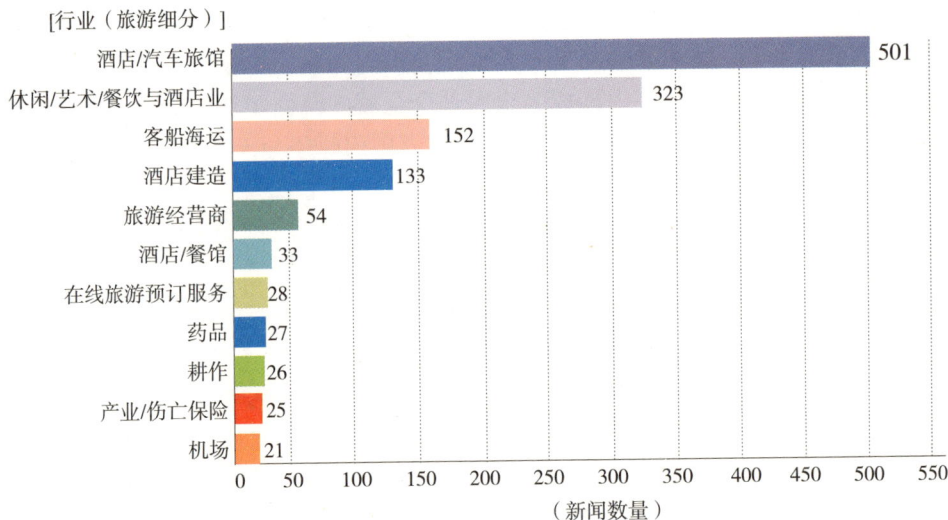

图6　中国大陆媒体提及旅游时的细分行业

2. 房地产业热度不减，楼市新政广受关注

房地产业是海南重要的支柱产业之一，据统计，国际旅游岛建设7年来，海南房地产市场规模加速扩大，商品房新开工面积、销售面积总量超过前十年的4倍，房地产业占GDP（国内生产总值）比重一度达到50%。基于此，2015年11月，海南省政府下发《关于促进房地产业转型发展的意见》，强调要以本岛长居型居住地产为基本、经营性房地产为主导，构建多元化、多层次的房地产产品供应体系与住房保障体系。在适度发展公租房和普通商品住宅等长居型居住地产，满足本岛常住居民住房需求的基础上，鼓励发展分时度假（产权式酒店）、酒店式公寓、宾馆、酒店、写字楼、商业营业用房等以旅游度假或商业经营为目的的经营性房地产，实现与旅游、文体、健康、医疗、卫生等产业相融合，从单一产品向多元化产品转变。自此，海南地产新政不断出台，其中包括"双暂停令""毛坯禁令""限购限贷令"等，引发了国内各大主流新闻媒体和广大民众的广泛关注。

该类议题基本是以新闻消息、政策解读等方式发布，如网易新闻的《海南房地产新政：永久停止4市县外销项目》、中国经济网的《海南停止执行装修提取住房公积金政策》、新华社的《海南房地产新政策透露出哪些新信号》、中新网海南频道的《海南进一步深化"两个暂停"政策，以生态文明建设引领房地产业发展》等。这些报道的态度以正面为主，负面信息较少，有部分信息担忧楼市新政是否能够有效遏制海南房价上涨，以及是否会加剧优势资源垄断等，如中国新闻社的《房产税立法能否放缓海南房价上涨势头》、中国财经信息网的《海南停批百米以下的商品房引质疑：只有富人才能买房?》等。

3. 邮轮游艇产业成为新的经济增长点

发展邮轮游艇产业，是海南国际旅游岛建设上升为国家战略之后探索出来的一个新的经济增长点，近年来在基础设施建设、政策和资金扶持等层面都投入了较大的力度，因此中国大陆媒体对海南的游轮游艇产业的发展也非常关注，相关的新闻报道量达 1 305 篇。新闻多以 2015 年颁布的《海南省促进邮轮游艇产业加快发展政策措施》为基础，报道近年来海南在发展邮轮游艇产业方面所实施的各项举措，例如打造游艇特色产业小镇、建设游艇会码头、鼓励游轮游艇企业布局海南岛、三亚申请"中国邮轮旅游发展实验区"、召开中国邮轮产业发展大会等。该类议题多持支持和乐观态度，认为海南是发展邮轮游艇产业的宝地，有一定的基础，在中国"一带一路"倡议的整体发展之下有着广阔前景，应该抓住这一机会谋求更大的发展。

4. 航空航天信息受追捧，文昌航天发射场成为海南新名片

自 2009 年海南航天发射场在文昌破土动工以来，海南便成为中国航天事业中又一个冉冉升起的新坐标。本次报告共采集到的 3 250 条信息也大多集中于 2016 年"长征七号""长征五号"和 2017 年"天舟一号"发射的时间节点，中国大陆各类媒体在火箭发射前后以及发射现场发出大量的实时新闻报道，举国共享令人振奋的航天时刻。除此之外，文昌航天主题公园、航天风情小镇，乃至文昌的基础设施建设、美食、文化、习俗等都成为媒体关注的目标，并作了相应的报道，例如凤凰网的《海南文昌，一座航天新城的崛起》，新浪网的《文昌，中国航天又一个梦开始的地方》等，都得到了广大网民的追捧，海南人民对此充满了自豪之情。文昌成为海南一张闪亮的新名片。

除此之外，近年来海南航空业的发展也广受媒体关注，因其开通了多条国内外航线。如海口到雅加达定期航线、海口到老挝旅游包机、三亚到首尔航线复航、直飞柬埔寨、金边国际航线、莫斯科直飞海南三亚包机、永兴机场民航业务开通等，都为海南形象的全球化传播创造出更广阔的空间与更好的机遇。

（二）中国港澳台媒体：航天、旅游、交流是核心关键词

1. 关注海南航空航天信息

近年来，对于海南航空航天业的发展，港澳台媒体给予了充分的关注（见图7），其中最重要的议题是"长征七号""天舟一号"等火箭在文昌航天发射场的准备和发射情况，这类报道一般都是以跟踪报道的方式发布，从物料的准备、运输、组装到发射时间的初定、确定到发射当天现场情况，报道数量多，时间集中，内容丰富，风格活泼，无不表现出对祖国的航天事业充满着自豪感和荣誉感，如香港《文汇报》的《"天舟一号"成功速吻"天宫二号"：从 2 天缩短至6.5 小时，助太空人旅程更舒适快捷》、《大公报》的《天舟快递明午"交货"：交会天宫太空加油，启中国空间站时代》等。此外，港澳台对于海南航空事业的

发展也颇为关注，这类报道内容主要涉及海南新增的航线、机场建设以及各大航空公司在海南的动向等。

2. 关注海南旅游业，注重旅游合作

海南作为国际旅游岛，旅游自然成为港澳台媒体关注海南的重要议题，在采集周期内，以旅游业为关键词搜索出来的报道总数达 4 615 条（见图 7），且与其他众多类型议题中均存在交叉现象。这与海南近年来针对港澳台客源所开展的多项旅游举措密不可分，比如 2015 年 9 月，海口美兰国际机场正式开通海口—澳门往返航线；同年，海口成为第五批赴台个人旅游城市，琼台两地直航往返班次每周近 30 个；2016 年，香港航空再次加密海口航线至每周 13 班；专门针对港澳台地区游客的关注点所推出的以美食、怀旧、生态、运动、自驾等为特色的精品旅游线路，等等。

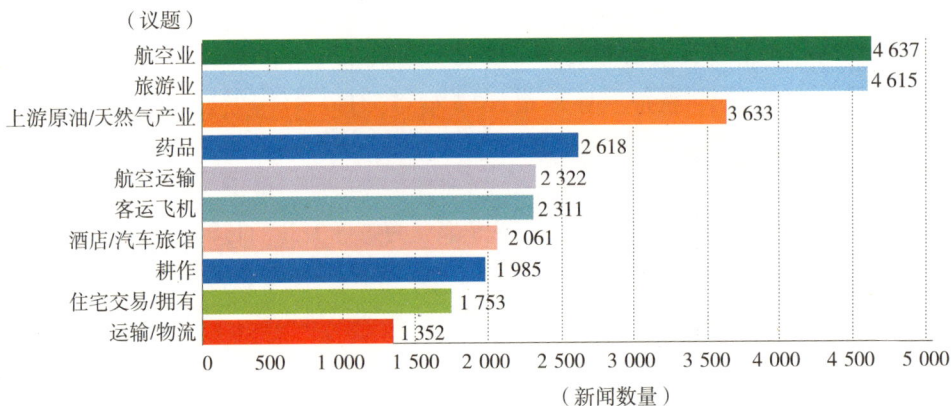

图 7　中国港澳台媒体有关海南的议题排名

港澳台媒体对海南的旅游项目推介和旅游合作十分关注，《海南旅游谋高起点超常规发展》《海南办博鳌国际旅游传播论坛》《回味一段流失的故事，走进海口观澜湖电影公社》《椰风海韵大美海南——港澳旅行商海南踩线侧记》《琼港澳旅游交流，谋深度互惠合作》等新闻报道都对推动海南旅游业发展和海南形象传播起到了很大程度的促进作用。

此外，港澳台媒体对三沙旅游也展现出了极大的兴趣，围绕三沙的基础设施建设、航线、邮轮等都进行了相关报道。

3. 关注海南与港澳台的经济文化交流

除了航天与旅游信息之外，港澳台媒体最为关注的一个议题就是海南与其当地开展的各种交流活动。交流活动包含政治、经济、科技、文化等各个领域，但其中报道数量最多的是经济和文化两大类型：经济类交流主要是由双方官方机构、民间商会等所组织的各种招商推介、考察或节庆活动，如《美好新海南　投资新机遇——2017 海南综合招商活动圆满成功举行》《厂商会接待海南贸促会外促会》《香港海南商会迎百年华诞，启动百年会庆暨资深会员联欢》《活力澳门周今揭幕　贸促局率团抵琼　海口与澳互补合作共赢》等都是有关经济活动的报道；文化类交流的内容则更为丰富多样，相关报道如《华裔青少年海南寻根》《两岸文化人将共聚三亚开笔会》《香港海南社团总会庆祝国庆回归中秋晚会》等。

（三）国际媒体：聚焦航空、能源和旅游，跨国合作是关键

本文抓取 6 万多条国际媒体的文本数据进行检索关键词和文章匹配程度排名，对其报道议题和新闻主题进行归类。在 2014 年 1 月到 2017 年 11 月期间，国际媒体关注的议题主要集中在航空、石油石化和旅游等行业领域（见图 8）。相比中国大陆媒体和港澳台媒体而言，国际媒体关注海南的议题相对比较集中，角度也略有区别。

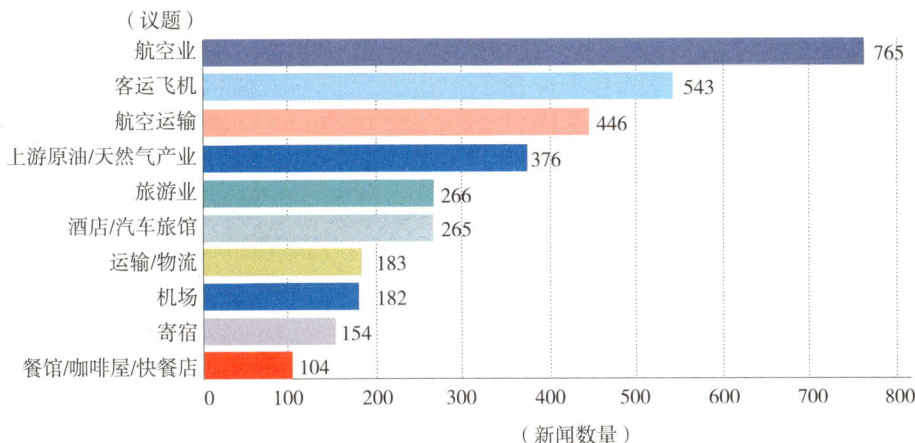

（议题）

议题	新闻数量
航空业	765
客运飞机	543
航空运输	446
上游原油/天然气产业	376
旅游业	266
酒店/汽车旅馆	265
运输/物流	183
机场	182
寄宿	154
餐馆/咖啡屋/快餐店	104

（新闻数量）

图 8　国际媒体有关海南的议题排名

1. 关注新航线的开通以及海航集团的跨国合作

与中国港澳台媒体一样，国际媒体报道最多的是航空航天类的信息，但是国际媒体关注的最多的并不是航天火箭发射，而是航空公司尤其是海南航空公司所开通的一些新的国际航线，以及其与国外城市、机场、航空公司等所开展的一些合作项目。近年来，海航集团有限公司快速发展，已经从单一的地方航空运输企业发展成为以科技、旅业、资本、实业、现代物流、创新金融、新传媒为支柱的大型跨国企业集团，自 2015 年起连续三年登榜《财富》世界 500 强，越来越受到国际关注，与世界各国各地区展开的合作也越来越多。因此，无论在东南亚国家还是在欧美国家，对于海航的报道都非常多，其中还有不少出自西方权威媒体，如路透社的《海航否认要出售所持德意志银行股权的传言》、道琼斯通讯社

的《海航集团转变战略将大举出售海外资产》等，这类报道的转引率都非常高。

2. 关注能源开发利用和市场变化，价格波动和国际合作是重点

能源问题一直以来都是全球关注的核心问题。海南位处南海，拥有丰富的深海能源资源，国际媒体对于海南能源开发利用和市场变化给予了较大关注，尤其是石油开发、储存及其价格变动，很多西方媒体都将海南石油价格列入其固定的监测范畴内，定期发布其价格指数变化。与此同时，国际媒体也非常关注海南与其他国家的合作和能源往来，例如路透社报道的，俄罗斯国家石油公司与中国华信能源有限公司考虑在海南建设一座石化工厂，就是此类议题的代表性文章。除此之外，海南能源企业的动向也是国际媒体感兴趣的议题，比如中国石化海南炼油化工有限公司 2016—2017 年停产检修的消息，就受到不少国际媒体的关注，以突发新闻或者后续跟踪的方式进行报道。

3. 关注海南旅游的新动向

自海南确立国际旅游岛战略以来，对于海南海外形象的塑造和宣传力度也在不断加大，越来越多的国外游客开始知晓并了解海南岛。国际媒体对于海南旅游的报道也持续增多，且主要关注的是海南旅游的一些最新的动向，其中包括：政策，如对乘坐火车离开海南岛的旅客实行免税购物政策；活动，如海南国际旅游岛嘉年华、世界小姐评选、"一带一路"新闻合作联盟会员大会；旅游新线路，如农业游、美食游；酒店、旅行社优惠，等等。除此之外，不少国际媒体尤其是东南亚国家的媒体都比较乐于推介海南各个地方的风土人情和美食，甚至辟出专栏，定期介绍一些海南美食的做法，为海南文化形象的塑造和传播起到了很大的作用。

四、海南全球形象的传播路径

全球媒体在建构海南国际形象时借助了哪些消息源？中国声音能否影响全球媒体对海南的形象建构？本部分从以下三个方面进行了消息源分析，进而总结海南全球媒体形象的传播路径。

（一）国内媒体：中央媒体和地方性网络媒体是报道主力

对国内媒体的信息源进行统计后发现，新华社和海南本地媒体影响着全国媒体的新闻议程。新华社是中国国家通讯社，是中文媒体的主要新闻来源之一，在海南设有分社，其对于海南的报道被视为权威发布，多被国内其他媒体甚至是国际媒体转载转发。海南本地媒体包括海南所属媒体和中央媒体的海南频道，如图9 所示，中新网海南频道、海南网、人民网海南视窗、海南在线、《海口晚报》—海口网等是海南形象对外传播的重要信息载体，而且其中绝大多数是网络媒体。可见，国内媒体对于海南的传播路径基本上呈由内而外的态势，由海南本地媒体向全国各地媒体延伸和拓展。

（媒体）

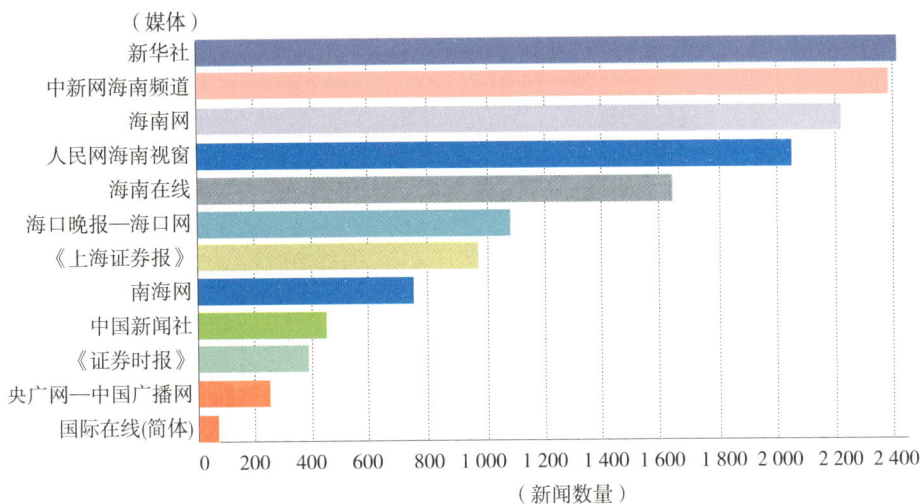

图9 国内媒体发文量排名

（二）国际媒体：欧美媒体掌握话语权

本文同时对英文类媒体的消息源进行分析统计，数据显示，对海南报道较多的英文类媒体主要分为四个类型：第一类是以《中国日报》、新华社、《环球时报》为代表的中国大陆媒体所创办的英文报纸或英文版，随着中国的国际影响力不断扩大，中国大陆媒体的全球影响力也逐步提升，这些报纸都是国外媒体转载率最高的中国报纸，是世界了解海南最重要的窗口。但作为消息源，国内媒体和西方主流媒体仍有差距，虽然发文数量比较多，引用数量也不少，却并非其他国外主流媒体的首选信息源。第二类是以路透社、美通社、《华尔街日报》、《纽约时报》、BBC（英国广播公司）、CNN（美国有线电视新闻网）、法新社等为代表的西方发达国家的主流媒体，这些媒体虽然在报道数量上并不是非常多，但是由于它们在世界范围内的巨大影响力，在海南国际形象传播上掌握着极大的话语主动权。第三类是以《台湾经济新报》《南华早报》为代表的港台媒体，尤其是《台湾经济新报》，对于海南的发文数量占据了首位，达4 727篇（见图10），《南华早报》次之，为1 577篇。不少国外媒体都将中国港澳台媒体作为了解海南的另外一扇窗户，倾向于引用它们的报道。第四类是以《海峡时报》（新加坡）、《马尼拉公报》、印度报业托拉斯等为代表的周边国家媒体。这些媒体在报道数量和转引量上都不如前三者，但它们也是传播海南国际形象重要的组成部分，不能掉以轻心。

（媒体）

媒体	发文数量
《台湾经济新报》	4 727
《中国日报》	4 415
路透社	2 261
《南华早报》	1 577
新华社	1 323
美通社	845
China Weekly News	479
《上海日报》	339
《华尔街日报》	310
《环球时报》	295
BBC	283
《海峡时报》	265
《人民日报》英文版	264
《马尼拉公报》	245
菲律宾新闻社	225
印度报业托拉斯	224
CNN	199
法新社	182
俄罗斯卫星通讯社	173

（发文数量）

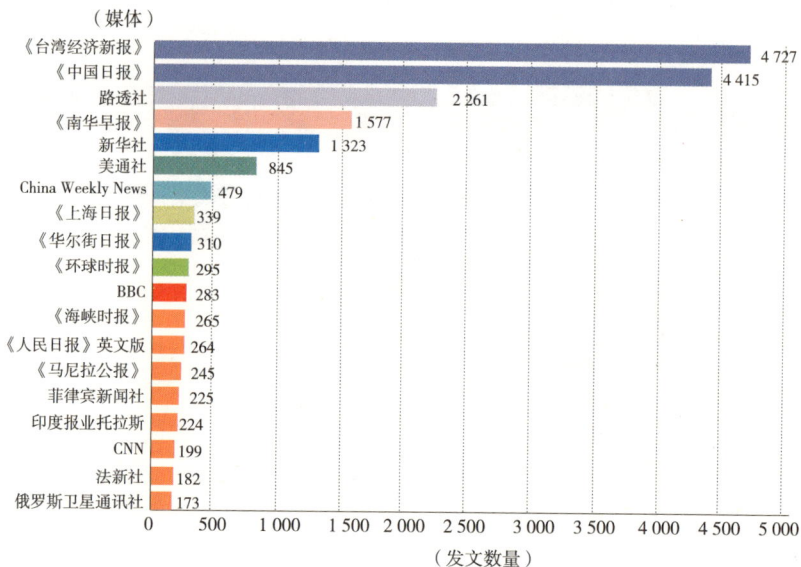

图 10　英文类媒体发文量排行

（三）记者群体：以国内的媒体记者为主，香港媒体记者作用显著

记者是海南国际形象最重要的传播者和见证者。统计显示，在 2014 年 1 月到 2017 年 11 月期间，报道海南发稿量最大的国际媒体记者排名中，排名前五的都是《中国日报》的记者（见图 11）。除此之外，香港《南华早报》也有多位记者在新闻报道量上排名靠前，在海南国际形象传播中承担着重要角色。其余发稿量较大的国际媒体基本上都来自英美国家，如路透社、今日美国在线、道琼斯通讯社等，可见英美媒体对海南报道有相对稳定的记者群体。

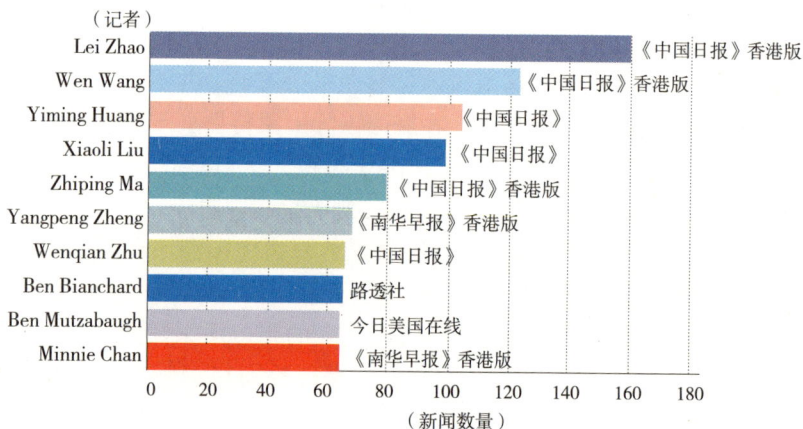

（记者）

记者	媒体
Lei Zhao	《中国日报》香港版
Wen Wang	《中国日报》香港版
Yiming Huang	《中国日报》
Xiaoli Liu	《中国日报》
Zhiping Ma	《中国日报》香港版
Yangpeng Zheng	《南华早报》香港版
Wenqian Zhu	《中国日报》
Ben Bianchard	路透社
Ben Mutzabaugh	今日美国在线
Minnie Chan	《南华早报》香港版

（新闻数量）

图 11　对海南报道量最多的国际媒体记者

五、海南的全球形象话语建构

（一）海南全球媒体形象的热门词频分析

为使海南全球媒体形象进一步清晰，本报告利用 Python 软件对所抓取到的中英文新闻摘要进行语义分析。首先，进行中英文分词，根据名词、动词、形容词等词性统计出高频词汇。其次，对高频词汇进行数据清理，将地理标签、语气词、人名、副词、语气词等进行数据清除。最后，进行词频统计和可视化。

图 12 全球媒体关于海南新闻报道的词频统计

如图 12 所示，2014年 1 月到 2017 年 11 月期间，海南在全球媒体上曝光率最高的城市是海口、三亚、文昌，曝光率最高的领域是旅游、经济、活动、航空，核心动词是"建设""发展""服务"。从行业上来看，如图 13 所示，旅游业及其关联产业依然是全球媒体关注海南的核心，除此之

图 13 全球媒体关于海南报道的热门行业词云图

外，农业、航空业、能源产业的报道量也在不断攀升。这些高频词充分反映出海南在近年来的工作和发展重心，这与海南的经济发展和自身定位是相匹配的。

（二）海南全球媒体形象的话语情感分析

情感分析是对带有感情色彩的文本进行分析、处理、归纳和推理的过程。本文利用 Python 机器学习方法，对所采集到的中英文文本进行逐条文本分析。根据不同情感积极系数，将文本分为正面、中立和负面三类，中英文分开统计分析，取值范围如下：

①正面情绪：取值 0.8 ~ 0.999 区间。

②中立情绪：取值 0.2 ~ 0.799 区间。

③负面情绪：取值 0 ~ 0.199 区间。

对取值范围内的新闻报道进行归类统计，得出如图 14 所示的情感分析图：

比较中文媒体和英文媒体关于海南新闻报道的情感指数，我们可以看出，采集到的中文媒体和英文媒体对于海南的新闻报道的情感倾向基本上是一致的，即持中立态度的报道最多，占比约 79%；其次是正面态度；负面态度最少，仅占比约 0.05%。由此可见，近年来海南的全球媒体形象良好，虽然也存在一些质疑或否定的声音，但总体而言，无论是中文媒体还是英文媒体，对于海南的报道基本上呈现出肯定、支持和赞扬的态度。

（报道量）

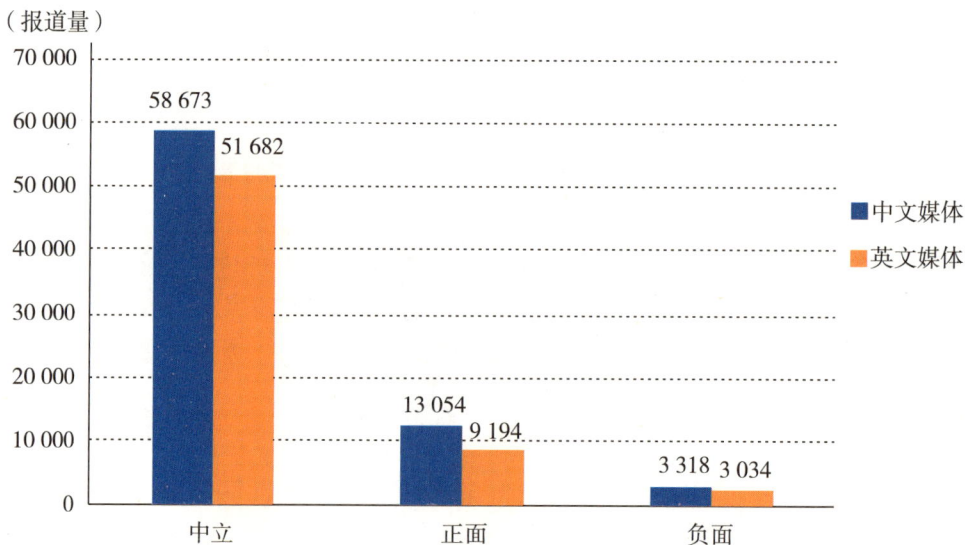

图 14　全球媒体关于海南新闻报道的情感分析

六、结论与建议

通过以上的研究分析，关于海南全球媒体形象，我们得出以下几点研究发现，并对海南全球媒体形象作出总结，对如何提升海南全球媒体形象给出改进意见。

（一）研究发现

1. 东南亚与欧美国家关注度高

以马来西亚、新加坡、泰国为代表的东南亚国家对海南尤为关注，欧美国家则以美国、英国、德国、法国对海南的关注度较高，新闻报道数量按语种排列的前三位是汉语、英语和德语。从资讯来源的角度上看，马来西亚的《星洲日报》《中国报》，新加坡的《联合早报》《联合晚报》等主流媒体对海南的曝光率最高，美、英等发达国家的主流媒体对海南的报道量也较高，排名靠前的媒体包括美通社、道琼斯通讯社和路透社。中国大陆媒体中，北京、上海、广东三地的媒体对海南最为关注。

2. 旅游、航空航天类议题备受关注，文化类议题较少

首先，国际媒体对海南航空、能源和旅游业的报道最多，尤其关注海南与其他国家在这些行业、领域的合作，政治性议题较少。大陆媒体除了关注旅游业和房地产业之外，关于邮轮游艇产业、航空航天类信息的报道量也在不断攀升。此外，大陆媒体对近年来在海南推出的各项新政策也作出了重点报道，如"海南6市县划入北部湾城市群""海口、三亚成为'一带一路'重要支点城市"等。港澳台媒体则对海南的航空航天业、旅游业信息更为关注，此外，海南与港澳台各地频繁的经济文化交流活动也是媒体关注的热点话题。

其次，全球议题与海南自身定位以及地区生产生活特征相匹配。国际媒体、中国港澳台媒体和大陆媒体都共同关注海南旅游业、房地产业、航空航天业以及能源开发、生态环境等领域，这些产业恰好都是海南在经济社会发展中的优势产业或区域特色，相关议题也从不同程度、视角反映出这些产业的现状、未来以及面临的问题和困境。

最后，国内外媒体议题相近，但报道侧重点存在差异。以旅游类议题为例，中国大陆媒体主要关注的是国家或地区的政策监管、旅游产业的转型升级，中国港澳台媒体则对海南的旅游项目推介和旅游合作十分关注，国际媒体主要报道的是海南旅游的一些最新的动向，如政策、活动等。

总体上，全球媒体对海南的新闻报道以经济类信息居多，文化和政治类信息较少。经济类议题主要包括旅游经济、航空航天经济、能源合作、共建工厂、投资引资等；文化类议题包括民间文化交流、国际媒体互访、节庆活动等；政治类议题则主要集中在海南的对外关系以及区域政策层面。

3. 海南形象的三大传播路径

海南区域内媒体包括海南省省属媒体和中央媒体驻海南记者站，它们成为国内其他媒体的主要信息来源。国际媒体获取海南信息的方式有自采，也有引用新

华社、《中国日报》等中国大陆媒体英文版以及港澳台媒体有关海南的新闻报道。新加坡、马来西亚、印度等周边国家的媒体也是传播海南形象的重要路径。

4. 海南在全球媒体报道中的核心动词是"建设""发展""服务"，国内与国际媒体报道多持中立或正面态度

从全球媒体关于海南新闻报道的词频统计中可以看出，近三年来，海南核心动词是"建设""发展""服务"。除传统的旅游业及其关联产业之外，农业、航空业、能源产业的报道量也在不断攀升。从情感值上来看，国内媒体和国际媒体对于海南的新闻报道的情感倾向基本上是一致的，即持中立态度的报道最多，其次是正面态度，负面态度最少，占比仅约0.05%。

（二）总体形象

1. 海南是正在全面转型升级的国际旅游岛

2010年，海南国际旅游岛建设上升为国家战略。围绕旅游业所进行的资源开发和转型升级成为海南经济发展的主要特征，也是海南近年来最主要的形象标签之一。如今，这张原本只是以"滨海旅游"为代名词的名片被赋予了更多的意义，医疗健康游、文体游、会展游、乡村游、农业游、城镇游、购物游、邮轮游等成为海南旅游业新的发展引擎。这也展现出海南发展定位准确，产业发展趋势良好的总体形象。

2. 海南是可持续发展的投资热土

海南是中国最年轻的省份，在很长一段时间内，是发展缓慢甚至落后的象征。然而近年来，随着生态文明建设力度的不断加大和经济转型的加速，海南已经成为国内外众多领域、行业争相投资的热土。国内外媒体对于海南的关注点也逐渐从最初的旅游景点、酒店房产转向了交通运输、新能源、环保生态、文化娱乐、"互联网＋农业"、"互联网＋金融"等议题。尤其是中国港澳台和国外媒体，对海南广阔的投资领域和合作空间给予了充分关注。

3. 海南是承载中国航天梦的新坐标

从2009年文昌航天发射场破土动工，到"长征七号""长征五号""天舟一号"的成功发射，海南已然成为中国航天事业中又一颗冉冉升起的新星。随着国内外媒体对航天科技的高度关注，海南作为中国最重要、规模最大、技术最先进的航天基地之一的形象也逐渐为世界人民所广知，海南逐渐与中国航天事业紧密结合，"航天"成为海南国际形象中的新标签。

（三）建议

2013年8月，在全国宣传思想工作会议上，习近平总书记曾强调："要精心做好对外宣传工作，创新对外宣传方式，着力打造融通中外的新概念新范畴新表述，讲好中国故事，传播好中国声音。"习近平总书记考察海南时，更留下了

"加快建设经济繁荣、社会文明、生态宜居、人民幸福的美好新海南""倍加珍爱、精心呵护海南的青山绿水、碧海蓝天，建设全国生态文明示范区，谱写美丽中国海南篇章"的殷殷嘱托。海南迎来建省办经济特区30周年，国际旅游岛建设也即将进入一个崭新的阶段，如何做好对外传播，讲好海南经济社会文化发展的故事，提升国内外知名度，是当前海南面临的一个关键课题。经过深入分析，结合海南实际，课题组在此建议，可以从以下六个方面来进行改善：

1. 更新理念，加强海南形象传播工作的总体设计和规划

理念是行动的先导，要想提升海南全球形象，必须要从观念思路上有所突破。

（1）创新对外宣传的思维和方式。

海南在开展海南形象对外宣传的时候思想还比较保守，方法陈旧，大多还遵循着传统的大众传播思路，如购买报纸版面投放硬广和软文、在电视上投放宣传片、活动前召开新闻发布会等，且对媒体选择、内容策划、话语方式、投放时间等普遍缺乏整体统筹和科学把握，传播效果远不及预期。对外传播是一项与时俱进的系统工程，必须要从根本上改变对外宣传的思维和方式，要注重语境的转换，尊重多元化、差异化的传播规律，用当前受众喜闻乐见的方式手段做好海南的对外传播工作，让更多的人愿意来海南旅游观光、投资兴业。

（2）从顶层设计整合信息，巧妙设置议程。

习近平总书记要求，坚持先进技术为支撑、内容建设为根本，推动传统媒体和新兴媒体在内容、渠道、平台、经营、管理等方面的深度融合。根据数据分析，全球媒体有关海南的新闻报道不仅在总体数量上不多，在议题上也相对比较单一，新闻报道的议题结构还有很大的优化空间。因此，我们建议，首先，海南要从顶层设计上对海南形象传播工作进行总体信息内容规划，以庆祝海南建省办经济特区30周年为契机，以整体传播理念，整合海南优势资源，通过有深度、有步骤的内容报道提升海南形象。其次，要巧妙设置议程。全球媒体关于海南形象的关键词集中于旅游、房地产、航空航天、能源等领域，文化类、社会民生类议题较少。因此，在海南致力于建设国际旅游岛、对外开放的背景下，应该主动配置更为多元化的话语结构，围绕"建设美好新海南"目标，赋予海南形象更多现代旅游经济、全域旅游、生态文明、文化繁荣等传播符号。

2. 大胆探索，综合利用多种媒介提高海南"曝光率"

创新对外宣传方式，探索符合时代发展特征的新话语方式、融通中外的表达方式，是讲好海南故事的关键。为了进一步提升海南全球媒体形象，从国内到国外，从国家到地方，从线上到线下，海南近年来也作出了很多努力。比如海南省旅游委在俄罗斯、韩国、澳大利亚、新加坡、泰国等国家，港澳台国际机场、北京国际机场T3航站楼、纽约时代广场大屏幕、韩国227个电影院线等场所，以及《中国日报》英文版、韩国《中央日报》、《澳洲日报》、马来西亚《星洲日

报》、新加坡《联合早报》、中国香港《文汇报》等多家知名报纸投放海南旅游广告，并在澳洲中国旅行社设海南旅游形象专柜，增强客户体验。又如在海南广电总台打造国际旅游岛形象的传播使命下，海南本地电视台陆续开发出一批具有创新意识、富有海南特色的节目，如海南新闻频道的《旅游地产》《车游海南》《农旅时空》等，通过不同定位，多维度诠释了海南的新面貌。但与国内外一些发达的和发展得较为成熟的旅游城市相比，海南在地区形象的塑造和提升上还存在着一定的差距。因此，海南应该借鉴有关国家和地区的先进经验，大胆探索外宣工作的新路径。

（1）重视境内外主流媒体，大胆创新传播方式。

从以上的报告中我们可以看出，虽然当前随着新媒体的崛起，传统的媒介格局已被打破，但无论是国内还是国外，不少传统主流媒体顺应变化，依然发挥着重要作用，牢牢掌握着话语权。因此我们建议，第一，在涉及重要政策发布，大型活动，重大社会经济文化事件，国际会议、展览、赛事等主题时，一定要注重传播主题的选取，通过议程设置吸引国内外知名主流媒体的关注和支持，通过他们的全球话语影响力来传播海南正面形象，从而达到事半功倍的效果。第二，加强海南本地主流媒体的平台建设，加大传统媒体和新媒体的融合发展，组建专门的运营团队，提升媒体从业人员素养，敢于发声，善于发声，在海南全球媒体形象的传播过程中承担起责任和义务。第三，突破传统的广告投放方式，探索利用多种媒体产品形态来巧妙传播海南形象，如电影电视剧植入、综艺节目开发、纪录片拍摄、新闻专题报道等。

（2）创新利用新媒体，做好"内容生产"。

中共十七大报告中就曾指出，"在当今信息社会，凡是传播手段先进、传播能力强大的国家，其文化理念和价值观念就能广为流传，就能掌握影响世界、影响人心的话语权"。相较传统媒体，新媒体更具有亲和力，更能读懂受众的心理，更能准确把握信息需求。对于海南而言，充分利用新媒体是提升自身全球媒体形象的有效途径，使海南形象传播更为精准和有效。

推进海南各级政府部门开设并加强政务新媒体建设，全面提升各级官员的新媒体素养，快速报道事实真相，揭示深层次背景，发出权威声音，取得舆论话语主动权。

鼓励海南各大媒体、企业、社团等在海外著名社交媒体，如 Twitter（推特）、Facebook（脸书）、YouTube（优兔）上开设账号，积极传播海南新闻，利用新媒体的裂变式传播效果进一步扩大海南的知名度，使海南形象更为鲜活。

同时，要做好"内容生产"。内容生产是满足当前用户多元化信息需求的重要手段，也是新媒体传播的核心竞争力。新媒体平台上的内容生产应做到以下四点：一是信息及时，二是信息价值，三是信息可亲，四是信息适度。

3. 文化为根，打造具有海南区域特色的符号和品牌

作为国际旅游岛，必须具备国际传播意识，要将国际视野和本土意识紧密结

合在一起，传播海南独一无二的精神和气质。文化在地域形象构建中处于核心地位，最能展示一方水土的迷人魅力。海南文化既保持着中国文化的特点，又具有热带海岛的独特性格，她背靠祖国大陆，面向辽阔海洋，是南北文化、东西文化的交汇地，百越文化、中原文化、客家文化、华侨文化，以及佛教文化、道教文化、基督教文化、伊斯兰教文化等在这里聚集，形成彼此尊重、相互包容、和睦相处的文化形态。然而，这些文化所蕴含的巨大能量在以往的大众传播过程中并没有得到足够的重视和完全释放，大多数的海南形象宣传依然集中在自然风光和生态环境上，没有深入挖掘海南的文化资源，塑造出个性鲜明的地域文化形象。

因此，要想讲好海南故事，就必须善于挖掘和寻找具有海南地域特色的文化符号，保护好特色资源，开发热带海岛旅游特色的文化产品，打造具有地域特色、民族特色的文化品牌。2016 年 3 月 22 日，李克强总理在三亚市民游客中心考察时，语重心长地鼓励年轻创业者要做创新创意代表。因此，我们必须要坚定文化创新的理念，推动海南文化的创新发展，重构海南文化新形象，服务海南国际旅游岛建设。

除此之外，海南还要注重文化活动的开展，以各种文化活动搭建国外游客和国内游客以及候鸟群体和本地居民的交流平台，以此凝聚人心，拉近距离，强化各方游客对海南国际旅游岛的认同。

4. 借力大数据，建立海南对外传播数据库

在信息时代，大数据和云计算是支撑政府、企业决策的关键因素。海南对外传播工作的重点国家、地区和人群在哪里，哪些媒体在海南对外形象传播过程中作用最为关键，之前的传播渠道和内容信息效果如何，那些目标国家、地区和人群的思维方式、信息接收习惯、决策过程有哪些特点等，都是海南省在制定和确立对外形象传播过程中亟须掌握的战略性信息。因此建议海南省要充分整合政府、企业、高校、民间智库等多方力量，加强对外传播数据库的建立，利用大数据的力量对传播过程中的内容、渠道、受众、效果等进行深入、全面、即时的研究分析，从而提高传播的前瞻性和针对性，使传播能够更加贴合各个区域、群体的受众心理，达到更理想的传播效果。

5. 凝聚社会团体和大型企业力量，创造有利的国际舆论环境

从以上的分析中我们可以看出，在海南形象的对外传播过程中，社会团体和一些大型企业的资源是政府力量的有力补充。因此，我们建议，要充分挖掘和凝聚海南华侨华人组织、社会公益团体、行业组织和海南当地一些大型企事业单位的资源优势及其在国内外各界的影响力，在传播海南形象过程中挖掘更多的机会，发出积极正面的声音，创造有利于海南经济社会发展的国际舆论环境。

在政府架构以外，可通过民间社团进行信息的传播，鼓励跨省、跨国的交流与合作，依托乡情、志趣等建立起多元牢固的桥梁和纽带。做好与第二代、第三代琼籍侨胞的联系，用年轻人喜闻乐见的方式，培养亲情和认同，用他们的声音

更好地传播海南形象。

通过政策激励、牵线搭桥等方式鼓励和帮助当地的一些企业勇敢地"走出去"，其中值得探索的是海南本地企业和海南友好城市媒体间的合作。据统计，海南与五大洲 39 个国家的 81 个地区和城市结成了友好城市，其中亚洲 12 对，欧洲 17 对，美洲 10 对，非洲 5 对，大洋洲 2 对。友好城市间，尽管双方官员来往频繁，但是企业间的交流合作还有很大的发展空间。

行业组织在信息传播的过程中，可以凭借其独立性、公信力和协调性成为连接地方政府、新闻媒体、企业和公众之间的桥梁，在新闻传播尤其是重大事件发生的时候发挥关键的信息传播和舆情引导的作用。

6. 塑造重点城市形象，发挥地方积极性

数据显示，全球媒体对于海南的海口市、三亚市、琼海市、文昌市、三沙市等城市更为关注，议题多与旅游、房地产、航空航天、生态相关，其中海口和三亚的曝光率最高。

可见，在海南整体形象传播的过程中，应该注意这些重点城市自身的形象传播工程。首先，要将各个城市的形象传播纳入海南形象传播的体系中来。近年来，三亚、海口、儋州等城市开始注重城市形象工程，积极通过经济、体育、旅游、文化等城市外交策略来塑造和传播自身形象，这不仅为城市的进一步发展奠定了基础，也对海南整体形象的传播起到了补充和推动作用。其次，要善于在传播过程中寻找出各个城市的独特性格和卖点，最好能够互为补充，从而最大程度地吸引不同需求群体的关注度，塑造出更加立体、丰满的海南整体形象。

内蒙古全球媒体形象报告（2013—2016）

曹国东①　汤景泰

2017 年 7 月

一、研究概述

（一）研究背景

1947 年 5 月 1 日，中国共产党领导的第一个民族区域自治地区——内蒙古自治区在乌兰浩特正式成立。时光荏苒，70 年后的今天，内蒙古以其繁荣昌盛、生机勃勃的现代化形象屹立于祖国的北方。

以游牧业为主的内蒙古自治区在成立之初，全自治区 GDP 仅为 5.37 亿元，年人均可支配收入不足百元，人均寿命不足 35 岁。① 1986 年，自治区贫困人口还高达 600 万人。城市建设极其落后，"蒙古包、勒勒车、油灯粪火""土坯房、小电灯、烧煤取暖做饭"，曾经是草原居民不同地域、不同历史阶段的真实写照。"落后"成为内蒙古自治区成立之初的主要形象标签，"轻工业皮毛匠，重工业钉马掌"是内蒙古曾经的真实写照。

经过 70 年的发展，内蒙古自治区无论是城市面貌、基础设施建设，还是老百姓的生活水平，均提升显著，实现跨越式发展。2016 年，内蒙古自治区生产总值 18 632.6 亿元，比上年增长 7.2%；人均国民生产总值 74 069 元，比上年增长 6.9%；工业增加值 7 758.2 亿元，比上年增长 7.0%；全体居民人均可支配收入 2 4127 元，比上年增长 8.1%；全体居民人均生活消费支出 18 072 元，比上年增长 5.2%。截至 2015 年，贫困人口 80.2 万人，仅占内蒙古总人口 3%。② 70 年间，全自治区 GDP 增长 3 470 倍，人均可支配收入实增 251 倍。城市化进程不断加快，城镇化率已达 60.3%，高于全国平均水平 4.2 百分点。内蒙古自治区已然

---

①　曹国东，中国人民大学 2018 级博士研究生。

①　内蒙古自治区统计局，http://tj.nmg.gov.cn/。

②　《内蒙古自治区 2016 年国民经济和社会发展统计公报》，内蒙古新闻网，http://news.nmgnews.com.cn/system/2017/03/07/012287862.shtml，2017 年 3 月 7 日。

从中国北方边疆落后地区蜕变为一方经济繁荣昌盛、生机勃勃的热土。

"把祖国北部边疆这道风景线打造得更加亮丽"，这是习近平总书记考察内蒙古时提出的殷切期望，也为内蒙古发展确立了新定位、赋予了新使命。2016年12月，内蒙古自治区第十次党代会明确提出加快转型升级是建设现代化内蒙古的主攻方向，全面改造升级能源、化工、冶金、建材、装备制造、农畜产品加工六大传统产业，培育打造新能源、新材料、节能环保、高端装备、大数据云计算、生物技术、蒙中医药七大战略性新兴产业，协同推进新型工业化、信息化、城镇化、农牧业现代化和绿色化。严守生态红线，建设绿色内蒙古，筑牢生态安全屏障。全方位扩大对内对外开放，主动融入"一带一路"倡议，积极推进中蒙俄经济走廊建设，把内蒙古打造成向北开放的重要桥头堡。

2017年，恰逢内蒙古自治区成立70周年，内蒙古传播大数据研究中心、中蒙俄舆情研究中心联合暨南大学传播大数据实验室，开展"内蒙古全球媒体形象报告"项目，旨在从媒体的视角回顾内蒙古自治区2013—2016年的政策沿革、经济发展和城市进步。一方面，通过采集全球媒体报道来分析世界各国和国内各地区媒体对内蒙古的关注程度；另一方面，通过挖掘报道文本来掌握被媒体高频关注的行业、企业、机构等，为内蒙古自治区区域形象传播和政府政策制定提供价值参考。

（二）研究方法①

本研究主要用到以下四种方法或工具：

1. 爬虫技术

网络爬虫是一种自动提取网页的程序，它为搜索引擎从万维网上下载网页，是搜索引擎的重要组成部分。本研究就是通过网络爬虫技术从百度新闻和谷歌网页上采集2013年1月至2016年12月期间与内蒙古相关的国内外新闻报道，采集关键词主要围绕"内蒙古""Inner Mongolia"进行数据抓取。

2. 内容分析法

内容分析法是借由数理统计对传播内容进行量化的分析与描述，属于定量研究范畴。本研究运用Excel和Python软件对所抓取到的全球各媒体新闻报道内容进行挖掘，统计出高频词汇、高频人物、高频组织等。

3. 话语分析法

话语分析法是以文字等记录在案的资料为研究对象，运用符号学、结构主义和语言学的分析方法来分析文本的结构与意义，对文本内容进行不断挖掘与发现，探索意义的不同解读方式和文本中所隐藏的意识形态力量，属于质化研究范

---

① 本报告的研究方法参考了《南方都市报》旗下数相科技发布的《重庆全球媒体形象报告（2012—2016）》。

畴。本研究则是对媒体报道进行解读，研究全球媒体如何建构内蒙古形象，如何通过报道角度的确立，新闻素材的选择和词语、图片等符号的综合运用，生产出符合媒体立场的话语意义。

4. 情绪分析

情绪分析主要运用大数据平台对报道文本中的褒贬含义倾向进行分析。本研究主要借助 GDELT 2 平台，开展大数据中的热点地图和情感色彩时序分析，测评全球媒体的新闻报道中反映出的有关内蒙古自治区的情感态度。

（三）研究说明

1. 媒体分类

本报告将全球媒体分为三大类：中国大陆媒体，即中国大陆 31 个省、自治区、直辖市的媒体；中国港澳台媒体，即中国香港、澳门和台湾地区媒体；国际媒体，即除中国以外的媒体。

2. 数据库说明

（1）GDELT。

GDELT 2 平台由 Google Ideas 支持，检测几乎全球每个国家，包含 100 多种语言的广播、报纸以及网站等新闻咨询，并从中提取出任务、地点、组织、来源、事件等信息，帮助用户掌握每时每刻发生在全球每个角落的新闻。本研究截取了 2013 年 4 月 1 日至 2016 年 12 月 31 日作为分析时段。由于该平台对英文文本的处理较为准确，因此本报告主要依托该平台的英文检索和英文文本挖掘。

（2）Factiva. com。

Factiva 全球新闻数据库最初是由道琼斯通讯社和路透社联合推出的全球领先的商业及新闻在线数据库，现已被道琼斯通讯社全资收购。收录全球 1 500 余种报纸、3 200 余种期刊与杂志、640 多家通讯社内容、160 余家电视广播新闻稿、4 000 余个著名商业网站链接、200 余个著名博客内容和 22 种语言的全球顶尖新闻及商业网址。

二、内蒙古自治区的全球媒体地图

媒体关注度是指全球媒体对任何地区、人物或事件的曝光程度，体现为媒体报道量的多少。媒体发表的报道越多，说明该报道对象受媒体关注度越高，反之则越低。本部分将从媒体报道量的角度分析全球媒体对内蒙古自治区的关注程度。分析维度包括全球媒体报道热点地图、不同国家/地区媒体的报道量、不同语种媒体的报道量和意见领袖媒体分布等。

数据显示，2013 年 1 月 1 日至 2016 年 12 月 31 日，全球媒体对内蒙古的总报道量为 11.463 1 万篇，其中中国大陆媒体新闻报道最多，达 7.322 5 万篇，占总量的 64%；国际媒体次之，达 3.998 8 篇，占总量的 35%；中国港澳台媒体最少，仅 1 418 篇。

具体分析结论如下：

（一）地理维度：欧美国家关注度高，"一带一路"沿线国家联系密切

热点地图根据全球各国媒体对内蒙古自治区的报道量而绘制，以反映各国对内蒙古的关注程度。据 GDELT 平台的热点地图分析显示，除了中国境内省份，欧洲地区、北美洲地区、东亚地区、东南亚地区、南亚地区均与内蒙古自治区有着密切联系。

以美国、英国、俄罗斯为代表的欧美国家对内蒙古自治区尤为关注。东亚地区国家则以蒙古国、日本为代表。南亚国家中印度对其关注度最高。澳大利亚对内蒙古关注度也较高，此外，东南亚的泰国、菲律宾等国也有少量提及。

在国际媒体中（见图 1），美国媒体对内蒙古最为关注，报道量高达 8 039 篇，其中《华尔街日报》、《纽约时报》、美联社等媒体的报道量均在 100 篇以上。

图 1　最关注内蒙古的前 10 个国家

英国媒体以 6 780 篇排名第二，参与报道的均为主流媒体，如 BBC、路透社、《每日邮报》等。

蒙古国与俄罗斯位列第三和第四，与内蒙古自治区主动参与国家"一带一路"倡议，积极推动中俄蒙经济走廊战略有着直接关系，内蒙古在俄、蒙两国的曝光率逐步提高，向北开放的桥头堡作用开始逐步体现。俄罗斯参与报道的主流

媒体主要为塔斯社、俄罗斯新闻社、俄罗斯之声等。蒙古国媒体主要以《今日报》、《世纪新闻报》、蒙古新闻网为代表。

在本次排名中，欧美地区上榜的国家为 6 个，亚洲地区上榜的国家为 3 个，大洋洲上榜的国家为 1 个。欧美国家的主流媒体如《纽约时报》、BBC 等国际影响力十分突出，是全球信息流通的主要枢纽，因此，在内蒙古自治区国际形象的塑造和传播上，欧美地区媒体掌握着"主要话语权"。

（二）语种维度：中文和英文信息最多，发达国家语言占优势

内蒙古自治区相关新闻报道涉及 32 种语言，其中中文和英文报道最多。中文类新闻报道达 73 225 篇，且信息大多是来自中国大陆媒体，港澳台媒体信息所占比例很小。谈及内蒙古的英文报道数量也较多，总量为 36 939 篇，是位列第三的德文报道的两百多倍，足见英文媒体对塑造内蒙古自治区国际形象的影响力。

从图 2 可以看出，除中文类报道外，大部分语种均为西方发达国家的官方语言，如英文、德文、意大利文、俄文、法文、西班牙文、葡萄牙文等语种对内蒙古自治区都有不同程度的关注，共同建构着内蒙古自治区的国际形象。

此外，中国周边国家的官方语言，如印尼文、日文、马来文也对内蒙古有着一定的报道量，说明地缘关系对内蒙古国际形象传播也有一定影响。

总体而言，内蒙古自治区相关的中文信息和英文信息形成了一定的集聚效应，但也不能忽视多语种信息传播对进一步扩大内蒙古形象传播规模和效果的有力影响。

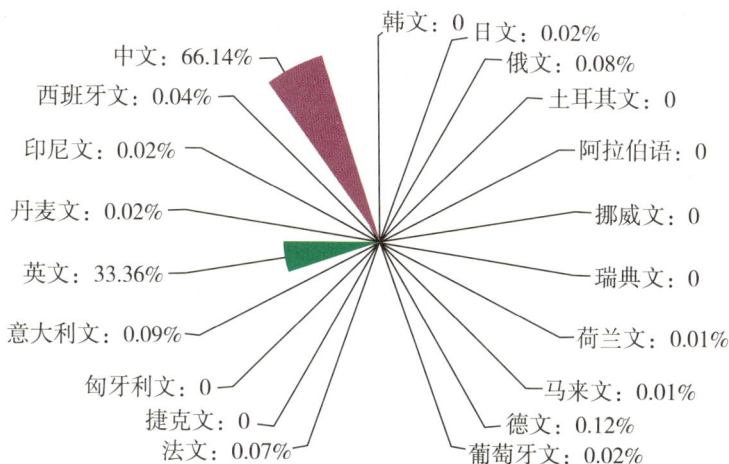

图 2　全球媒体报道量语种排名表

（三）机构维度：跨国性主流媒体和省内新闻网站掌握主动权

由于英文媒体在内蒙古国际形象传播中的作用举足轻重，本报告对英文类新闻报道的资讯来源进行了统计，共采集到与内蒙古相关的英文类资讯来源机构105家，主要来源于西方发达国家主流媒体和周边国家的主流媒体（见图3）。

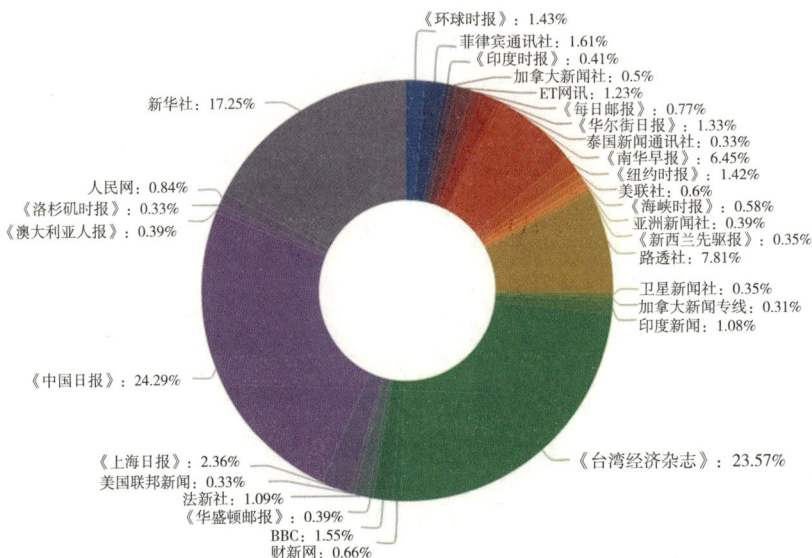

图3　英文类媒体资讯来源机构占比

经过对上榜媒体新闻报道的内容分析，英国路透社、BBC和《每日邮报》对内蒙古地区能源供给侧改革、中国和蒙古国外交政策、航空航天事业较为关注。美国的美联社、《纽约时报》、《华尔街日报》等6家媒体更关注内蒙古生态环境治理、煤炭开采、钢铁企业改革、干旱等方面的内容。法国的法新社对内蒙古地区化工厂改革、旅游服务多有关注。

印度的3家媒体对牧业、古迹文化、地质灾害更感兴趣。泰国、菲律宾媒体对中国和蒙古国合作矿业开发、中蒙俄旅游协议较为关注。澳大利亚和新西兰媒体则对牛羊肉交易、肉类加工更为关注。

《台湾经济杂志》《南华早报》等中国港澳台媒体对内蒙古草原生态、气候变化、煤矿瓦斯爆炸和官员腐败案进行了集中报道。

其中，尤为值得关注的是中国大陆媒体的英文类媒体对内蒙古形象的建构，如《中国日报》、新华社、人民网等央媒都重点发力对外传播，报道范围较全面，侧重于报道内蒙古综合新闻、自然环境、经济增长/衰退、区域政策等领域。

中国大陆媒体主要分为区内媒体和区外媒体两大类。区内媒体又分为自治区区属媒体、中央媒体和主要门户网站驻地方机构，它们共同构成内蒙古自治区对外传播的主要渠道。从图4可以看出，如正北方网、内蒙古晨网、新华网内蒙古站、人民网等网站和频道关于内蒙古的报道较多，且都以综合类信息为主，包含经济、政治、文化、社会等各个方面。

区外媒体也主要集中于国内主要的门户网站，如网易、中国网络电视台、凤凰网、环球网、搜狐网、中国网等媒体，新闻内容多转载自内蒙古各大媒体，原创文章较少，该现象是今后塑造内蒙古形象过程中值得注意的关键点之一。

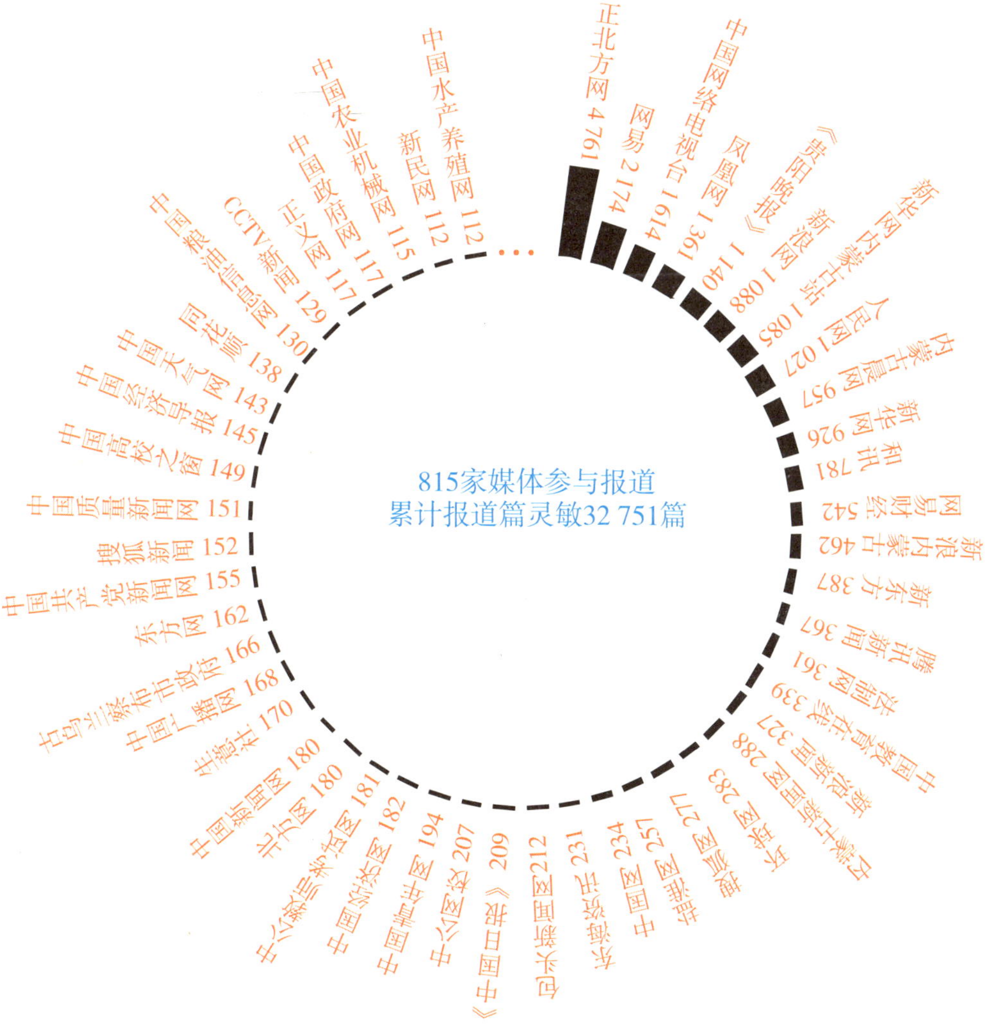

正北方网 4761
网易 2174
中国网络电视台 1614
凤凰网 1361
《晶日路股图》 1140
新浪图古科蒙 1088
人民图图图 1085
内蒙古图图 1027
新华和讯图图 957
网易 926
网易财经内蒙古 781
新浪内蒙古 542
新腾讯讯古内蒙 462
中国腾讯图 387
中国网图内蒙 361
中国腾讯科技 339
经济参考报 327
凤凰图国图 288
每经网图 283
长城图图 277
凤凰图图 234
东森网图 231
《每日图中》 212
中公图内图 209
中国旅游图图 207
中公图内图 194
中国图图图 182
中国图图图 181
中国图图图 180
中公图图图 180
古田图图图 170
中国和新图 168
古国新闻图 166
东方图 162
中国共产党新闻图 155
搜狐新闻 152
中国质量新闻图 151
中国高校之窗网 149
中国经济导报 145
中国天气网 143
中国花顺网图 138
中国海德通网图 130
CCTV新闻 129
正义网 117
中国政府网 115
新民网 112
中国水产养殖网 112
中国农业机械网
中国政府网

815家媒体参与报道
累计报道篇灵敏32 751篇

图4 中国大陆媒体资讯来源排名

（四）省份维度：京津冀地区、内联八省区最关注内蒙古

对内蒙古关注度较高的国内各省区，基本上都与内蒙古有着地缘关系。其中，京津冀地区最为关注内蒙古，北京、天津、河北三地区关于内蒙古的总累计报道量有8 800多条，对内蒙古的关注度在国内城市群如京津冀、长三角、珠三角等区域中最高。

内蒙古"内联八省区"的区位优势，从东至西分别为黑龙江、吉林、辽宁、河北、山西、陕西、宁夏、甘肃，因为地理上与内蒙古毗邻，故在经济发展、文化交融等方面存在多元交叉，这八个省区对内蒙古自治区的关注度都比较高。2016年内蒙古自治区第十次党代会明确了要发挥内联八省区、外接俄蒙的地理优势，主动融入和服务"一带一路"建设、京津冀协同发展、长江经济带建设等倡议和国家发展战略，从信息关注度角度讲，与该战略目标基本吻合。

三、内蒙古自治区的全球议题建构

议程设置是指大众传播对某些议题的着重强调和这些议题在公众中受重视的程度构成强烈的正比关系。换言之，在大众传播中突出某一事件，多次、大量地报道某一事件，就会使社会公众突出地议论这一话题。媒体报道什么样的信息，以什么样的方式报道，不同媒体对新闻不同的议题建构，形成什么样的舆论，都关系到公众对某一地域形象的正确认识。

70年来，内蒙古经济社会发展成就显著，产业结构调整取得积极进展，基础设施建设明显提速，生态文明建设展开新篇章，现代服务业发展水平大幅提升，对外开放格局基本形成，各项社会事业全面进步。作为中国经济增长和社会快速发展新的增长极，内蒙古近些年在全球媒体上的曝光率与日俱增，关注全球媒体对内蒙古自治区的新闻报道议题，有助于明晰内蒙古自治区的全球形象建构以及对内蒙古自治区全球形象进行适度调试。

为了明晰新闻报道议题，本报告对国际媒体、中国大陆媒体和港澳台媒体的新闻报道进行内容分析，并对提炼出的主要关键词进行聚类，总结出以下结论：

（一）中国大陆媒体：能源类议题受关注，转型升级是主线

报告对所抓取7万多条中国大陆媒体的文本数据进行检索关键词和文章匹配度指数排名，抽取出17 462篇高匹配度的文章，对其报道议题和新闻主题进行归类。在2013年1月至2016年12月期间，大陆媒体有关内蒙古的新闻报道主要集中在煤炭开采、国内政治、新能源开发、农牧业、生态环境等议题（见图5），数据显示，近年来，大陆媒体对内蒙古如何在国家整体战略框架下崛起给予了更多关注。

（文章数）

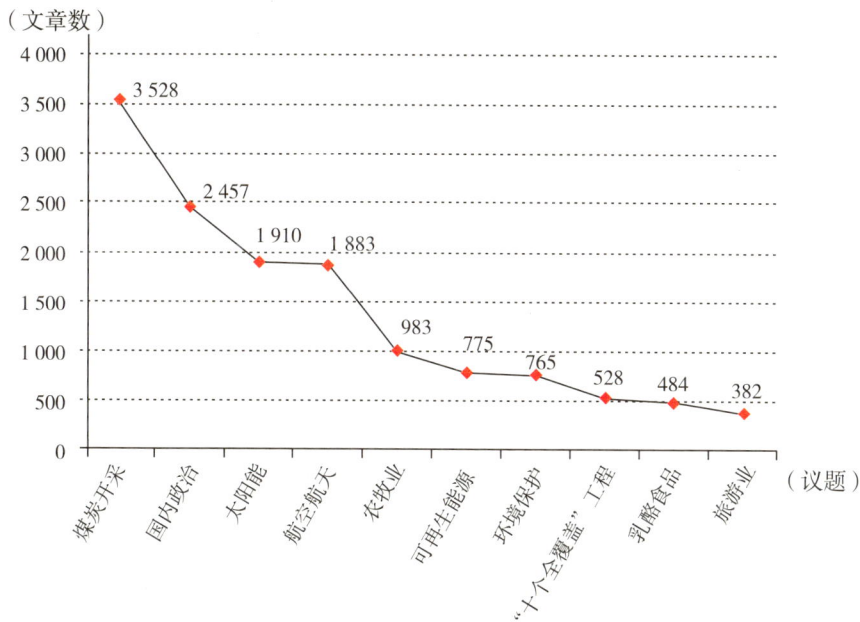

图5　中国大陆媒体有关内蒙古的议题排名

1. 能源开发依然是内蒙古的核心议题，转型升级是关键词

"煤炭"是内蒙古经济的代名词之一，在所采集的数据中，关于内蒙古煤炭的报道量达 3 528 条，对这 3 528 条信息进行词频统计后发现，关于煤炭的新闻报道主要体现出煤炭与国民经济、煤炭与经济增长/衰落、煤炭与产业结构、煤炭与能源总量等几组关系（见图6）。

图6　以"煤炭"为关键词的词频图

（1）煤炭与国民经济。

当前我国经济走势呈现筑底趋稳特征，但经济下行压力依然很大，受国家经

济大环境影响，煤炭市场陷入困境。因此，该类信息更多侧重于新闻评论和市场分析，包括市场需求、煤炭价格、发展趋势等，重点关注如何应对煤炭经济下行的趋势，如人民网的《经济下行态势致煤炭市场"有价无市"》、《证券时报》的《煤炭经济下行趋势严重　四举措助力工业发展》以及中国政府网的《新闻分析：如何应对煤炭经济下行所产生的压力？》，这些报道都给出了客观中立的分析和建议。

（2）煤炭与区域经济。

煤炭是内蒙古的优势产业，与内蒙古经济的增长和衰落联系紧密，可以说煤炭兴则经济旺。统计数据显示，有关该类议题的数量为506条，占总量的14%。"内蒙古人均GDP直逼广东""鄂尔多斯人均GDP超过香港"，这是2013年伊始时的新闻标题，各类新闻报道可谓情绪高涨。2013年下半年开始出现"衰退"声音；2014年该类信息达到高潮，媒体上下一片哀叹之声，担忧内蒙古经济如何转型发展；2016年下半年煤炭市场重新开始恢复活力，新闻报道的情绪又开始乐观起来，报道一方面警惕传统产业的危机，一方面鼓励依托煤炭产业发展新型产业，培育新型经济体，促进内蒙古经济的产业结构转型。

（3）"老产业"转型升级。

目前，内蒙古的"老产业"——煤炭、煤制油、煤制天然气产能产量和外送电量仍位于全国第一，围绕"老产业"的转型升级成为核心话题。

煤炭一体化，即构建煤电、煤化、煤电冶加一体化产业链，还包括煤炭去产能、煤炭企业合并重组、延伸新兴产业等内容。在采集信息中，该议题数量达1 831条，是煤炭有关信息中数量最多的，可见大陆媒体对该话题的关注度。事实上，从2013年煤炭市场持续走低大陆媒体就开始讨论内蒙古煤炭转型升级的问题，涉及话题包括内蒙古煤炭外运难、建设煤电项目、生态利好等，之后从神华、伊泰等大型煤炭集团建设煤炭一体化项目开始，该话题转而讨论煤炭一体化的战略模式、成功经验、经济效应等，进而上升至对能源型城市如鄂尔多斯市、乌海市城市转型的讨论。所以，该类议题更多是新闻发布，新闻报道的态度较为积极，如中新社的报道《内蒙古关停违规煤矿去产能1.6亿吨》《内蒙古煤炭上下游企业联合重组23起　涉及重组资产1 480亿元》和中国经济信息网《内蒙古200万吨煤制油专案获核准》以及《内蒙古建成五大国家级现代煤化工示范基地　煤制油煤制气产能领跑》，这些报道中，大陆媒体的积极和乐观情绪可见一斑。

总体而言，大陆媒体对煤炭相关议题的态度以正面为主，负面信息较少，有少量信息对内蒙古能源转型升级中遇到的困难，以及建设煤电项目、煤化工项目所产生的新的生态环境问题表示担忧，如《中国企业报》文章《煤电疯狂投资引发西部生态危机》认为，煤炭和相关产业在严重缺水的中国西部地区急剧扩张低估了其所引发的水资源短缺、水污染严重、水生态环境恶化等生态影响。新浪网的《呼伦贝尔草原危机，煤电基地带来生态灾难》一文中也指出煤炭和化工工业开采已经成为呼伦贝尔草原沙化的最主要原因。该类报道虽占比较小，却也是多元意见表达的重要组成部分。

2. 新能源成为新的增长点，可再生绿色能源迎来春天

在传统能源产业转型升级的背景下，大陆媒体对内蒙古自治区可再生资源也非常关注，以太阳能、风能为代表的可再生资源的新闻报道总数有 2 600 多条，占比 15%。内蒙古是风能、日照资源的富集区，2013—2016 年，内蒙古光伏产业的发展可谓冰火两重天。2013 年，受欧美反倾销影响，国内光伏产业遭遇前所未有的困局，当时内蒙古"一哄而上"的光伏产业投资一度被国家发改委叫停。2016 年，从国家到自治区再到市一级多次出台政策，扶持有条件的光伏产业项目发展，沉寂 3 年的内蒙古光伏产业开始迎来"久违的春天"，在国家大力倡导发展新能源的背景下，光伏产业迎来新一轮投资增长期。

除了对内蒙古各地纷纷建立光伏电站的叫好声外，有关光伏产业的技术问题讨论比较多，有 321 条来自大陆媒体的新闻报道集中关注太阳能核心技术的自主研发和投入生产的能力，鼓励光伏产业走出低端产品的制造困局。

3. 航空航天信息受追捧，"神舟"已成为内蒙古金名片

从"神舟一号"到"神舟十一号"，从茫茫大漠到无边草原，神舟飞船的每一次着陆，都发生在祖国北疆内蒙古自治区，内蒙古已成为中国航天事业中的重要地理标签。

本报告所采集到的 1 883 条信息也集中于 2013 年"神舟十号"、2016 年"神舟十一号"发射与回收的时间节点，大陆各类媒体在现场发出大量的实时新闻报道，共享振奋人心的时刻。其中也包括飞船发射和回收时间内涉及的安全、交通、电力、牧民疏散等准备工作。乘着航天的东风，内蒙古的美食、文化、习俗都成为"网红"，如诸多大陆媒体围绕航天员餐食的报道就引发网络热议，以CCTV《央视独家揭秘，航天员返回第一餐吃点啥?》和腾讯网《神十今日 8 时回家　内蒙古准备清炖羊肉迎航天员》报道为代表，网民对内蒙古美食有调侃、有质疑、有剖析，但都充满了自豪之情。内蒙古额济纳旗也因此成为旅游胜地。

4. 传统农牧业有了新气象，打造生态、农牧业"绿色名片"

农牧业是内蒙古的基础产业，也一直是"原生态"甚至是"产业落后"的代名词。2013—2016 年，统计到有关农牧业信息 983 条，此外，环境保护信息765 条和"十个全覆盖"工程信息 528 条中也多与农牧业有着信息交叉。自 2013年以来，内蒙古着力提倡发展现代农牧业，从农牧业大区向现代农牧业强区转变，如人民网、中国政府网纷纷推出《内蒙古：向着农牧业强区挺进》《内蒙古：牢固树立绿色发展理念　推动农牧业大市向现代农牧业强市转变》等文章。农牧业顺应"互联网＋"、供给侧改革的产业发展战略，加快推进互联网与农牧业融合发展，内蒙古多地上线农牧业电子商务平台。以"粮改饲""稳羊增牛"继

续调整农牧业结构，鼓励农牧区打造乡村旅游产业，推动农牧业多元转型发展。

农牧业信息中还有相当一部分是关于谣言澄清的，如新华社、凤凰网、新浪网内蒙古等媒体的《内蒙古农牧业厅介入"假种子"坑农案调查》《内蒙古农牧业厅："畜牧基地布病爆发"是谣言》等信息在新闻网站的广泛传播，澄清了有关"假种子""布病爆发"等农牧业谣言。及时发布信息，遏制谣言传播，有效保护了农牧业产业安全和健康发展。

（二）中国港澳台媒体：安全、开放、旅游是核心关键词

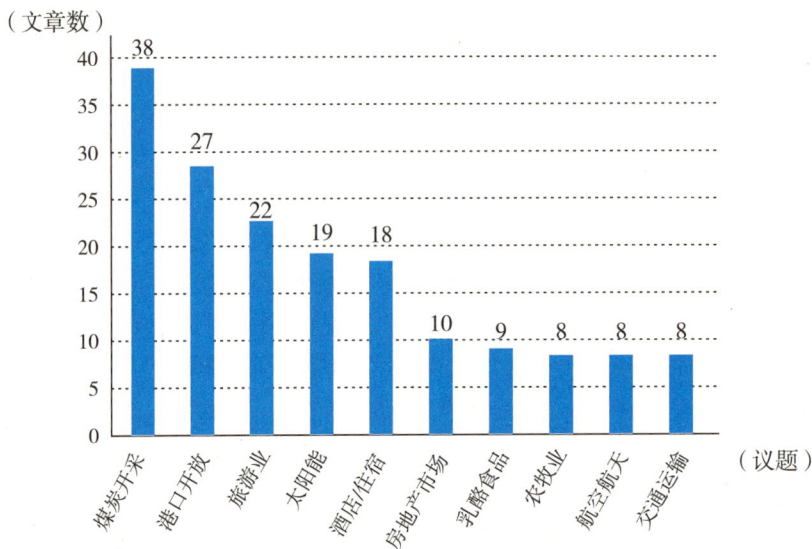

（文章数）

图7　中国港澳台媒体有关内蒙古的议题排名

1. 关注矿难成因和煤炭去产能效果

2016 年 10—12 月，中国接连发生重庆永川区金山沟煤矿"10·31"特别重大事故、江西丰城发电厂"11·24"特别重大事故、黑龙江七台河市景有煤矿"11·29"重大事故和内蒙古赤峰市宝马煤矿"12·3"特别重大事故，煤炭开采安全问题一时成为热点。

港澳台媒体认为矿难频发可能与煤价上涨引起的企业逐利有关，而煤价上涨的原因与北方供暖季、煤炭去产能有直接关系，市场供不应求，煤价上涨较快，利润较高，企业易产生冒险违法违规生产的冲动，在安全投入、设施设备不具备的情况下，盲目组织生产。

此外，港澳台媒体对内蒙古自治区煤炭去产能的计划和动态十分关注，从放开煤炭企业兼并重组的政策到出台五年煤炭去产能计划，介绍煤炭去产能的主要成绩、不足和问题。

2. 关注内蒙古向北开放，尤为关注对俄开放

内蒙古雄跨"三北"，有4 200多公里边境线，现有各类口岸19个，是全国拥有开放口岸最多和陆运过货量最大的省份之一，其中，二连浩特、满洲里分别是中国对蒙古国、俄罗斯的最大陆路口岸，在我国实施"一带一路"建设和构建的全方位开放格局中，地位举足轻重。近年来，通过实施向北开放战略，内蒙古与周边国家和我国腹地的经济联系日益紧密，口岸经济实现快速发展。目前，位于内蒙古境内的满洲里和二连浩特等口岸，承担了中俄之间65%的陆路货运量和中蒙之间95%的货运量。

香港、澳门、台湾作为重要的海上航运中心，港澳台媒体自然对港口开放尤为关注。在统计汇总的27篇新闻报道中，有7篇是关于内蒙古和蒙古国口岸经济的，其余20篇都侧重于内蒙古地区对俄罗斯的口岸贸易、展览会展、交通运输等方面。如《满洲里的中俄边民互市贸易区免税交易大厅》《满洲里设立保税区》《跨境铁路、公路　口岸建设中蒙合作》《二连浩特（内蒙古）铁路口岸运量成长今年来逾400万吨增近20%》《中俄第1季出入境货运班列达220列》《满洲里（内蒙古）建设边境经济合作区，发展木材农产等加工业》《二连浩特（内蒙古）中蒙跨境购物网站，城市商店上线》《呼伦贝尔（内蒙古）中俄蒙经贸洽谈会揭幕吸引300家业者参展》等文章都透露出积极的态度，普遍认为内蒙古向北开放，有助于内蒙古自治区不断扩大开放，建设与国际接轨的一流发展环境和制度环境，极大促进投资便利化、贸易便利化，构建开放型的经济体系。

3. 关注内蒙古旅游业，注重旅游合作

旅游也是港澳台媒体关注内蒙古的重要议题，虽然报道总量不高，但是报道主题比较集中，据采集数据显示，在采集周期内，以"万里茶道"为标题关键词的文章有17篇，占旅游类信息总量的77%。

万里茶道，南起中国福建武夷山市，途经江西、湖南、湖北、河南、山西、河北、内蒙古，从内蒙古二连浩特进入蒙古国境内，经蒙古国首都乌兰巴托到达中俄边境的通商口岸恰克图。茶道在俄罗斯境内继续延伸，从恰克图经伊尔库茨克、新西伯利亚、秋明、莫斯科、彼得堡等十几个城市，又传入中亚和欧洲其他国家，使茶叶之路延长至13 000公里，成为名副其实的"万里茶道"。港澳台媒体对"万里茶道"相关的旅游合作和旅游推介十分关注，《中俄蒙将成立"万里茶道"国际旅游联盟》《沪皖蒙联手，拓展旅游市场》《中俄签署"茶叶之路"旅游合作协议》《长江丝路联合万里茶道拼观光》《民族文化之旅游客全新体验》等新闻报道都对"万里茶道"作出了推介和解读。

此外，港澳台媒体积极推介内蒙古地区的草原游、沙漠游、冰雪游，对内蒙古自然风光和人文环境作了全面介绍。

（三）国际媒体：聚焦能源、生态与外交，跨国合作是关键

报告对所抓取3万多条国际媒体的文本数据进行检索关键词和文章匹配度指

数排名，抽取出 8 058 篇高匹配度的文章，对其报道议题和新闻主题进行归类，得出排名前 10 的主要议题，如图 8 所示。在 2013 年 1 月至 2016 年 12 月期间，中国大陆媒体有关内蒙古的新闻报道主要集中在能源开采、乳业、农牧业、外交关系、生态环境、航空航天等议题。相比中国大陆媒体的报道，国际媒体关注的议题有相似之处，但具体角度却相差甚远。

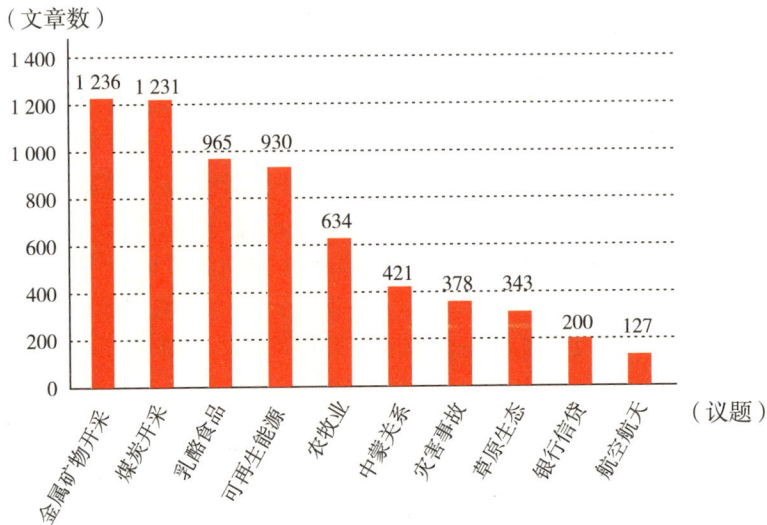

（文章数）

图 8　国际媒体有关内蒙古的议题排名

1. 国际媒体更多关注能源市场变化，价格波动和国际合作是重点

由于内蒙古产业结构的特征及能源市场的全球化竞争，国际媒体对内蒙古的能源开发与利用尤为关注，如图 8 所示，"金属矿物开采"和"煤炭开采"的议题所占比例几乎相当，位列第一和第二。侧重于铝、铁等金属矿产和煤炭的产量与市场的供给关系，煤炭价格的波动，能源上市企业的股价等议题的报道，其中，对中国和他国的能源往来和国际合作持续追踪，尤其是中国和蒙古国、印度等周边国家的能源往来在国际媒体上曝光率较高，如路透社的报道《中国宝钢向印度钢铁公司提供核心技术支持》就是此类议题的代表性文章。

国际媒体也对中国的能源的转型升级比较关注，尤其是煤转气、煤转油等煤炭一体化项目，不过与大陆媒体不同的是，大陆媒体在该领域更多关注效果和成绩，而国际媒体更多关心技术层面的更新和突破。

不过该领域内蒙古的负面信息也较多，如国际媒体对于内蒙古地区矿难的报道占据一定比例，如关于 2016 年赤峰煤矿瓦斯爆炸事件的报道在国外各大主流媒体上均有发布。此外，矿产开发与草原生态的关系也是媒体关注的焦点之一。

2. 农牧业依旧关注市场交易，热衷于追踪生态环境事件

农牧业和乳业相关数据分别为 634 条和 965 条，如果将两者累计，其关注度

是最高的，之所以分开统计，原因在于内蒙古乳业在国际媒体上的曝光率比较高，尤其是伊利和蒙牛这两家乳业公司。在国际媒体上，伊利所获得的正面评价要远远高于蒙牛，后者的企业形象负面居多。因此，乳业的新闻报道多集中于伊利公司的各类市场行为，如伊利收购内蒙古圣牧乳业公司、伊利在国外设立奶源地、伊利与美国头号牛奶公司 DFA 合建全美最大奶粉工厂等公司投融资、并购等行为颇受瞩目。

同时，国际媒体对内蒙古农牧业所关联的草原生态、环境保护和农业科技比较感兴趣，如对内蒙古腾格里沙漠污染的共同关注。国际媒体关注科技领域也是一个惯例，如各大主流媒体对中国科学家能将沙子转化为土壤非常感兴趣，并试图论证其有效性。

3. 中蒙外交关系

蒙古国与内蒙古边界线接壤有 3 000 多公里，并且在民族、宗教、文化等方面颇有几分相似，故内蒙古在中国和蒙古国两国关系中承载着重要的外交使命。数据统计中，2013—2016 年，国际媒体有关中蒙关系的新闻报道有 421 篇，在国际媒体关注内蒙古的前十个议题里排位居中，话题涉及政府往来、口岸开放、经贸合作、跨境旅游合作等领域。

除以上三点外，国际媒体也关注中国的航天航空事业和以风能为代表的新能源开发，前者注重综合类新闻报道，呈现中国航空航天事业的业绩，并就如何开发和利用内蒙古自治区丰厚的风能资源展开探讨，态度客观中立。

四、内蒙古自治区全球形象的传播路径

全球媒体在建构内蒙古国际形象时借助了哪些消息源？中国声音能否影响全球媒体对内蒙古的形象建构？本部分从三个方面进行了消息源分析，进而总结内蒙古全球媒体形象的传播路径。

（一）国内媒体：中央媒体和商业网站是报道主力

对中国媒体的信息源进行统计后发现，内蒙古自治区本地媒体影响着全国媒体的新闻议程。内蒙古本地媒体包括内蒙古自治区区属媒体和中央媒体驻内蒙古记者站。根据图 9，正北方网、内蒙古新闻网、内蒙古晨网、法制网成为中国媒体被引用频率最高的区内媒体，新华社内蒙古频道、人民网内蒙古频道、中国新闻社内蒙古分社、新浪内蒙古等媒体驻内蒙古记者站也是对内蒙古形象对外传播的重要信息载体。内蒙古本地媒体的新闻报道多被国内其他媒体甚至是国际媒体转载转发。

可见，中国媒体对于内蒙古的传播路径基本上呈现由内向外的态势，由内蒙古本土媒体向全国各地媒体延伸和拓展。

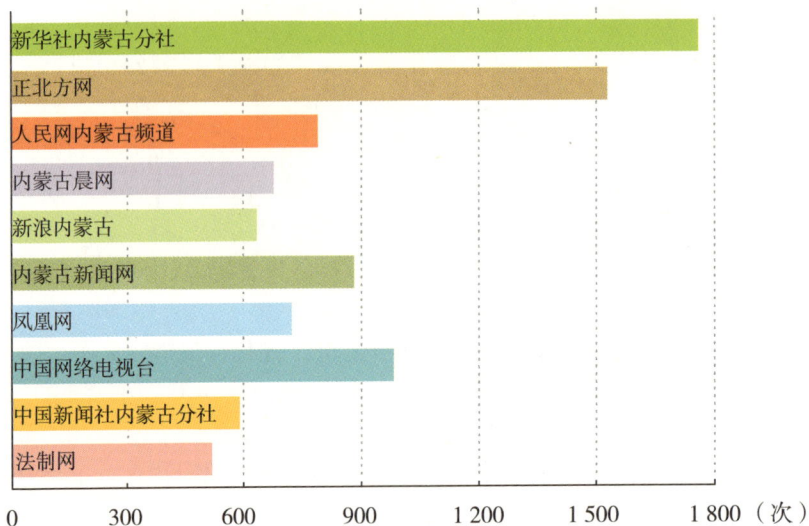

图9　中国媒体被引用量

（二）国际媒体：欧美媒体、中国香港媒体被引频率高

本文同时对英文类媒体的消息源进行分析统计，数据显示（见图10），被引用的英文类媒体分为三个类型，路透社、BBC、美联社、《华尔街日报》等西方发达国家的主流媒体被引用次数是最多的，在内蒙古国际形象传播上掌握话语主动权；以《南华早报》为代表的中国香港媒体被引用次数也较高，尤其是国际媒体更倾向于引用香港媒体的新闻报道；以新华社、《中国日报》为代表的中国大陆媒体的英文版被引用量也非常可观，随着中国的国际影响力不断提升，大陆媒体的全球影响力也逐步提升，国际媒体涉内蒙古报道越来越多地使用大陆媒体作为消息源。但作为消息源，大陆媒体与西方主流媒体仍有较大差距，如新华社虽然在被引用量排名中比较靠前，但并非其他主流媒体的首选信息源。大陆媒体的传播力亟待提高，国际影响力也亟待提升，尤其是在"走出去"和"影响有影响力的媒体"上仍有很大的提升空间。

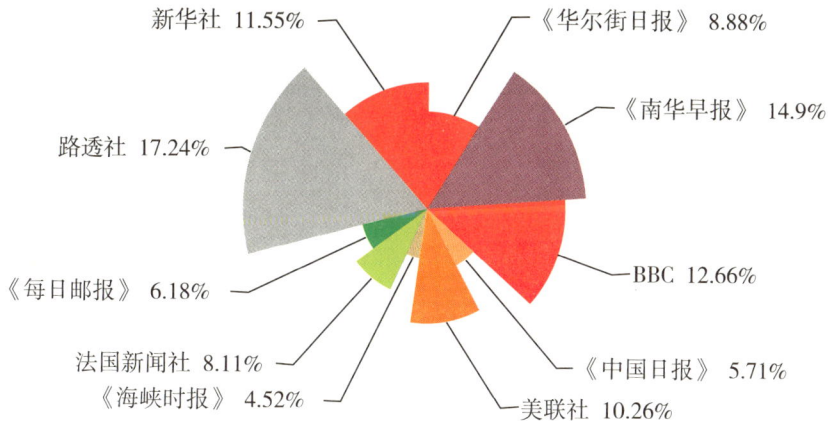

新华社 11.55%　《华尔街日报》 8.88%
路透社 17.24%　《南华早报》 14.9%
《每日邮报》 6.18%　BBC 12.66%
法国新闻社 8.11%　《中国日报》 5.71%
《海峡时报》 4.52%　美联社 10.26%

图 10　英文类媒体被引用量排名

（三）记者群体：香港媒体记者成为信息中转站

境内外记者是报道内蒙古、塑造内蒙古国际形象的传播者。统计显示（见图11），在 2013 年 1 月到 2016 年 12 月期间，报道内蒙古发稿量最大的国际媒体记者排名中，排名前三的都是来自中国大陆媒体英文版的记者，《中国日报》有两名记者分列第一和第三，《环球时报》记者排名第二。香港媒体中来自《南华早报》的记者排名第六位，香港地区的各媒体记者在内蒙古国际形象传播中承担着重要角色。其余发稿量较大的国际媒体基本上都来自美国，可见美国媒体对有关内蒙古的报道有相对稳定的记者群体。

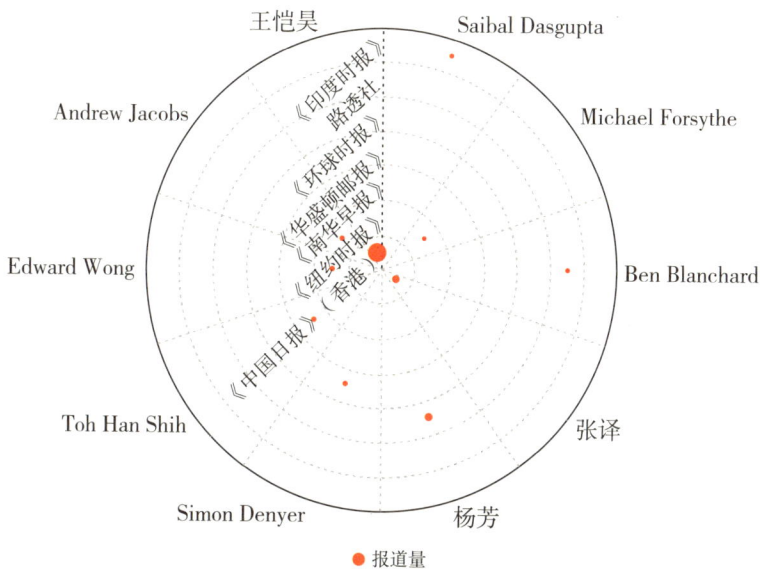

王恺昊　Saibal Dasgupta
Andrew Jacobs　Michael Forsythe
《印度时报》
路透社
《环球时报》
《华盛顿邮报》
《南华早报》
《纽约时报》（香港）
《中国日报》
Edward Wong　Ben Blanchard
Toh Han Shih　张译
Simon Denyer　杨芳

● 报道量

图 11　对内蒙古报道量最多的国际媒体记者

为了进一步了解这些建构内蒙古国际形象的记者，本报告对以上记者发布的内容进行深入分析，测量其体现出的报道倾向。

经分析发现，《中国日报》的记者有着明确的分工，排名第一的王恺昊侧重于对内蒙古民族文化包括音乐、舞蹈、马术等领域的报道，排名第三的张译则比较关注内蒙古的金属矿产，稀土矿产是其报道重点；《环球时报》特约记者杨芳对内蒙古地区的企业动态比较关注；《华盛顿邮报记者》Simon Denyer 多关注自然环境和生态保护，尤其是内蒙古能源开发与草原生态关系；《纽约时报》的三位记者 Edward Wong、Michael Forsythe 和 Ben Blancbard 侧重于草原生态和新能源的报道；《印度时报》记者 Saibal Dasgupta 则涉猎广泛，对内蒙古地区的能源、社会事件、旅游业等都有报道。

总体而言，来自中国媒体记者的新闻报道，相关报道主要为正面倾向，来自国际媒体的报道大多为中性报道，负面倾向的报道也占据一定比例。

五、内蒙古自治区的全球形象话语建构

（一）内蒙古全球媒体形象的热门词频分析

为使内蒙古全球媒体形象进一步清晰，本报告利用 Python 软件对所抓取到的中英文新闻摘要进行语义分析。首先，进行中英文分词，根据名词、动词、形容词等词性统计出高频词汇。其次，对高频词进行数据清理，将地理标签、语气词、人名、副词、连词等数据进行清除。最后，进行词频统计和可视化。最终统计出 815 个高频词汇。

如图 12 所示，2013 年 1 月至 2016 年 12 月间，内蒙古自治区在全球媒体上曝光率最高的是经济、文化领域，尤以经济领域报道居多。涉及的高频词汇组合包括"经济增速""经济回暖""能源减排""新能源开发""能源储量""金融业改革""经济建设""工业增长""工业战略"等，反映出内蒙古在经济领域的变革发展、问题与困境，这与内蒙古自治区经济转型升级的现状是相匹配的。

高频词还涉及农牧区，高频词汇组合包括"农牧区建设""棚户区改造""农牧业创新""改善民生"等，反映出近年来内蒙古在农牧区和农牧业上的主打方向。

图 12　全球媒体关于内蒙古新闻报道的词频统计

（二）内蒙古全球媒体形象的话语情感分析

情感分析是对带有感情色彩的文本进行分析、处理、归纳和推理的过程。利用 Python 机器学习方法，对所采集到的中英文文本进行逐条文本分析。根据不同情感积极系数，将文本分为正面、中立和负面三类，中英文分开统计分析，取值范围如下：

（1）正面情绪——取值 0.8~0.999 区间。

（2）中立情绪——取值 0.2~0.799 区间。

（3）负面情绪——取值 0~0.199 区间。

对取值范围内的新闻报道进行归类统计，得出如图 13 所示的情感分析图。

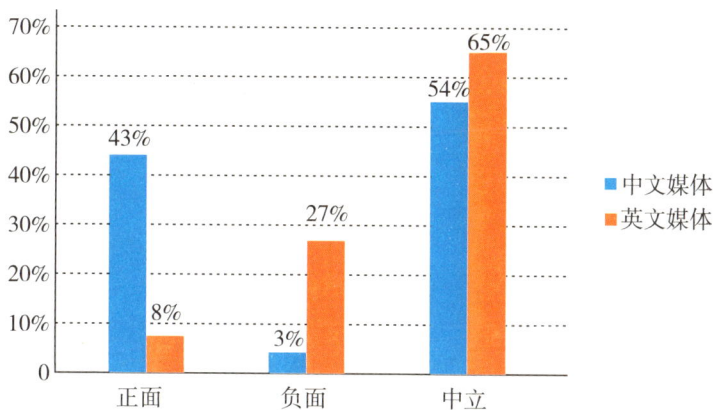

图 13　全球媒体关于内蒙古新闻报道的情感分析

比较中文媒体和英文媒体关于内蒙古自治区新闻报道的情感指数可知，采集到的中文媒体新闻报道情感倾向于正面和中立，负面报道很少。采集到的英文媒体新闻报道情感倾向于中立，正面报道较少，且负面报道占据约四分之一的比例。对文本进行内容分析后发现，中文媒体在报道的各领域基本上呈肯定、支持、赞扬的态度，英文媒体在报道的各领域基本上呈中立、质疑甚至是否定的态度。

为进一步验证中文媒体与英文媒体在内蒙古自治区新闻报道中的态度差异，报告对中英文新闻标题中的动词作出排序，如表 1 所示，两者态度差异可谓一目了然。

表1　正向和负向动词统计表

正向动词				负向动词			
英文媒体		中文媒体		英文媒体		中文媒体	
生产	324	增速	532	阻碍	249	防止	115
使用	297	增长	456	索赔	178	袭击	87
帮助	248	突破	401	下滑	154	通报	64
运行	229	完成	373	维持	114	违法	60
避免	191	推进	341	处理	98	造成	55
测试	176	打造	328	下降	91	整改	47
报价	152	转型	291	打破	86	导致	41
加快	133	加强	274	冲突	63	伤害	39
提供	124	提升	255	破坏	47	困难	38
改革	118	确保	211	制止	44	下滑	34

六、结论与建议

通过以上的分析研究，关于内蒙古全球媒体形象，我们得出以下几点研究发现，并对内蒙古全球媒体形象作出总结，对如何提升内蒙古自治区全球媒体形象给出改进意见。

（一）研究发现

1. 欧美国家媒体最关注内蒙古

全球大部分国家均与内蒙古有着密切联系，其中新闻报道语种排前三位的是汉语、英语和德语，以美国、英国、法国为代表的欧美国家最关注内蒙古，"一带一路"沿线的蒙古国和俄罗斯对内蒙古关注度也比较高。美、英等发达国家的主流媒体有关内蒙古的新闻报道量最高，报道量排名靠前的媒体包括路透社、英国广播公司、《纽约时报》、《华尔街日报》、美联社等。中国大陆媒体中，京津冀地区、内联八省区媒体对内蒙古最为关注，上海、广东等东部沿海发达地区也对内蒙古颇为关心。

2. 能源类、生态类议题备受关注，文化类议题偏少

第一，国际媒体对第一、第二产业报道量最多，对可再生能源、航空航天等高科技领域的报道量次之，对内蒙古地区发生的灾害事故和气候、草原退化等环境议题也颇为关注，政治性议题主要关注中国和蒙古国的外交关系。

中国大陆媒体除关注工业和农牧业外，在航空航天、环境保护上也下足功

夫，对旅游业有所提及，此外，对区域政策有重点报道，如十个全覆盖工程。

中国港澳台媒体则对内蒙古的旅游文化更为关注，围绕旅游服务有一定的讨论，此外，煤炭开采、乳业、农牧业等同样是该地区共同话题。

第二，全球议题与内蒙古地区生产生活特征相匹配。国际媒体、中国大陆媒体和港澳台媒体都共同关注能源开发、生态环境、农牧业发展、可再生能源开发等领域，这些产业恰恰属于内蒙古自治区在经济社会发展中的优势产业或区域特色，相关议题也恰恰反映出这些产业的成绩、现状及所面临的问题。

第三，每类议题都有各自的集中化趋势。煤炭开采、金属矿物开采、化学品等能源类议题侧重于产业改革升级，如"煤转气"的问题，国内外媒体对煤炭市场、煤转气的技术运用及其产生的节能效应等方面有较多讨论。农牧业领域中，草原生态退化、养殖业发展、牛羊肉交易、抗灾抗旱等成为核心议题。生态环境类议题侧重于沙漠治理、气候变化、地质灾害等事件。一些社会管理和社会治理话题也引发关注，如赤峰煤矿瓦斯爆炸、官员贪腐等话题的曝光率比较高。鉴于内蒙古的自然环境，国内外媒体对内蒙古地区第三产业的关注主要在于旅游开发和旅游服务。

政治类议题则走向两极，对外集中于中蒙关系，对内集中于区域政策。中蒙关系包括战略性议题如"一带一路"中蒙两国的各类合作，宗教类议题如达赖喇嘛问题，经济类议题如口岸经济、能源合作、共建工厂、投资引资等，文化类议题包括民间文化交流、两国媒体互访、节庆文化交流等领域。中国大陆媒体对内蒙古自治区的区域政策比较关注，并予以重点报道，如十个全覆盖工程涉及的乡村建设、农民福祉、民生生活等话题，也会比较关注内蒙古"十三五规划"等政策动向。

总体上，全球媒体的新闻报道议题以经济类信息居多，社会文化类信息偏少，进而形成对内蒙古自治区整体的国际形象的建构。

3. 内蒙古形象传播路径由三级传播机制构成

内蒙古本地媒体包括内蒙古自治区区属媒体和中央媒体驻内蒙古记者站，成为国内其他媒体主要的信息来源。国际媒体获取内蒙古信息的方式有自采，也有引用新华社、《中国日报》等中国大陆媒体英文版及香港媒体有关内蒙古的新闻报道；香港媒体成为内蒙古形象传播的中间载体。

4. 中国大陆媒体正面报道多，国际媒体多持中立态度

比较中国大陆媒体和国际媒体关于内蒙古自治区新闻报道的情感指数可知，采集到的中国大陆媒体的新闻报道其情感倾向于正面和中立，负面报道很少。采集到的国际媒体的新闻报道其情感倾向于中立，正面报道较少，且负面报道占据四分之一的比例。

（二）总体形象

1. 内蒙古是正在转型升级的能源大区

从农牧大区一跃成为工业大区，从经济飞速增长到如今经济结构转型，以煤炭、稀土、金属矿、天然气为代表的资源开发和资源转型是内蒙古经济发展的主要特征，也是内蒙古近年来新添置的主要形象标签之一，"煤炭＋草原"成为当今内蒙古的代名词。如今这张名片被赋予了更多新的标签，新能源、新材料、生物制药等产业成为新的发展引擎，大数据产业更是让内蒙古经济结构调整插上"互联网＋"的翅膀。这也反映出内蒙古发展趋势良好，产业发展的方向明确。

2. 内蒙古是可持续发展的农牧强区

农牧业是内蒙古最早拥有的名片，是"原生态"甚至是"落后"的象征。现如今，"农业现代化"提上主要日程，国内外媒体对内蒙古农牧区的关注点也从最初的关注草原生态、牧民生活渐渐地转向关注农牧科技、农牧金融、绿色农畜产品加工、"互联网＋农业"、"互联网＋牧业"等议题上来，这是内蒙古农牧业非常主动和积极的发展态势。

3. 内蒙古是承载航天梦的"大后方"

从"神舟一号"到"神舟十一号"，内蒙古一直是承载中国航天梦的"大后方"，伴随国内外媒体对航天科技的高度关注，内蒙古作为我国主要的航天基地也逐渐为人所熟知，内蒙古基本上和中国航天事业绑定，"航天"也成为内蒙古的新名片。

4. 内蒙古是改善生态环境的绿色屏障

绿色是内蒙古的主色调，生态也是其永恒的命题。国内外媒体对内蒙古草场保护、沙漠治理、矿区生态复原等议题，尤其是工业开发和草原生态之间的关系重点关注，密切追踪着内蒙古地区生态环境治理的诸项举措。内蒙古提出"建设美丽内蒙古"的生态目标，说明内蒙古正在向美丽与发展共赢的经济社会发展目标靠拢。

（三）改进建议

2013 年 8 月，在全国宣传思想工作会议上，习近平总书记曾强调，"要精心做好对外宣传工作，创新对外宣传方式，着力打造融通中外的新概念新范畴新表述，讲好中国故事，传播好中国声音"。习近平总书记考察内蒙古时，更留下了"把祖国北部边疆这道风景线打造得更加亮丽""着力转变经济发展方式"的殷殷嘱托。未来就内蒙古全球媒体形象的打造，如何讲好内蒙古故事，经过深入分析，并在咨询资深媒介专家以及公关顾问团队的基础上，结合内蒙古的实际，课题组在此建议，可以从以下多方面来加以改进：

1. 善于发声，巧妙设置内蒙古议题

根据数据分析，全球媒体有关内蒙古的新闻报道议题相对比较单一，新闻报道的议题结构还有很大的优化空间。媒介形象的传播想要影响人们的态度，议题和话语是非常重要的手段。我们要讲好内蒙古故事，就应主动生产基于具体、生动、微观、互动、多样议题的话语体系。

首先，要进行主动的话语呈现。全球媒体关于内蒙古形象的关键词集中于能源、农牧业、生态等词，文化类、社会民生类议题较少，是全球媒体对内蒙古自发的议题设置。在内蒙古致力于建设文化大区、全面对外开放的背景下，我们应该主动配置更为多元的话语结构，围绕"现代、转型、开放、文明"的关键词，使内蒙古形象拥有更多现代工业文明、生态文明、文化繁荣的传播符号。

其次，要积极抓住具体议题，学会"借船出海"，合理配比内蒙古议题和全球议题。具体议题更容易突破西方发达国家媒体设置的"防火墙"，提倡以小见大的新闻报道，内蒙古的议题与全球媒体议题相匹配，全球媒体的议题传播是有规律性的，根据不同时间节点、事件节点等议题会有起伏变化，内蒙古的议题设置要学会顺应全球媒体议题传播规律，切忌自说自话，积极通过各类相对具体的议题，巧妙塑造内蒙古的"新"形象。如生态问题，近几年的主要议题就是全球气候变化，要善于将内蒙古的生态问题和全球气候问题结合起来，在全球气候变化议题中发出内蒙古声音。

2. 发力社交媒体，让内蒙古形象更"走心"

十七大报告中曾提到："在当今信息社会，凡是传播手段先进、传播能力强大的国家，其文化理念和价值观念就能广为流传，就能掌握影响世界、影响人心的话语权。"2011年，浙江大学传媒与国际文化学院在美国进行的关于美国人媒介使用与中国形象认知相关的抽样调查显示，大多数美国人难以通过传统媒体获取中国的相关信息，但使用新媒体的美国人比使用传统媒体的对中国形象的认知要更全面。

相较传统媒体，社交媒体更能读懂受众心理，更能准确把握信息需求，随着传统媒体的式微，社交媒体已经成为全新的国际传播平台，对于内蒙古而言，充分利用社交媒体是提升内蒙古全球媒体形象的有效途径，使内蒙古形象传播更为精准和有效。

鼓励内蒙古媒体开设海外社交媒体账户。2017年全国两会期间，内蒙古日报社在 Twitter 上开设账号，但只是浅尝辄止。从全球范围来看，国际主流媒体在 Twitter、Facebook、YouTube 三大社交媒体平台开设账号成为潮流，我国的《人民日报》、新华社、《中国日报》、中央电视台、中国国际广播电台等国家级主流媒体也在三大社交媒体平台开设了账号，积极传播中国新闻。以新华社为例，2012年开始在三大社交媒体上开设账号，2015年初把账号名称统一为 New China，组建专门运营队伍，试水海外社交媒体业务，取得了良好的传播效果。

充分利用内蒙古媒体的"两微"传播效应。即内蒙古地区各媒体开设的微博、微信平台，积极参与国内社交媒体的议程设置，开展传播活动，掌握话语的主动权。

加强政务新媒体建设。鼓励各级政务新媒体敢于发声，善于发声，提升政务新媒体的专业素养。

3. 敢于走出去，拓展内蒙古的国际媒体"朋友圈"

数据分析显示，全球媒体对于内蒙古的新闻报道，语种主要集中于汉语、英语和德语，其他语种的信息比较少。依托多元化语种信息传播对提升内蒙古全球媒介形象是非常有帮助的，这势必需要内蒙古媒体走出国门，走入他国开展信息传播活动。其中值得探索的途径就是内蒙古本地媒体和内蒙古自治区友好地区（城市）媒体间的"联姻"。根据内蒙古自治区外事办统计数据，截至目前（2017年7月），内蒙古自治区共与11个国家建立了41对友好地区（城市）关系，其中自治区级4对、市级18对、县级19对。友好地区（城市）间，尽管双方官方往来频繁，但民间交流还有很大的发展空间，这也为内蒙古媒体"走出去"提供了良好的契机。

由政府外交、媒体外交到民间外交，内蒙古各媒体要敢于"走出去"，成为国与国、地方与地方、政府与民众之间的沟通桥梁。可从组织媒体间活动开始，加强内蒙古媒体与对象国媒体间的互访互动，依托媒体平台，继而可以组织和举办各类政府形象推介、文化节等活动，鼓励民众互访交流，结合新闻报道、专题采风、活动营销等方式积极推介内蒙古形象，传播内蒙古优秀文化。

中国常州广播电视台的全媒体外宣项目"双城记"，就为地方媒体"走出去"开展国际传播蹚出了一条新路。"双城记"整合媒体与外事资源，充分调动国际友城资源，以电视栏目为载体，推出将城市外宣和市民赴友城深度游于一体的全媒体外宣项目，让市民把富有地方特色的优秀文化、人文故事带出国门，传向世界，以此增进国内外的民间交流，有效促进了国际友城的双向互动、合作共赢。

媒体"走出去"，一是可以扩大本地媒体的国际影响力；二是通过友好城市媒体的新闻报道，以点带面，起到内蒙古形象国际传播的辐射性作用；三是民间外交产生口碑营销效应，加强形象传播的说服效果。

4. 主动"请进来"，积极倡导体验式传播和参与式传播

在全球形象传播中，内蒙古既要做好客人，也要当好主人。要把国际媒体"请进来"，让他们自己亲身交往，直接接触内蒙古的方方面面，以形成自己的直观判断，感受和了解真实的内蒙古，并通过他们的报道，把内蒙古形象和内蒙古声音及时传播出去。

也可以邀请他国意见领袖走入内蒙古，利用其在国际社交平台或在各自国家的媒介影响力，在重大事件和活动中为内蒙古传递客观、理性、中立的国际化声音。

此外，普通民众也在"请进来"之列。随着"一带一路"建设的深入发展，

来内蒙古旅游、工作、学习的国外民众日益增加，他们既是内蒙古对外传播试图影响的传播对象，也是内蒙古对外传播的重要中介。通过在工作、生活、旅游等方面的直接参与，让他们亲身感受、体会内蒙古的形象魅力，而后通过他们回国后的介绍和叙述，增进国际社会对内蒙古的了解。

5. 多点发力，利用整合营销传播提升内蒙古形象

内蒙古形象传播要有统一规划和统一配置，需要调动多方资源，整合营销传播的引入可对内蒙古形象传播带来一定的帮助。

"一种声音"是整合营销传播的基本原则，地域形象的传播关键在于保持信息一致性，内蒙古需提炼出保有自身特色的"一种声音"，如"好客山东""多彩贵州"，并整合大众传播、群体传播、人际传播于一体，在内蒙古形象传播中表达一致，形成传播矩阵。同时，整合传统媒体、新媒体渠道资源，打通官方舆论场和民间舆论场，占据舆论阵地。将内部受众和外部受众作出区分，根据不同受众群的信息需求，有针对性地传播信息，逐步实现与不同受众群的全面接触沟通。

树立"大传播"观念，重视地域形象传播的"内外兼修"。对外要整合政府、企业、民众等传播主体，整合新闻、广告、公关、事件营销、活动营销、新闻发布、口碑传播等多种方式的传播渠道；对内要加强修炼城市"内功"，提炼出符合内蒙古地域文化、地域特点、地域精神的鲜明一致的品牌形象。

6. 探索城市公共外交，发挥各地市自身积极性

数据显示，全球媒体对内蒙古自治区的鄂尔多斯、包头、乌海等城市更为关注，议题多与能源、生态相关，其中鄂尔多斯在全球媒体上曝光率最高，面对"鬼城""信贷""经济崩溃"等负面形象，鄂尔多斯积极开展城市外交，通过协调城市与媒体、城市与城市的多元复杂关系，逐渐修复其城市形象。对于外部民众而言，由于对内蒙古城市发展现状认知不清，他们经常将某一个城市形象与整体地域形象混为一谈，自然将鄂尔多斯和内蒙古自治区的整体形象联系起来。

可见，在内蒙古整体形象的传播中包含着城市与城市之间的互惠互利和共同发展。所以，内蒙古媒体形象应包含每个城市的特点，每个城市的形象传播也应考虑对内蒙古整体形象的影响。鄂尔多斯近年来实施的经济外交、体育外交、旅游外交、人文外交等城市外交策略，使其城市形象有了很大的转变，也对内蒙古自治区的整体形象有所修正。

热点领域发展状况

2018 年中国财经新媒体发展趋势报告

汤景泰　王子明　王嘉琪　张佳觊　管　帅①
2018 年 12 月

一、引　言

2018 年是我国改革开放 40 周年。过去 40 年，我国在政治、经济、科技、文化等领域取得了丰硕成果。作为世界第二大经济体，我国经济飞速发展的态势引起了全球资本市场的高度关注。此外，随着人工智能引领的 web 4.0 时代的到来，财经媒体领域出现崭新的发展图景：各类新媒体样式如雨后春笋般兴起，媒体的商业模式不断推陈出新，媒介的产品形态呈现多元化与创新性，如是等等，不一而足。新媒体迅猛发展的势头严重冲击了传统财经媒体的发展格局。同时，媒体内容价值持续回归，用户主体性不断觉醒，个体商业价值被激活，这都要求财经媒体洞察时代变化，及时调整发展格局，融入科学技术，实现转型升级。

为了厘清财经新媒体最新发展态势，暨南大学与 21 世纪经济报道新媒体中心联合完成了《2018 年中国财经新媒体发展趋势报告》。为了详细了解财经媒体行业的发展现状，课题组调研了《21 世纪经济报道》、华尔街见闻、雪球等财经媒体，同时结合典型案例，融入最新数据，进行综合分析，探讨行业的变革趋势和未来方向，旨在使财经新媒体明晰最新发展路径、开拓未来市场、实现健康可持续发展提供参考和借鉴。

通过调查分析发现，2018 年度，我国经济运行稳中有变，经济下行压力有所加大。在这种宏观环境下，大数据、云计算、人工智能、机器写作的兴起形成了前所未有之变局；知识付费成为有效变现渠道，跨界融合、电商化、交易端等拓展内容变现新模式；数据新闻得到进一步探索，"智库 + 媒体"成为发展趋势，财经新媒体助推下的金融生态圈逐渐形成。面对未来，如何利用用户社群化（社群自治 + 社群他治）和会员制，继续有效提升产品黏性；如何打造多元产品矩阵，形成联动发展格局，推动内容变现；如何创新产品形态，实现内容价值回

---

① 王子明、王嘉琪、张佳觊、管帅，暨南大学新闻与传播学院 2018 级硕士研究生。

归；如何打造智库平台，创新媒体价值，这都成为财经新媒体在未来发展中需要深度思考的命题。

二、2018 年中国财经新媒体总体发展情况分析

（一）中国财经新媒体行业发展的宏观环境

近年来，随着中国经济市场化程度不断加深，市场化机制进一步成熟，财经媒体取得了长足发展，社会影响力不断提高，在宏观决策和市场运行过程中有了更多的话语权。在移动互联网迅速发展、各种新兴技术不断涌现的时代，财经媒体发生了根本性变革，垂直化、专业化的财经媒体在新媒体时代不仅有了更多的互联网行业属性，也呈现出越来越多的新变化和新特征。

1. 宏观经济环境

（1）国际经济缓慢复苏，贸易保护主义、逆全球化思潮蔓延。

从国际形势看，一方面，世界经济处于复苏过程中，总体保持一定程度的正增长。从 2017 年下半年开始，世界经济增长速度有所加快。另一方面，世界经济不确定因素在增加。主要有：总体负债率有所上升，全球债务风险有所增大；单边主义和贸易保护主义抬头，特别是美国政府大范围制造贸易摩擦、挑起贸易争端，对世界经济复苏构成重大挑战，增加了风险和不确定性。国际货币基金组织下调了 2018 年、2019 年的全球经济增长预期，认为美国贸易战将导致全球经济增速放缓，美国加息导致的新兴市场国家货币贬值也将拉低世界经济增速。

（2）国内经济运行稳中有变，经济结构不断优化。

2018 年前三季度，我国经济保持了总体平稳、稳中有进的态势。国家发改委、商务部、国家税务总局、国家统计局等部委发布的一系列经济运行情况数据表明，面对异常复杂严峻的国内外环境，中国经济呈现出总体平稳，稳中向好的发展趋势，主要宏观调控指标居于合理区间，经济结构持续优化，防范化解金融风险的举措取得初步成效，生态环境得到改善，人民群众的幸福指数不断提高。经过近几年的供给侧结构性改革，去产能任务超额完成，去掉多余商品房库存，企业杠杆率见顶回落，企业成本负担有所降低，补短板进展顺利，全要素生产率增速由降转升，供给体系质量全面提升。但同时，经济运行稳中有变，面临下行压力。2018 年 7 月 31 日和 10 月 31 日召开的中共中央政治局会议均强调，要做好稳就业、稳金融、稳外贸、稳外资、稳投资、稳预期工作。从内部来讲，经济发展不平衡、不充分的矛盾突出，当前正处在结构调整转型升级的攻关期。[1]

---

① 《焦点访谈：面对复杂的国内外经济环境，中国要如何应对挑战？》，央视新闻，http：// m. news. cctv. com/2018/07/17/ARTI3iHdTNB58oMr3qnUwlR0180717. shtml，2018 年 7 月 17 日。

（3）金融科技发展迅猛，风险与机会均被大幅放大。

在科技驱动发展的当下，科学技术的勃兴深刻改变了人们的社会生活方式与生产格局。智慧城市正在兴起，"互联网＋"被倡导，商业逻辑被改变，创业效率大幅提升，整个商业生态被重新解构。科技大潮席卷交通、餐饮、零售、金融等多个行业，其中，金融行业迎来变革时代，科技与金融的边界趋于模糊化，金融科技发展势头迅猛，我国金融科技营收总规模将持续稳定增长（见表1）。

表1　2013—2020年中国金融科技营收规模

年份	营收规模（亿元）	增长率（%）
2013	695.1	
2014	1 407.4	102.5
2015	2 967.1	110.8
2016	4 213.8	42.0
2017e	6 541.4	55.2
2018e	9 698.8	48.3
2019e	14 365.0	48.1
2020e	19 704.9	37.2

资料来源：艾瑞咨询研究院。

注：e表示该年份数据为预计值。

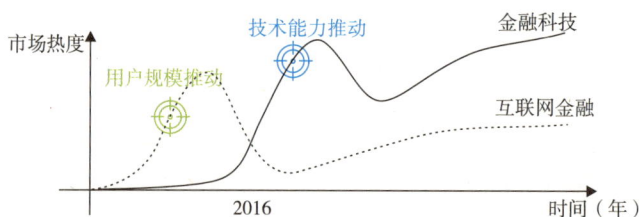

图1　互联网金融与金融科技的中国市场热度示意图

资料来源：艾瑞咨询研究院。

由图1可以看出，在未来发展中，技术能力正在成为主要驱动力。以大数据、人工智能、云计算、物联网、区块链为代表的新一代信息技术在金融业加速突破应用，拓宽了客户服务群，提高了生产效率，并通过数据共享的方式，加深了金融机构之间的紧密联系，同时也降低了风险，推动金融科技的市场热度迎来发展峰值。总之，技术创新改变了金融生态格局，为我国金融业带来了前所未有的发展机遇，使得我国经济整体发展形势趋于良好。但是，在此背景下，我国金融科技发展同样也面临新的挑战与风险。例如，2018年的"P2P爆雷潮"，几乎震动了所有投资者和从业者，其带来的危害必须引起警惕。尤其是当前我国经济发展已迈入新时代，金融科技未来需要提前探知风险。财经媒体担负如何利用大数据信息精准把握发展动态，实施危机预判的重要使命。同时，企业部门应当在风险爆发前采取措施，来降低实际发生风险事件的概率，规避风险，实现经济健康可持续发展。

2. 媒体发展环境

（1）强化媒体责任，营造清朗网络资讯环境。

目前，国家对互联网新闻资讯的审核日趋严格。首先，《网络安全法》《互联网信息服务管理办法》《互联网新闻信息服务管理规定》等法律法规颁布或更新，不断强化内部审核管理。其次，政府部门通过查封非法新闻网站、微信公众号，整顿 App 等雷霆手段，加大惩处力度。据媒体报道，2018 年 8 月 21 日晚间，深链财经、金色财经、火币资讯、大炮评级、币世界快讯服务、每日币读等一批涉区块链微信公众号被封，相关微信公众号页面显示：由用户投诉并经平台审核，违反《即时通讯工具公众信息服务发展管理暂行规定》，已被责令屏蔽所有内容，账号已停止使用。因此，总体来看，网络环境日趋清朗，为网络资讯的发展提供了良好的外部条件。

（2）网民从 PC（个人电脑）端向移动端迁移，互联网理财已养成习惯。

在财经新媒体行业用户注意力分布方面，移动端用户的比重快速提升并形成较强的黏性，而 PC 端的用户活跃度有所下降，由此呈现出用户从 PC 端向移动端转移的趋势。艾瑞网民行为监测系统 iUserTracker 及移动网民行为监测系统 mUserTracker 的监测数据显示，2017 年 11 月，移动财经资讯服务的月独立设备达到 1 494.2 万台；财经网站月度覆盖人数约为 2.1 亿，与 2017 年初相比，降幅达到 8.7%。[①] 财经资讯服务的移动化提升了用户获取信息的便捷性，从而吸引财经媒体用户的注意力从 PC 端向移动端转移。

伴随着经济的快速发展，人均可支配收入水平得到提升，消费结构顺利实现从生存型向发展型转变。我国互联网理财使用率由 2017 年末的 16.7% 提升至 2018 年 6 月的 21.0%，互联网理财用户增加 3 974 万人，半年增长率达 30.9%。随着互联网理财用户规模的不断扩大，理财产品的日益增多，产品用户体验的持续提升，大众逐步养成互联网理财的习惯。[②]

（3）新兴技术爆发式发展，助推产业变革。

进入 2018 年，大数据、人工智能、AR 等新兴技术快速更新迭代，催生了直播、短视频、语音等传播形态，助力财经新媒体产业革新。在大数据技术的支撑下，财经新媒体平台的内容量呈现出"爆炸式"增长：财经新闻的可视化、数据

---

① 艾瑞咨询研究院：《2018 年中国财经新媒体行业洞察报告》，艾瑞网，http：//report. iresearch. cn/report/201803/3184. shtml，2018 年 3 月 27 日。

② 中国互联网络信息中心（CNNIC）第 42 次《中国互联网络发展状况统计报告》，中网互联网信息办公室，http：//www. cac. gov. cn/2018 - 08/20/C_1123296882. htm，2018 年 8 月 20 日。

化发展模式得到进一步探索；跨界融合、电商化等成为内容变现新模式。随着移动互联网技术的发展，"两微一端"应用于各行各业，移动端凭借其快捷性、便利化等特点，吸引用户注意力向移动端迁徙，也导致内容生产与流量格局出现结构性变化。

3. 行业市场环境

（1）2018年中国财经新媒体产业布局。

作为整个中国财经新媒体产业图谱中的重要构成部分，财经新媒体平台数量繁多。按核心业务类型划分，可分为资讯类、专业服务类、门户类（见图2）。

资讯类平台的典型代表有21财经、财新传媒、第一财经、FT中文网、华尔街见闻等，专业服务类平台的典型代表有东方财富网、雪球、金融界、同花顺财经等，凤凰网财经、新浪财经等则为门户类平台代表。三类平台，既有共同之处，又相互区分。在收入构成方面，资讯类平台以广告收入为核心；专业服务类平台收入主要来自金融产品销售佣金、交易数据类付费收入；而门户类平台则形成广告、内容付费、金融产品销售等多种商业模式并行。

图2　2018年中国财经新媒体产业图谱

资料来源：艾瑞咨询研究院自主研究及绘制。

（2）中国财经新媒体市场规模及收入结构。

在互联网的助推下，我国财经新媒体行业发展迅猛，成为整个新媒体格局中的重要一环。有关数据显示，从2016—2018年，财经新媒体市场规模持续增长，潜力较大（见图3）。2016年财经新媒体整体市场规模为53.1亿元，2017年财经新媒体市场规模达59.9亿元。预计2020年，财经新媒体市场规模将达到100.6亿元。此外，在发展过程中，财经新媒体行业根据时代特性，及时调整收入结构，并实现转型升级。

在 2016 年，广告及营销服务仍是主力，此外，内容付费业务贡献 29.9%（见图 4）。到了 2017 年，市场环境发生变化，知识付费成为变现的重要渠道，交易数据付费业务收入比重下降，新兴的商业分析类、资讯类付费收入的比重大幅提升。到 2020 年，内容付费占比有望达到 34.2%，将整体形成广告收入增速趋于稳定，付费收入提振，多种收入并存的多元化收入结构。

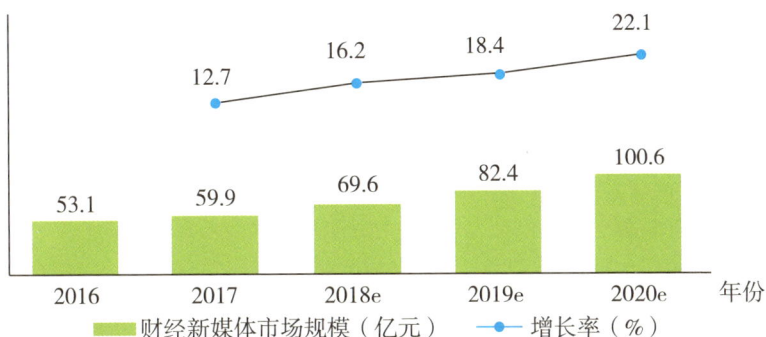

图3　2016—2020 年中国财经新媒体市场规模及评估

资料来源：艾瑞咨询研究院自主研究及绘制。

注：e 表示该年份数据为预计值。

图4　2016—2020 年中国财经新媒体收入结构分布

资料来源：艾瑞咨询研究院。

注：e 表示该年份数据为预计值。

（二）中国财经新媒体发展的新动向

1. 知识付费成为主要变现趋势

进入 2018 年，越来越多的财经新媒体布局付费领域，付费内容服务也日趋多样化。根据《知识付费研究报告》分析，各大平台为提高产品市场占有率，提高用户使用时长和黏性，在付费模式、审核机制、内容维度等方面进行了一系列探索，包括逐步拓展核心付费模式，打造多元收入结构；以用户价值挖掘为中心，完善内容审核评价机制；缩小内容维度，向"小而美"发展等。①

以 21 财经为例，其知识付费的主要用户仍然是有付费意愿和财力的一、二线城市白领人群，其新上线的付费内容不仅包括通用类财经知识，更多的是对资本的深度了解和专业聚合，在依托 21 财经的内容品牌生产力对财经商业领域的专业知识进行结构化阐述的同时，利用文字、语音、短视频等多种形式向普通用户输出专业知识或向专业用户拓展深度。再如摩尔金融，其一直采取的知识付费模式，在垂直于资本市场的同时与投资人挂钩，内容交由 UGC（用户生成内容）而非自身团队生产。一方面加强审核，提高内容本身质量，另一方面加强持续服务能力，鼓励生产者和用户进行良性互动。同时，在产品设计上，重视帮助用户树立投资理念、厘清投资逻辑、准确研读市场等方面的内容。

2. 财经新媒体助推中国金融生态圈逐渐形成

当前，在中美贸易战和逆全球化浪潮的外部宏观背景下，中国的金融体系在进一步加快自身规范化、开放化、自主化的同时，还承担着对外重塑传统金融服务、提高国际金融话语权以及对内升级资源调配能力、满足市场投资需求的双重职能，因而迫切需要在技术创新、产业升级等方面进行持续深耕。而经过近几年的快速发展，财经领域新媒体已经成为中国金融生态圈持续输出优质内容和扩大投资规模的新增长动能。根据艾瑞咨询研究院《2018 年中国财经新媒体行业洞察报告》分析，目前财经新媒体已形成以资讯类、专业服务类、门户类为代表的三种主要类别。财经新媒体在服务于国家战略的同时，进一步凭借自身专业能力在投资决策、社群聚集、资源整合等维度推动良性金融生态圈的建构。

以华尔街见闻为代表的资讯类财经新媒体立足于提供实时金融资讯和财经数据，以快速、专业的视角帮助金融机构和产品用户

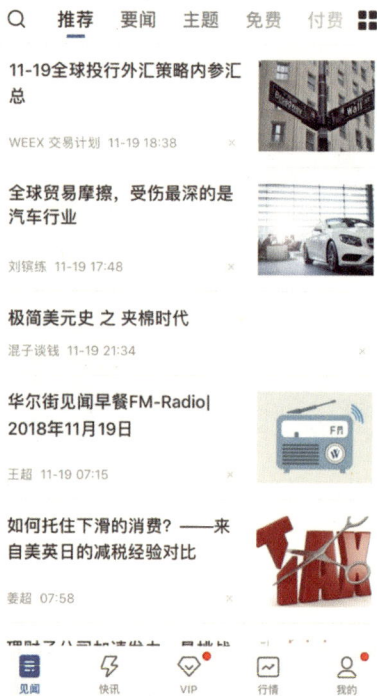

图 5　华尔街见闻 App 界面

---

① 广东省舆情大数据工程技术中心、广州市舆情大数据重点研究基地、暨南大学传播与国家治理研究院、暨南大学新闻与传播学院传播大数据创新实验室：《2018 知识付费研究报告》，微信公众平台，https：//mp.weixin.qq.com/s/P3WYqNJgMBm4GHpKxOZc4Q，2018 年 6 月 22 日。

更好地理解市场动向，从而做出优质的投资决策。凭借见闻、快讯、行情、VIP（贵宾）等几大频道（见图5），华尔街见闻依托优质内容在提供实时资讯服务方面作出了更远探索，在不断拓宽平台关注范围的同时，积极展开与专业 KOL（Key Opinion Leader，即关键意见领袖）的合作，以提供个性化的决策辅助聚集投资人群。

以雪球为代表的专业服务类财经新媒体，在提供查询、数据、交易等同质化服务之外，将社区交流作为产品核心，力求在用户体验上做到高质化与差异化。作为国内最大的专业投资人社区，雪球将社群话语权下放，由读者自行决定生产内容，仅将自身定义为社群秩序的维护者。除此之外，平台本身提供与证券、基金等领域专业公司的合作端口，能够让用户得到更丰富的差异化服务（见图6）。可以说，这种"专业 + 社群"的创新促进了其对自身用户价值的开发力和对多元市场的洞察力。

以新浪财经为代表的门户类财经新媒体，则强调利用大数据、AI 等新兴技术赋能资讯领域的个性化推送和智能分析（见图7）。除此之外，新浪财经还与国外金融机构展开广泛合作，提升自身的专业权威性。其不仅在国际金融信息分发端做到了对自身渠道优势的再利用，还借助庞大的用户存量达成对用户数据的深度发掘。门户类财经新媒体的探索不仅有助于财经新媒体提高自身产品质量，完善金融领域的用户流量重新分配，更有利于探索中国金融信息服务领域的业务流程再造及金融生态圈产业升级的优化路径。

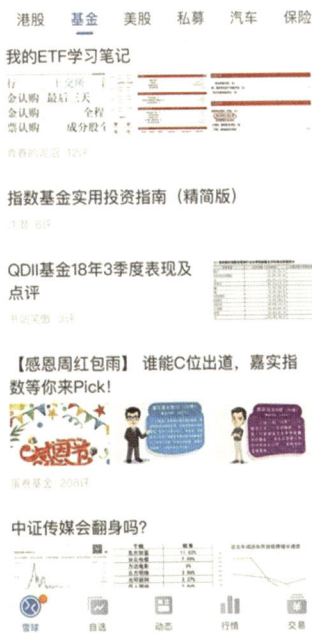

图 6　雪球 App 界面　　　　图 7　新浪财经 App 界面

3. 跨界融合轻电商化：以需求场景直击流量痛点

在中国社会面临经济结构转型的整体环境下，移动互联网进一步以碎片化、场景化、私人化的方式触及用户生活的深层，财经新媒体面临的经济环境也随之变得更加复杂。财经新媒体要想提升赢利能力，除了在内容生产维度做出更多创新外，将新媒体与电商进行跨界融合也是其保障自身生存发展的一大举措。但与传统电商不同的是，财经新媒体做电商更倾向于依托自身用户社群而非网站外部访客，更加依赖场景化的推文和营销手段营造某种用户体验，引导用户产生与之相适应的消费欲。相对于传统电商，财经新媒体更需要注重社群关系的维护、读者权益的保障，因而在营销策略上更轻量化，注重将产品以内容创作而非商业运作的形式展现给用户。如 21 财经的"21 优品"栏目（见图 8），在产品选择上针对自身定位人群——具有消费能力和意愿的城市白领人群，更多关注有助于提高生活质量以及符合中产阶级消费想象的产品。在推广路径上，"21 优品"则将产品分发与自身的强势栏目"夜读"相结合，将文章内容场景与用户想象融合，以用户体验代入用户注意力，同时还十分注重电商栏目的推广时机。因而，"21优品"的用户复购率一度达到了 30% 的较高水平。

图 8　"21 优品"栏目界面

4. 研究智库化：放大内容价值，提升品牌影响力

媒体智库化也是近年来财经新媒体转型的重点探索方向之一。一方面，财经领域事关国计民生，本身又具有较高的专业门槛和信息不对等性，普通民众甚至是一些政府机构都需要专业的机构和人才来辅助解读信息乃至制定决策；另一方面，财经新媒体能够借此延展自身专业能力的运用，整合多方资源，从而摆脱单一的新闻生产者身份，探索新形势下财经媒体运营模式的转型方式。可以说，智库化在需求端和供给端都为财经新媒体提供了新的转型路径。综合现阶段我国财经新媒体智库化发展的实践，主要有以 21 世纪经济研究院为代表的高端交流平台、以蓝鲸财经为代表的专业生产社群和以财经智库为代表的政府政策顾问三种形式。

以 21 世纪经济研究院为例，其聚合了政府、高校以及民间组织的多方知名学者，同时与百度展开合作，就宏观经济、区域发展、民生问题等领域定期发布系统性的数据研究报告。尤其是 21 世纪经济研究院的内容发布依然是通过专业媒体平台来展示（见图 9），输出方不再局限于传统智库对口服务的政府，而是企业、组织乃至任何关心该议题的个人，这不仅有利于形成较为客观、理性的舆论环境，还能够就阶段性问题整合社会多方面意见并进行充分探讨，在帮助政府更好制定政策的同时，发挥财经新媒体本身所承载的社会动员和公共服务职能。

再如蓝鲸财经所打造的财经记者社群，凭借财经领域新闻的独特需求，吸引了一万七千多位财经记者入驻，由社群中的专业人员留下新闻线索和采访资源等信息，成员间的社群互动即是其数据库的诞生与形成。记者社群的发展不仅见证了记者本人的成长过程，更搭建了一个类中央厨房式的闭环社区，在沉淀信息价值的同时有效保障了数据的真实性、客观性。可以说，蓝鲸财经在建设记者社群的过程中，不仅提升了自身的核心竞争力，其社群所发布、生产的内容更有助于提高蓝鲸财经用户的市场研判能力和投资决策科学性。蓝鲸财经 App—蓝鲸传媒频道界面如图 10 所示。

图9　21·京东 BD 研究院网站首页

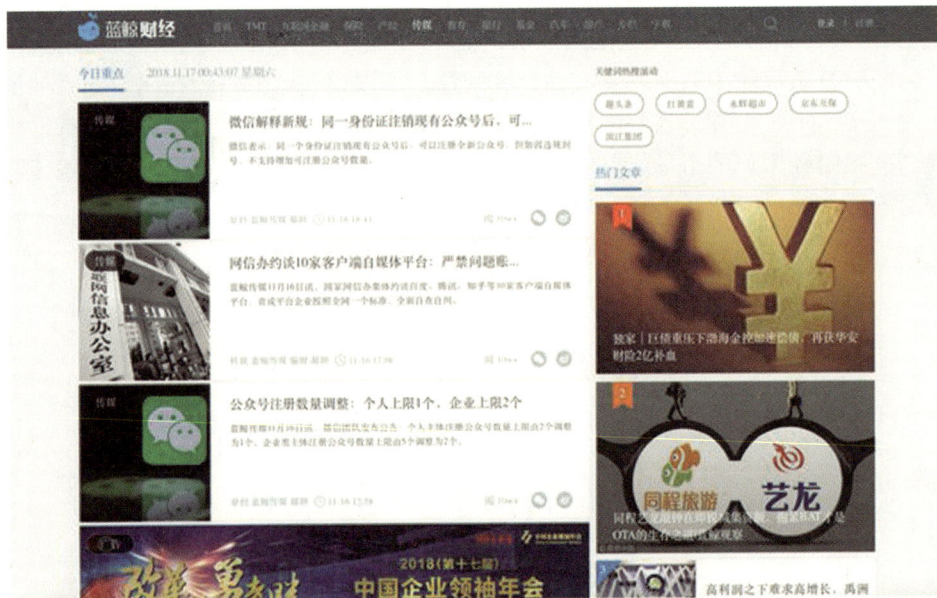

图10　蓝鲸财经 App—蓝鲸传媒频道界面

5. 交易端建设：以连接"窗口"打造全新价值链

对财经新媒体而言，为用户提供第一手资讯是其天职。换言之，用户在选择使用某个具体的财经新媒体时具有先天的工具理性。因而，想要吸引海量用户，除了要持续输出优质内容外，将自身业务范围拓展至交易端、提高用户工具使用的便捷性也是财经新媒体维持自身持续发展的重要手段之一。除了早早将自身定位转移至零售经纪和财富管理的东方财富外，以雪球、摩尔金融为代表的财经新媒体也越来越多地将发展交易端口作为营收创新的重点方向之一。

以雪球为例，除社交和资讯外，雪球还广泛开展股票、基金、证券等领域的投资服务，主要包含股票交易、公募基金、私募基金三大业务，为用户提供了与投资机构相连接的窗口（见图11）。通过雪球的交易入口，用户得以完成咨询、下单、分享、持仓计算等投资流程，同时还能寻求一站式解决方案。通过交易端的建设，雪球极大地提升了用户的使用体验，增强了用户黏性。而对于那些已经在雪球交易入口付费的用户来说，则会极大地提升他们自发维护雪球内容

图11　雪球 App—交易版块界面

质量的积极性，从而实现"平台—投资机构—社群"三者间的良性互动。在商业模式上，雪球不再将传统的广告投放作为支撑其未来发展的主营业务，而是更多地在与投资机构合作等方面出力，打造从咨询到交流再到交易的全新价值链。同时，在加大交易业务发展力度的同时，雪球还在不断提升自身的数据使用能力，谋求为用户打造个性化的"投资名片"。

6. 数据新闻可视化进一步探索：有趣即是"爆款"

财经新闻天生依赖数据且缺乏现场感是导致普通用户刻板印象中财经新闻枯燥、深奥且难以理解的重要原因之一，而在 2018 年，越来越多的财经新媒体开始在专业报道中挖掘数据新闻的阅读价值，同时在数据可视化方面作出更多探索。财经新媒体利用可视化技术来报道新闻，能够帮助用户理解更多的投资思路，厘清复杂的市场逻辑。同时，可视化新闻生动有趣的报道手法还能吸引更多

的潜在用户。如21财经App的"数读"栏目设有专门的可视化技术团队和数据实验室，数据新闻报道的选题紧跟热点，根据当前流行的网络文化和用户喜好特征，切合行业趋势，通过图片、GIF图、动画等形式广泛报道时政、经济、民生等领域的内容（见图12）。

21财经App"数读"栏目的代表作《八大首席经济学家·预见2018思维导图》，通过词频统计、脉络梳理等方式，将八位著名经济学者对股市、房产、宏观调控等领域的观点形象地映射到可视化图像中，极大地提高了这则新闻的传播力度（见图13）。

虽然现阶段财经数据新闻的采写仍然存在成本高、周期长的问题，大部分财经领域新媒体在涉及社会敏感问题的内容生产上也更多地采取了"守"势，但将数据可视化技术应用于财经类突发事件、民生问题、深度报道等领域的新闻采写已经成为财经新媒体打造"爆款"产品的重要手段。

图12　21财经App—"数读"栏目界面

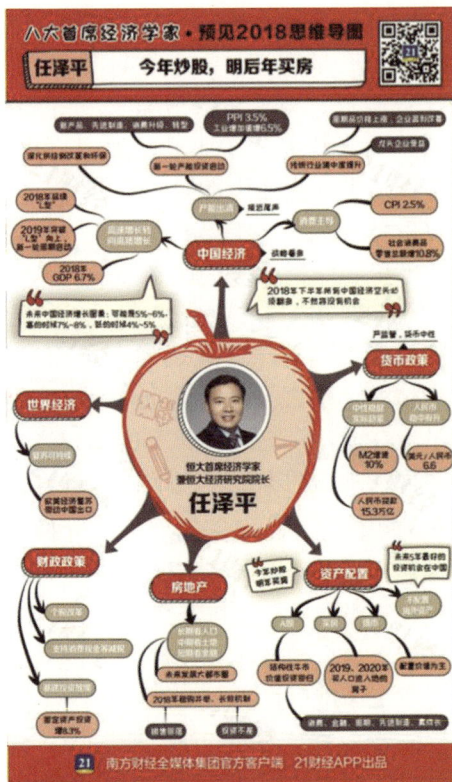

图13　《八大首席经济学家·预见2018思维导图》（任泽平部分）

三、中国财经新媒体行业分析

（一）中国财经新媒体用户画像分析

2018 年，中国正处于经济结构转型升级的阶段，而"十三五"规划、沪港通等对宏观经济市场产生重要影响的重大事件，都加大了人们对财经资讯的关注。同时，伴随着人均可支配收入的提升，人们的消费结构也从生存型向发展型转变，但针对客户端的财富管理配套建设尚处于早期发展阶段。所以，人们对财经资讯平台的依赖性进一步提升。

1. 用户年龄多分布在 25~44 岁，男性居多，对商业财经资讯类内容需求较大

以《21 世纪经济报道》新媒体平台用户群为例，在财经新媒体用户中，男性用户占比高达 64.02%（见图 14），与 2017 年（67.20%）相比没有发生很大的变化；在用户年龄段上，25~44 岁的用户是财经新媒体的主力（见图 15），尤其是 25~34 岁的用户群体正处于事业上升阶段，他们将成为新一代的中产阶级，在资产不断增长的同时对财经金融内容的关注度也将持续增加，所以，这个群体将具备较强的内容理解和内容消费能力。得益于此，财经新媒体市场在未来还会有巨大的发展潜力。

性别比例

男 64.02%　　　　　　　　　　　35.98% 女

图14　财经新媒体用户性别分布

资料来源：《21 世纪经济报道》新媒体平台。

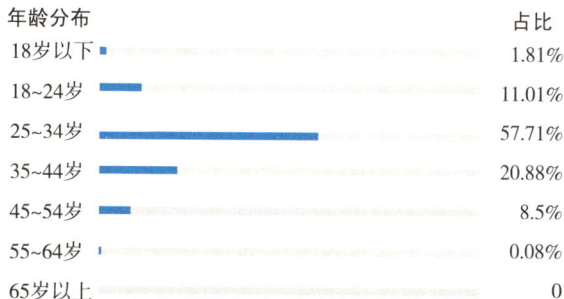

年龄分布　　　　　　　　　　　　　　　　　占比

18岁以下　　　　　　　　　　　　　　　　　1.81%

18~24岁　　　　　　　　　　　　　　　　　11.01%

25~34岁　　　　　　　　　　　　　　　　　57.71%

35~44岁　　　　　　　　　　　　　　　　　20.88%

45~54岁　　　　　　　　　　　　　　　　　8.5%

55~64岁　　　　　　　　　　　　　　　　　0.08%

65岁以上　　　　　　　　　　　　　　　　　0

图15　财经新媒体用户年龄分布

资料来源：《21 世纪经济报道》新媒体平台。

以《21世纪经济报道》新媒体平台用户数据为例，用户使用财经新媒体时，最感兴趣的是资讯类内容，占比为11.65%；而在资讯大类中，最大的子类偏好来自商业财经资讯，占比38.51%（见图16）。由此可见，越来越多的用户更加重视简洁明了、时效性强、实用性高的财经信息。艾瑞数据显示，2017年7月到2018年6月，"互联网＋黄金"理财用户规模整体呈现稳中有升的趋势，年均复合增长率为19.9%，可以预见的是，这一数值在未来将不断上涨。投资理财必须要了解变化发展的金融财经市场，人们对于能够帮助自身进行投资理财、培养投资理念的产品依赖度会更强，财经新媒体具备较好的产业前景。

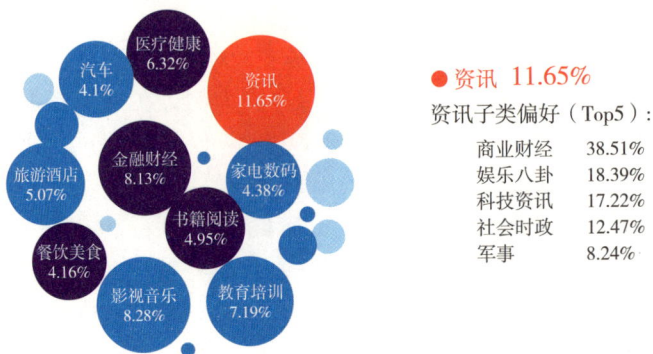

图16　财经新媒体用户兴趣分布

资料来源：《21世纪经济报道》新媒体平台。

2. 中上收入、高学历及一、二线城市用户成为主要目标群体

以新浪财经频道用户为例，财经频道83%的用户拥有大学本科及以上学历（见图17），且多集中在广东、北京、江苏等地，一、二线城市的用户合计占比超50%（见图18）。再看雪球用户分布，76%以上的用户群体拥有本科及以上的学历，并且大部分属于拥有中上收入水平的中上管理层人员。无独有偶，摩尔金融和财联社的付费项目，也早早将一、二线城市的中青年用户作为最核心的受众群体来把握。

根据中国社科院发布的《中国新媒体发展报告（2018）》，在内容付费和知识服务付费方面，2017年中国知识付费产业的规模大约是49亿元，2020年将达到235亿元。在内容付费方面，2017年用户规模就已经达到了1.88亿人，实现102.2%的增长。知识付费的收入显著增长，显示了我国知识付费市场高速增长的态势，知识付费的风口仍在持续。

目前知识付费用户的基本特征是月收入在5 000~8 000元的人群，他们属于中等收入人群，这与他们拥有更强的自我学习和增值意识有紧密关系。

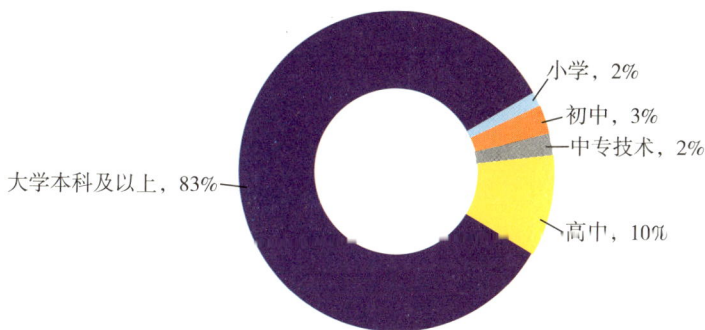

图17 新浪财经频道用户学历分布

资料来源：微博数据中心、新浪网市场部。

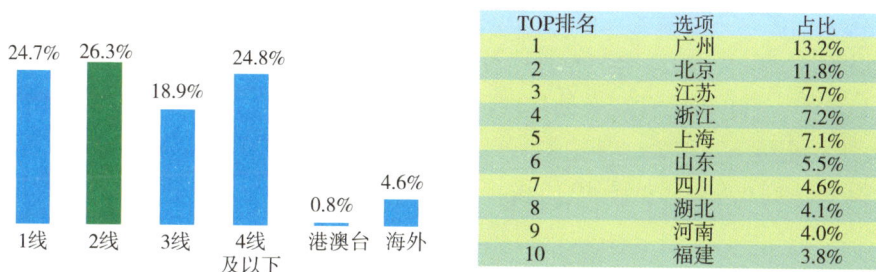

TOP排名	选项	占比
1	广州	13.2%
2	北京	11.8%
3	江苏	7.7%
4	浙江	7.2%
5	上海	7.1%
6	山东	5.5%
7	四川	4.6%
8	湖北	4.1%
9	河南	4.0%
10	福建	3.8%

图18 新浪财经频道用户地域分布

资料来源：微博数据中心、新浪网市场部。

　　总的来说，财经新媒体的目标用户，正是具有相对乐观的财富增量，也具备继续投资和学习能力的人群。这一人群属于职场新人或者企业的中层，处于自我成长的高速发展期，他们需要知识或技能，也愿意付出时间来吸取新的学识。

　　3. 用户深度参与内容生产，亟须培养社区价值共识

　　由于大量参与者涌入互联网财经资讯赛道，财经新媒体也更加重视设立用户参与机制，并努力建立平台与用户之间的价值共识。

　　财经类自媒体头部机构化比例相较于往年更高，财经新媒体平台合作模式主要包括：①平台约稿，主要面向在某一领域已具有一定影响力的 KOL 个体，通过 KOL 的个人魅力和独特的内容产出模式吸纳用户，如摩尔金融目前所尝试的付费路径。②提供一个开放式的平台，无门槛接纳用户进行信息互动，并在讨论过程中完成信息的过滤，打破"人说我听"的单向填鸭式信息输出，鼓励用户和用户的平等交流，如雪球目前的产品发展路径。③账号入驻其他内容平台，即自媒体内容通过直播、短视频、音频等形式，创造不同的信息获取场景。在积累了相当的热度和资本后，部分自媒体建立了自有内容生态，进一步探索商业化路径及平台化发展。

4. 用户社群化方式多样化，用户成长培育需求增大

财经新媒体一直都在尝试进行用户社群建设，而目前，用户社群化的方式有了更多更新的思路。摩尔金融提出，以 KOL 的个人风格和价值体系，形成相对稳定的用户跟随；而雪球则仅仅充当"秩序维护者"的角色，任由用户进行自由谈论、自我反思和互相印证，形成独特的秩序维护功能；同时，不少媒体，如得到、分答也提出了定向悬赏、问答等机制，对增强用户黏性作出了新尝试。

受到高净值人群、高付费意愿以及高内容获取效率的驱动，精选资讯、商业分析类内容、交易服务的业务收入开始扩张。用户注意力更多地聚焦到深度内容上来，也更多地关注自身的成长培育。换言之，随着财经新媒体对一、二线城市中青年用户的深耕，必然会看到用户对高效率、培养式成长路径的强大需求。

5. 移动端用户黏性加强，PC 端用户活跃度略有下降

艾瑞网民行为监测系统 iUser Tracker 及移动网民行为监测系统 mUser Tracker 的监测数据显示，2017 年 11 月，移动端财经资讯服务的月独立设备数达到 1 494.2 万台，单机单日有效使用时间达到 20.5 分钟，与 2017 年初相比整体涨幅分别达到 25.8% 和 28.9%；财经网站月度覆盖人数约为 2.1 亿，与 2017 年初相比降幅达到 6.8%（见图 19）。

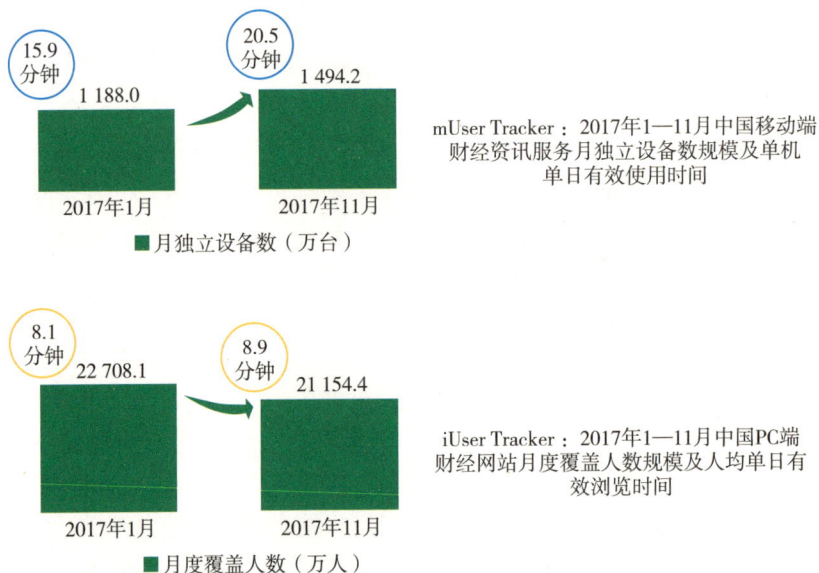

图 19　2017 年 1—11 月中国移动端财经资讯服务及 PC 端财经网站数据

财经资讯服务的移动化提升了用户获取信息的便捷性和潜在的投资效率，也吸引了财经用户的注意力从 PC 端向移动端转移。经过多年积累，财经网站的流量已稳定在高位，但随着上网习惯的变化，整体用户活跃度开始下降。目前移动端用户量、单日使用时长还不及财经网站，但其增长态势强劲，用户黏性持续提升。值得一提的是，面对互相联动且快速变化的市场行情，在使用习惯和操作功能等因素的综合作用下，仍有大量重度用户甚至职业投资玩家沉迷于 PC 端。[①]

（二）财经新媒体典型运营架构分析

随着人工智能和算法分发等技术的兴起，财经媒体行业也不可避免地经历了产品迭代的探索历程。在技术与产品结合到一定阶段之后，内容价值又重新被重视，因此在对技术进行革新的同时，各个财经新媒体产品也在探索自身的内容生产模式，这些模式决定了它们独有的运营框架和理念。本部分通过对不同财经新媒体产品的内容产出、运营链条等模式的总结分析，概括了目前财经新媒体产品的三种典型运营模式的特点。

1. 21 财经——传统媒体基因主导，用户体验驱动变革

《21 世纪经济报道》是南方报业传媒集团下属报系的商业报纸，是当前财经行业的主流财经媒体之一，其传统的采编刊发流程极为成熟，拥有系统的传统财经记者和编辑团队。在 21 财经新媒体产品的运营模式中，这份传统媒体基因使得它的金融资讯产出有较高的专业度保证，能够给用户提供源源不断的原创高质财经内容，同时报纸品牌和口碑形象的延伸也是 21 财经新媒体产品的推广重点之一（见图 20）。相对一般的互联网信息聚合平台，21 财经从选题到采写、审编的传统把关流程显得较为复杂，这使其内容无法做到批量多次产出，而技术上的创新如算法推荐等对推动 21 财经的产品迭代作用有限。21 财经的产品更多通过用户体验和用户反馈来优化使用体验，同时对媒体受众进行垂直体系管理，完成从受众到用户再到会员的体系升级。

与《21 世纪经济报道》类似，同样转型自传统媒体的财经新媒体还包括《第一财经周刊》。《第一财经周刊》隶属于上海东方传媒集团有限公司，是一个由传统纸媒逐渐转型为全方位产品的内容品牌，其新媒体产品的内容生产模式也具有传统媒体基因下的独特优势，质量把关流程十分完善，目前正在适应互联网财经产品的新格局（见图 21）。

---

① 艾瑞咨询研究院：《2018 年中国财经新媒体行业洞察报告》。

图20　21财经 App 界面

图21　《第一财经周刊》部分版面

2. 摩尔金融——复合金融资讯平台，"大V"引领付费服务

摩尔金融是界面（上海）网络科技公司旗下的互联网创新金融资讯及服务平台，由上海报业控股。它是一个为投资者提供热门金融市场动态消息的平台，互联网产品属性突出，更注重复合资讯平台的搭建和 UGC 内容的产出（见图22）。摩尔金融平台中的内容生产由"大V"牵头，这里汇聚了 3 000 余名顶尖专业撰稿人，给用户提供热点信息分析和股市直播服务。普通用户或资深投资者在经过平台资历审核之后也能拥有撰稿人资格，摩尔金融为其理财能力提供了输出平台和变现渠道。用户可以通过平台的付费订阅制度和热门排行榜等平台内容进行筛选，在专业金融信息分析之外，用户也能享受个性化订阅服务，帮助提高自身的理财能力和分析能力等。

图 22　摩尔金融官网页面

3. 雪球——着眼专业社群运营，鼓励良性高质互动

雪球是一个为投资者提供实时股市行情、金融信息资讯和交易服务的投资交流社区，其定位为投资交流交易平台，并逐渐形成"社交＋交易"的属性（见图23）。与传统金融服务媒体最不同的是，雪球并不把自身定位为一个内容生产者，而是正如其创始人、董事长方三文所说，"最有价值的内容来自于用户"。雪球上的内容产出完全以用户为主导，通过用户之间的良性互动使高质量的投资信息凸显出来，而社区的运营架构则以维持社群秩序为核心，保证社区里用户投资交流的正常进行，增加用户的社区认同感。在社区运营的基础上，雪球已经打通了从提供资讯到交易平台的商业闭环，在社区的前提下去做交易，大大提高了雪球社区的用户黏性和互动活性。

图23　雪球官网页面

（三）中国财经新媒体收益模式分析

根据艾瑞咨询《2018年中国财经新媒体行业洞察报告》，2017年我国移动新闻信息市场规模达233亿元，增速约为44%。2018年以来，财经新媒体的市场空间在国际金融环境错综复杂、国内产业结构深化转型的宏观背景下进一步扩大，国内各类财经媒体对自身的发展定位也进一步明晰。可以说，现阶段国内各大财经新媒体已基本完成了对财经新闻市场的划分，其赢利模式正向着更加产业化、市场化、多元化的方向发展。除传统的广告营收依然是财经新媒体收入结构中的重要支柱外，内容付费已成长为其新增长动能。同时，在线交易服务、产品矩阵互哺也成为中国财经新媒体探索营收多元发展的新方向。

1. 把握"知识真空"，让付费学习流行起来

广东省舆情大数据工程技术中心发布的《知识付费研究报告》指出，用户的主动学习需求，是在线知识付费产业的主要业务逻辑。技术的迅速发展为人们节省了购物、吃饭等基本生活时间，更多的注意力被释放，人们也更倾向于将其投入到精神文化消费中去。"知识真空"下的群体性知识焦虑进一步激发了人们主动学习的意愿，这时，知识付费就迎来了它的发展契机。

与传统教育不同，在付费机制下的用户行为都是强主动性的，他们出于对特定领域的知识需求，选择投入时间和金钱进行体系化的学习。值得一提的是，这些在线知识服务产品的成本一般较低，平台与作者承担的风险较小，对用户阅读习惯数据的抓取较为容易，且依托网络存储系统的产品拥有较为乐观的长尾效应，这更加鼓励了平台拓展内容范畴并进行精细化运营，提升产品的专业化、精

品化水平，从而加速了知识付费产业的发展。个性化的用户体验令原始用户愿意为其背书，广需求、低门槛、强互动的产品内容使社交媒体的说服功能进一步强化，用户的获得感也在逐步增加。知识付费，归根结底其核心是提供于某个时长下、以某种形态呈现、满足用户正向自我期许的内容。没有人会拒绝自己在不断变好，就像没有人会拒绝用一顿饭的钱把"别人的"知识装进自己的口袋里。

2. 结合广告需求场景，着重打造财经"俱乐部"

2018 年中国财经新媒体的广告收入在营收整体上仍占主要地位，国内各大主流财经新媒体在广告数量保持稳定的大环境下，也在广告发布的内容、渠道、形式等方面作出了更多创新。财经新媒体的用户以具备高学历、高知识水平的高层级用户为主。针对这部分人群的特点，国内各大财经新媒体在向用户发布广告内容时，也更多倾向于选择高端产品，例如汽车、楼市、金融服务等领域的产品，不断寻求以广告层级推动用户层级的发展。同时，广告内容也更多地转型为以用户体验为导向，不断提升广告产品与用户心理之间的适配性。华尔街见闻App 的广告发布情况见图 24。

图24　华尔街见闻 App 开屏广告及信息流广告界面

而在广告的投放端，国内各大财经新媒体大多采取场景化、智能化的情感路径，利用财经新媒体长期积淀的用户数据及移动智能设备定位用户的实际需求场景，实现对用户心理需求的软性植入。在进行产品推广的同时，给用户心理营造一种高端"俱乐部"的体验，将广告业务与自身产品服务紧密结合起来；在稳定广告营收的同时，推动建立成熟的用户成长体系，不断推动自身用户圈层向更高端、更成熟的方向发展。

3. 善用平台优势、拓展交易服务范围

财经新媒体作为聚集多方信息的媒介平台，其本身就具有浓厚的商业性质。除了为用户搭建优质的内容平台外，与各大投资机构展开业务互联，积极拓宽自身交易服务的业务范围也是近年来中国财经新媒体探索多元赢利的新尝试。发展交易端口不仅有利于提升财经新媒体的社会资本，更有利于形成集内容、管道、服务为一体的良性闭环。例如南方财经全媒体集团提出将在"媒体、数据、交易"三大业务版块进行跨界融合，凭借自身的优质渠道以及证券咨询牌照等稀缺资源登陆资本市场，将自身打造成优质的交易服务平台。目前（2018 年 12 月）南方财经全媒体集团已获得了广东南方媒体融合发展投资基金及广东省新媒体产业基金的大力支持。

4. 打造新媒体矩阵、开展强强联合

财经新媒体十分重视选题的稀缺性、内容的多样性以及渠道的社交性。而经过近些年的发展，不同的财经新媒体在各自领域已经积累了自身的核心竞争力，形成了各具特色的发展态势。面对 2018 年财经新媒体市场环境的急剧变化，用强强联合的方式形成新媒体矩阵内部的优势互补、资源"互哺"，也是一些财经新媒体探索赢利新模式的重要举措之一。例如 2017 年界面与摩尔金融、财联社以及蓝鲸传媒进行整合并购，打造界面·财联社集团，其营收模式汇聚了广告、

内容付费、交易服务等多种类型（见图25）。在具体变现方式上，界面·财联社集团旗下的各个媒体也各有不同：界面新闻内容不付费而采取依靠广告营收的模式；摩尔金融垂直资本市场，为特定用户定制付费内容；财联社同样采取付费模式，走"快速、精准、专业"的定制路线；蓝鲸财经则拥有财经记者社群，主要通过线下服务和信息服务获取收益。可以

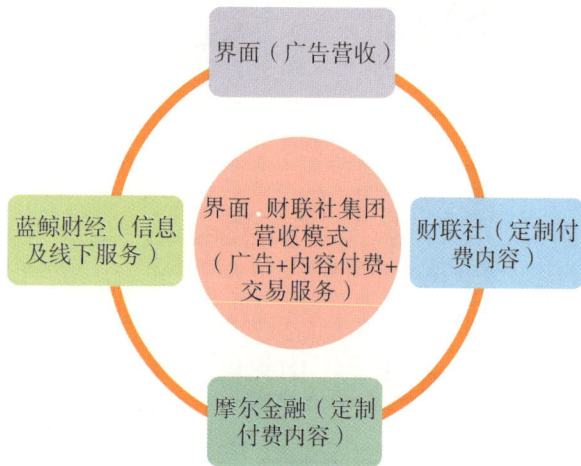

图 25　界面·财联社集团营收模式分析

说，通过将矩阵产品的管道和收益进行深度绑定，界面不仅拓宽了资本来源，更提高了自身品牌的权威性和附加值。

（四）科技创新赋能财经新媒体发展

1. "数据＋媒体"，强化深度解读和分析预测能力

回顾整个媒体的发展历史，我们发现技术的创新发挥着不可替代的作用。大数据和人工智能快速发展，并成为未来财经媒体发展新方向。同时，对于财经媒体来说，预测分析是至关重要的，大数据时代的 AI 将在用户管理、组织管理、预测分析等方面大有作为。第一财经紧跟科技发展潮流，重视大数据领域的探索，逐步确立了"资讯＋""视频＋"和"数据＋"的发展方向，并将"数据＋媒体"视为转型趋势。2015 年 12 月 8 日，第一财经携手阿里巴巴成立第一财经商业数据中心（CBNData），这意味着双方在数据业务领域的合作正式拉开序幕。作为第一财经商业数据中心 CBNData 的组成部分，DT 财经"横空出世"，专注于数据财经新闻产品，并陆续推出 DT 财经微信公众号和 App，用于分析纷繁复杂的数据信息，实现可视化传播，打造更加理性、专业的财经新闻与商业分析报告。在移动互联时代，第一财经商业数据中心的定位为用数据解读商业世界，借助得天独厚的数据挖掘、分析、加工、传播的能力，加快内容生产，利用数据传递财经新知，为广大用户提供良好的财经新闻和资讯。

2. AI 引领数字化变革，更新传媒价值内涵

近年来，人工智能、大数据等科技席卷传媒领域，并在新闻选题、信息采集、内容生产、渠道传播等方面得到大量应用，新闻生产"智能化"成为大势所趋。比如，在内容生产端，写作机器人主要处理数据发掘、采集、分析工作，并承担一部分的写作任务。

表2　机器人在媒体领域的应用情况

机构	名称	年份	领域	技能
腾讯新闻	Dreamwriter	2015	财经、体育	写稿
新华社	快笔小新	2015	财经、体育	写稿
第一财经	DT 稿王	2016	财经	写稿
今日头条	Xiaomingbot	2016	体育	写稿
《钱江晚报》	小冰	2016	社会民生	冷知识问答、测关系
《南方都市报》	小南	2017	社会民生	"两会读报"
《光明日报》客户端	小明	2017	两会报道	可视化呈现

（续上表）

机构	名称	年份	领域	技能
《人民日报》	小融	2017	两会报道	热点舆情语音播报
新华社	i思	2017	两会报道	两会采访
《广州日报》	阿同、阿乐	2017	两会报道	写稿、陪聊
浙江广电	小聪	2017	两会报道	在节目上与主持人互动
湖北广电	云朵	2017	两会报道	人机互动交流
河南广电	飞象V仔	2017	新闻宣传	VR机器人
《深圳特区报》	读特	2017	两会报道、天气	激光导航、人际互动、自动避障
封面传媒	小封	2017	时事、娱乐、科技	封面号写作

由表2可见，机器人写作已经普遍运用在媒体报道中，并最先进入财经、体育报道领域，在"两会"报道中达到应用高潮，涉及国事、娱乐、科技等多个领域的写作。同时，智能机器人在可视化呈现、舆情监测、陪聊、互动主持等方面取得一定发展成果。自2015年开始，陆续出现"Dreamwriter""快笔小新"等机器人参与写稿工作的现象。进入2016年，新一代的智能写稿机器"DT稿王"投入使用。2017年5月4日，封面传媒推出自主开发的"小封"机器人1.0版。"小封"不仅可以进行新闻写作，而且能够通过短文本和语音与用户进行交互。目前，"小封"已被应用于封面新闻App、H5、线下大屏可视化活动中。

机器人写作广泛应用于财经新闻报道，把记者从简单、枯燥的新闻数据中解放出来，让他们专心采写更深度的新闻报道。但是，就目前的人工智能水平来看，机器人主要是利用高速的信息抓取、整理、分析能力，生产相对标准化的消息、快讯等题材新闻产品。也正因为如此，机器人写作主要应用于体育、财经类报道中，参与新闻时效性、精准性较强的内容生产。在深度、独特、有弹性和想象力的内容方面，需要人机协同完成。

3. 智能语音成为发展"风口"，产品的情感温度不断提升

在人工智能的推动下，短视频、直播、音频强势崛起，用户触媒的方式更加趋向轻量级和场景化，智能语音成为未来发展"风口"。《中国新媒体发展报告（2018）》指出，音频类知识付费产品最受青睐（见图26）。据《2018新媒体蓝皮书》数据，付费用户中有40%的用户有过音频类产品的付费行为。

"声音塑造了我们生活的仪式感，好的声音能够实现场景痛点无缝连接，成为超级IP（知识产权）。声音或音乐，能够在瞬间带来强大的情感关联。"语音

一方面增强了交流的便利性，另一方面能够营造场景，增加感情温度。① 而且，在现实生活中，很多场景都不适用"触屏时代的声音获取方式"。在这样的背景下，喜马拉雅顺势而为，设计出小雅智能音箱，拉近用户与社会的距离，让个体的生命更有意义。在 2018 世界人工智能大会（WAIC）上，喜马拉雅打造了以"智能有声图书馆"为主题的 AI 科技展厅，把小雅智能技术与喜马拉雅 FM 1 亿多种（包括人文历史、商务财经、热门有声书等）内容有机结合，打造"智能有声图书馆"概念。通过打造特色语音内容，并逐步向定制语音发展，实现个性化语音内容生产，满足用户需求。② 2018 年上半年喜马拉雅有声书大数据情况见图 27。

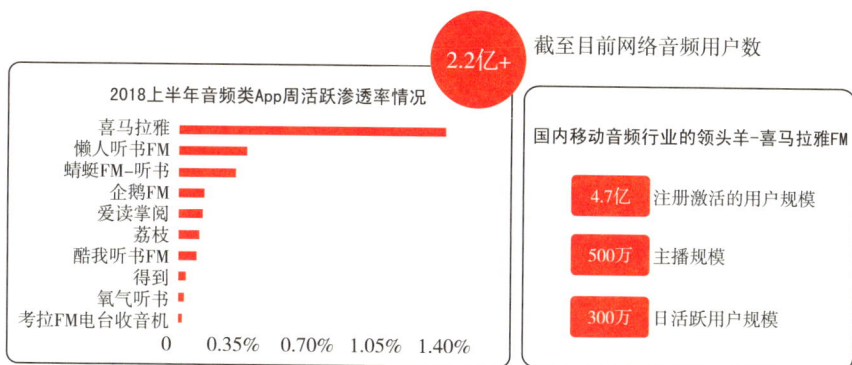

崭露头角："陪伴式"音/视频平台渐成大势

"陪伴"与"分享"迎合受众消费需求,音视频平台加速崛起,全面迈进"随走随看随播"时代

2.2亿+

截至目前网络音频用户数

2018上半年音频类App周活跃渗透率情况

喜马拉雅
懒人听书FM
蜻蜓FM-听书
企鹅FM
爱读掌阅
荔枝
酷我听书FM
得到
氧气听书
考拉FM电台收音机

0　0.35%　0.70%　1.05%　1.40%

国内移动音频行业的领头羊-喜马拉雅FM

4.7亿　注册激活的用户规模

500万　主播规模

300万　日活跃用户规模

图 26　2018 上半年音频类 App 周活跃渗透率与用户情况

资料来源：猎豹大数据。

注：周活跃渗透率＝App 的周活跃用户数/中国市场总周活跃用户数。

---

① ［美］乔尔·贝克曼、［美］泰勒·格雷著，郭雪译：《音爆：声音的场景影响力》，北京：北京联合出版公司，2016 年，第 11 – 12 页。

② 《国务院副总理刘鹤出席 2018 世界人工智能大会，与小雅 AI 音箱亲切互动》，喜马拉雅 FM 网易号，http://dy.163.com/v2/article/detail/DRUJPV1K053800Y0.html，2018 年 9 月 18 日。

喜马拉雅：上半年有声书领域战绩

有声书基于图书优势，类型多样化并呈现出"长尾化"特征，涵盖文学社科、少儿教育等更加细化和个性化的内容类型

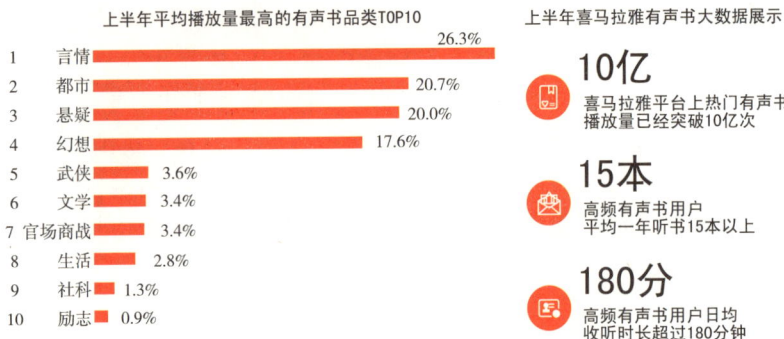

上半年平均播放量最高的有声书品类TOP10

排名	品类	播放量占比
1	言情	26.3%
2	都市	20.7%
3	悬疑	20.0%
4	幻想	17.6%
5	武侠	3.6%
6	文学	3.4%
7	官场商战	3.4%
8	生活	2.8%
9	社科	1.3%
10	励志	0.9%

上半年喜马拉雅有声书大数据展示

10亿
喜马拉雅平台上热门有声书播放量已经突破10亿次

15本
高频有声书用户平均一年听书15本以上

180分
高频有声书用户日均收听时长超过180分钟

图27　2018年上半年喜马拉雅有声书大数据

资料来源：喜马拉雅有声书。

注：数据周期为2018年1月至2018年6月。

4. 深耕财经直播，回归内容价值本身

2016年是互联网直播爆发元年。直播作为一种崭新的信息呈现形态，已经逐渐渗入人们的日常生活和工作中。它不仅颠覆了传统的媒体传播形式，而且以"秋风扫落叶"之势席卷各行各业，推动互联网资讯进入了一个全新的时代。其中，财经新媒体借助互联网直播大势，脱颖而出，陆续推出直播栏目，通过直播的形式与众多财经企业深度合作，逐渐探索"直播＋财经"的新模式。以9度财经直播为例，该平台广泛吸引财经界著名专家学者、理财达人、国内资深分析师入驻，通过开设网上课程，以教学直播的方式共享经验（见图28）。同时，注重与普通用户的实战互动，通过直播将用户流量引到手机、互联网平台，让更多的人去了解和学习投资理财。

图28　9度财经直播的直播大厅

随着直播行业从简单的秀场向细分的直播领域迈进，财经直播垂直化发展成为趋势。点掌财经作为一家财经视频新媒体直播平台，早已开始深耕财经直播，并转型财经领域的垂直服务。据了解，点掌财经已经进入 TV 3.0 时代，通过二个专业级演播中心，每天进行 16 小时财经直播、24 小时滚播，加上钱启敏、蔡钧毅、石天方、毛利哥等 300 多位知名专家和财经新网红的联袂在线，日访问用户超过 100 万人次（见图 29）。该媒体旨在通过直播的方式，打造股民与专家交流互动的最佳平台。[①] 面对未来，在追逐直播热潮的同时，财经直播行业应该思考如何让直播回归价值本质，传播正能量。只有提供真实、品质和健康的内容，才能实现财经行业与互联网直播的深度结合，以激发和满足大众用户人人理财、人人能成为财经"达人"的需求。

图 29　点掌财经的直播互动界面

5. 优化算法机制，实现全景式精准分发

时至今日，内容分发的权力布局已经发生深刻的变化，从专业人士、媒体记者到社交媒体、自媒体，再到人工智能引领的算法分化，构成内容分发的发展路径。但是，随着移动互联网用户日益成熟化和分化，用户自主性行为特征不断增强，这往往会导致移动资讯平台的内容分发与用户的实际需求产生错位。于是，精准化成为财经新媒体探索内容分发的重要标准。媒体平台借助大数据多维度校正，以及后期人工干预、查漏等措施，完整呈现用户画像，真正实现全景式精准分发，以满足用户个性化的信息需求。在这一方面，喜马拉雅实施供给侧改革，采用超市思维，逐渐形成自己的分发模式。同时，喜马拉雅从线上走到线下，开设知识体验店，探索有声图书馆、定向声波技术和万物有声三种形式，利用大数据技术完善用户的维度，为用户进行集中式、精准式画像，定制个性化电台，确保上亿条内容得到准确分发，从而将用户的碎片化时间充分利用起来。

6. 打造"媒体＋智库"平台，实现多方位融合

人工智能等科技的创新，推动着财经新媒体转型发展。目前，媒体智库化升

---

① 《打 CALL "点掌财经"：打造不烧钱的财经直播》，微信公众平台，https://mp.weixin.qq.com/s/T0MB9sxXCxz6dq-Ipc9dtA，2018 年 9 月 19 日。

级成为发展趋势。尤其在财经新媒体领域，构建"媒体＋智库"平台，成为寻求转型升级的新尝试，也是财经媒体重点打造自身投资顾问、信息提供者形象的重要路径。例如，南方财经全媒体集团从 2017 年以来，依托集团的媒体平台、高端智库、数据处理等优势，实施供给侧结构性改革，大力推动智库化发展，先后成立南方经济研究院、21·京东 BD 研究院，筹建中国自贸区信息港（见图 30）等，粤港澳大湾区研究院也得到快速发展，并成为南方财经全媒体集团服务国家战略的重要平台。

通过打造国际知名、国内一流的高端智库，一方面，能够整合资源，挖掘信息价值，开发深度研究成果，为金融机构、投资者提供个性化、智能化的资讯及工具服务，也为经济发展提供智力支持；另一方面，有助于构建高端论坛体系，有利于提升我国经济话语权和国际影响力。

图 30　中国自贸区信息港项目受到《人民日报》肯定

四、2018 年中国财经新媒体发展案例分析

（一）21 财经 App

21 财经 App 由 21 世纪经济报道 App 发展而来。自 2016 年更名后，21 财经 App 提出"用户体验检验一切"的发展战略，积极整合内部平面、广电等媒体资源，全力打造专业迅速、精准实用、体验更优的专业财经资讯类客户端。21 财经 App 以自身多年积淀的内容生产力为发展基础，凭借自身对资本市场的深度洞察，以用户实际需求聚合知名研究院院长、权威金融分析师、资深财经传媒人等多方专业人群，同时为用户提供多维度的财经领域深度报道，其内容包含金 V 头条、投资通、数字报、数读、大湾区等多个频道。21 财经 App 采用多元立体的传播体系，在产品制作、升级过程中也更多地考虑读者的阅读体验，始终坚持以新闻创造价值。截至 2018 年 10 月，21 财经 App 在财经类垂直新闻 App 中位列第一，下载量已超过 6 000 万次。21 新媒体矩阵如图 31 所示。

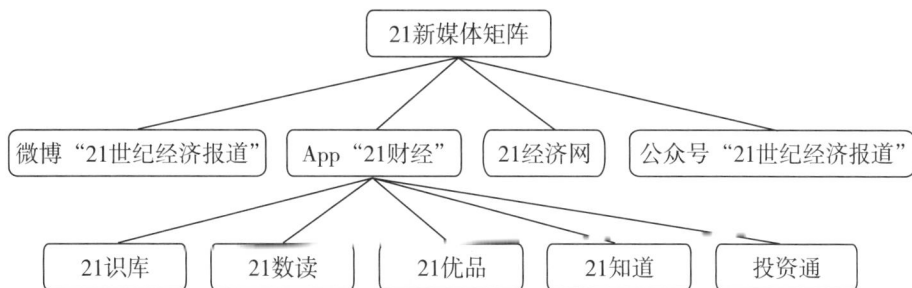

图31　21新媒体矩阵示意图

21 财经 App 脱胎于传统主流媒体，在未来发展布局上提出"两条腿走路"，即一方面坚持"国家利益高于一切"，坚持自身主流宣传阵地的建设，与政府机构展开合作，在"一带一路"、大湾区建设等方面积极服务于国家倡议及战略；另一方面推行自身"智库化"建设，就热点问题、市场动向等内容定期发布研究报告，举办高端交流峰会，积极发挥南方传媒集团的融媒体平台优势。2018年，21 财经 App 在坚持提供高质量专业资讯服务的同时，积极开发以知识付费为代表的新产品模式，进一步探索以内容价值聚用户和以产品创新促增长的新发展方式。

1. 运行机制与人才流动分析

21 财经 App 拥有数字化的新媒体中心，目前的新媒体团队约 50 人。21 财经 App 主要依托原有的报纸采编优势，进行线上线下采编一体化作业，此外还得到了南方财经全媒体集团 300 多人的专业财经采编力量的支持，能够进行全天候、全领域、全方位的内容生产，实时报道国内外财经领域新闻动态。

在人员机制建设方面，21 财经 App 最大的特点是拥有较为成熟的数据新闻生产团队和数据实验室，此外正在推进建设专业的数据隐私管理部门。在发挥传统新闻采编优势的同时，以技术为未来发展的主要驱动力，加强在可视化处理、视频制作、产品运营等领域引进跨行业、跨领域的复合型人才。此外，21 财经 App 还抽调专人支持粤港澳大湾区研究院的建设，更多以专业财经视角关注民生问题，不断加强与政府、企业、高校间的交流合作，推动自身专业媒体团队的建设。

2. 内容生产机制分析

在内容生产机制方面，21 财经 App 已完成从行业垂直到用户垂直的业务流程再造。在以速度至上的财经报道领域，21 财经 App 凭借其所拥有的专业记者队伍和媒体资源优势不断提高自身在重大热点事件中的前期参与度，采取"记者经验＋权威数据"的方式对市场动态、政策调整、发展趋势等方面进行积极研判。目前 21 财经 App 包含热点、新时代、数读等多个栏目，采取以传统采编线路为主、社交媒体拓展为辅的方式来整合多元线索，从新闻聚合、深度报道、付费阅读、可视化新闻等多个角度提升内容质量，同时在生产的全流程中加强内容把关，关注后期平台端的用户反馈和社群互动。以 21 财经 App 的明星产品"数读"栏目为例，其一篇稿件的创作要经历选题、热点、策划、编辑、创意、文案、可视化、交互等多个步骤的设计，平均 2 ~ 5 天才能生产一篇稿件，最长的生产周期甚至长达一个半月（见图 32）。

图 32　21 财经 App "数读"栏目数据新闻作品截图

除了从内部提升产品质量外，21 财经 App 还十分重视外部优质内容，每天就热点问题选取行业内的优质报道进行转载。在转载过程中，21 财经 App 的新媒体编辑会对原文标题进行二次包装，对转载内容进行深度加工，把创作重点放在对专业内容的深度解读方面。同时会尽可能地融合多种传播手段，使之更符合目标用户心理。

3. 收益模式分析

2018 年 21 财经 App 的收益主要来自广告投放、C 端变现、电商推广三大模式。在保持广告收入稳步增长的同时，21 财经 App 开始把以知识付费为代表的 C

端变现作为主要发力点，推进电商板块的产品销售，不断寻求收益的多元化、立体化。

作为 21 财经 App 创新收益模式的重点，知识付费能够在持续输出高质量内容的同时，帮助用户学习财经领域精英人士的思维方法、培养用户洞见市场动态的能力。21 财经 App 长久以来在财经新闻领域的采编实践使得其自身和一批知名专家学者建立了联系，且平台本身也具有一定的内容生产能力。不仅如此，21 财经 App 还设置了多元化的产品形态，融合音频、视频、H5 等多种形式打造体系化的精品课程（见图 33）。

而在引导用户消费购买方面，21 财经 App 采取"产品设计—内部反馈—效果评估—用户沟通"的业务流程来把握市场需求，建立了集浏览记录、使用情况、行为轨迹、评估分析为一体的漏斗形产品分析模型，从而在提升产品和消费者之间契合度的同时使付费内容的定价更加科学。

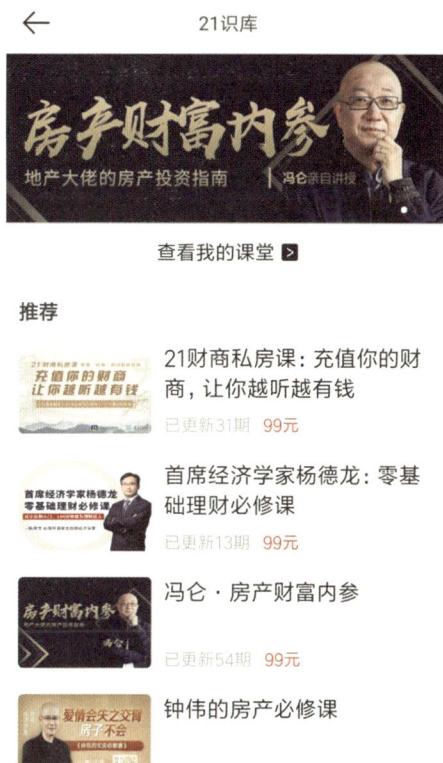

图 33　21 财经 App—识库栏目界面

4. 技术创新分析

在互联网巨头和科技公司依然占据技术市场主导地位的形势下，财经新媒体难以在技术维度凭借"单打独斗"引领潮流，因此更多地凭借自身的专业内容和媒体资源与专业技术公司展开交流合作。2018 年，21 财经 App 进一步增强与京东、沪深交易所等专业机构的合作，一方面加快对用户数据的内部梳理，另一方面展开与外部机构的强连接，紧跟科技市场的发展潮流。

在信息采集方面，21 财经 App 不断提升其 App 界面功能模块的作用，在信息填写、身份验证、隐私保护、手机设备码识别等方面强化原有的数据优势。

在用户体验方面，21 财经 App 将提升内容的"触感"作为技术创新的探索方向，在财经报道中综合运用文字、音频、视频、动画等方式让用户获得丰富而又立体的认知体验，使得原本立足于二维图表的财经专业分析得到三维立体化的呈现，使用户真正感受到自身与 21 财经 App 的深度"触碰"。

此外，以往的 21 财经 App 受制于用户基数和财经新闻数量而无法实现对内容算法的精准推送。但随着 2018 年 21 财经 App 大力推动自身用户管理系统的建设，在重视社群化运营的同时引入大量专家学者生产付费内容，目前的 21 财经

App 已经在"读者—用户—会员"三个层次同步提升了自身的流量价值：先通过对专业、高质内容的深耕来吸引多层次、多结构的读者；再通过积分兑换、节假日福利等形式将读者转换为用户；最终通过对用户浏览数据、社群互动、用户反馈等数据的深度发掘将用户进一步吸收为会员。在此过程中，21 财经 App 的营收模式已不再是仅靠传统的新闻推送，而是形成了一个高度智能的产业闭环，其 C 端变现能力也获得了显著提升（见图34）。

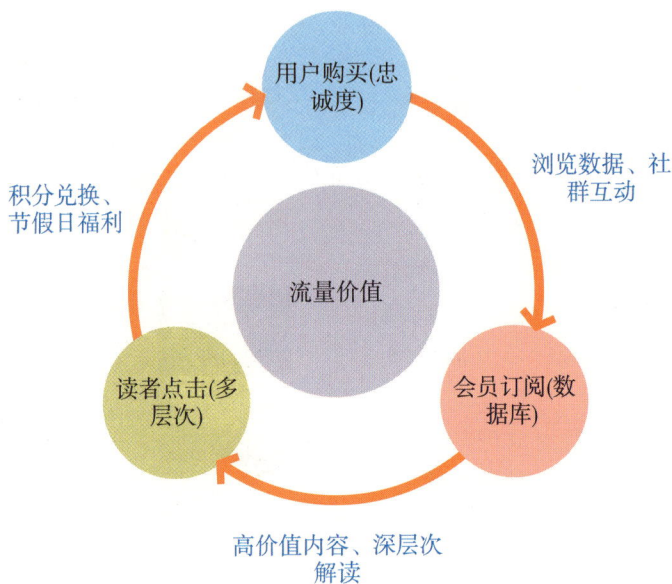

图34　21 财经 App 流量变现产业闭环

（二）界面新闻

1. 企业背景及发展概况

界面新闻是中国的原创财经新媒体，由上海报业集团出品，于 2014 年 9 月创立。在传统报业媒体寻求转型的风口中，界面统盘《第一财经周刊》的采编经验，借力上海报业集团的资金支持，完成了这一次"报纸—杂志—市场"的转变和探索，专注于财经、金融、商业领域。

2017 年，界面新闻客户端被中央网信办评为"App 影响力十佳"，同时位居艾瑞商业资讯类移动 App 指数第一名。2018 年 2 月 28 日，上海报业集团宣布界面新闻与蓝鲸、财联社正式完成合并，仍由上海报业集团主管主办并持有 A 级新闻牌照。目前（2018 年 12 月），界面新闻已完成三轮融资。

界面新闻以财经、商业新闻为核心，在与财联社合并为界面·财联社后，更是集"数据＋媒体＋服务＋资讯＋交易"五位于一体，成为中国新型财经资讯供应商（见图35）。界面·财联社被科技部、IT桔子、新浪财经等多家第三方机构评为"中国独角兽企业"，市场估值超过100亿元。在界面身上，既有独特的国有背景、与生俱来的传统媒体基因，也有针对财经新媒体市场的创新和尝试，其独特的产品形态具备较高的研究价值。

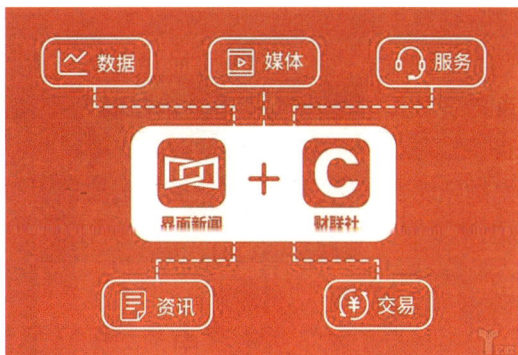

图35　界面·财联社产品矩阵图

2. 企业现状及产品矩阵分析

在当前财经新媒体"百花齐放、百家争鸣"的态势中，对界面而言，其主要精力集中在人才与媒体品牌上。拓展互联网产品技术开发者、对用户需求给予回应、树立独特的媒体知名度、把握知识付费的风潮，这些都是界面新闻正在坚持探索的企业发展路径。值得注意的是，其传统媒体基因决定了界面的产品形态，重视原创、重视新闻准则、重视采编队伍建设仍是界面新闻的企业价值观。

基于此，界面目前拥有一个较为完善并各自独立发展的产品矩阵：除界面新闻外，界面·财联社旗下还拥有蓝鲸财经、财联社、摩尔金融三大移动App产品。这四个产品各司其职，在不同的领域进行分工合作，对于财经新媒体的发展给予了更新也更具可行性的参考。

（1）界面新闻。

界面新闻专注于在同类产品（新闻客户端）中进行竞争，在提供全面新闻产品的同时，坚守内容价值取向，走精品化的新闻发展路线。换言之，界面新闻相当重视人工推荐机制的发挥，向用户推荐必备必知的信息、核心的新闻，避免出现仅仅凭借机器算法推荐而出现的信息孤岛现象。界面新闻客户端界面如图36所示。

精品化路线不意味着用户的流失或者用户的覆盖范围窄化，而是意味着界面新闻立志抓住自身的严肃性和专业性，不做通吃型媒体，以一定的信息圈层来建立媒体权威，把握原有客户群体，瞄准内容的准心，维护界面一贯以来的"媒体思维"，即严谨、负责的产品品质，而非陷入互联网以流量为王的商业迷局中。

在界面新闻客户端中，以财经、商业新闻为核心，目前已经布局近40个内容频道，拥有许多知名新媒体品牌如正午、箭厂、酷乐志、歪楼等。没有付费阅读的内容，主要以广告作为其收益来源。

图36　界面新闻客户端界面

（2）蓝鲸财经。

蓝鲸财经围绕"人"来建设，是财经新媒体中比较罕见的、以财经记者为服务对象的一款产品。具体来说，蓝鲸财经是为泛财经领域记者提供采访通讯录、专家推荐、企业征信查询、财报查询、录音整理等实用工具服务，是行业记者交流、分享的服务平台。蓝鲸财经客户端界面及主要栏目设置如图37所示。

不仅如此，蓝鲸财经更应该被看作财经新闻领域的智库平台。它可以更有针对性地解决行业内的真正需求，完成对财经记者的成长引导，为撰写财经新闻提供更多便捷的服务，并且随着时间推移形成对有效资源的累积和体系化整理，从源头出发影响财经领域的喉舌，打造财经领域的"中央厨房"。

目前（2018年12月），蓝鲸财经已吸引超过一万七千名记者入驻，拥有上百万条线索和采访资源。蓝鲸财经旨在打造财经记者的闭环式社区，具备较为严格的准入机制和身份核实机制，并且依托"蓝鲸币"作为信息贡献的奖励和信息获取的交易货币，先后累积了行业内许多有价值的新闻线索，包括线上录音、线下活动资讯等。同时，蓝鲸财经具备相应的财经记者培训机制，这使它较为主动地参与到了记者的成长过程中，见证和陪伴了财经领域新媒体记者的转变。

可以说，在这样一个闭环式社区里面，蓝鲸财经以互动式的信息服务构造高效高质的财经记者社群，以共享的采访资源鼓励记者间的互助分享，这为财经新媒体的发展提出了很好的思路：财经记者也是强大的用户群体，财经记者之间有效的信息互动也更能确保财经新闻内容的价值、传播力和发酵能力——这就是蓝鲸财经的宗旨：影响有影响力的人。

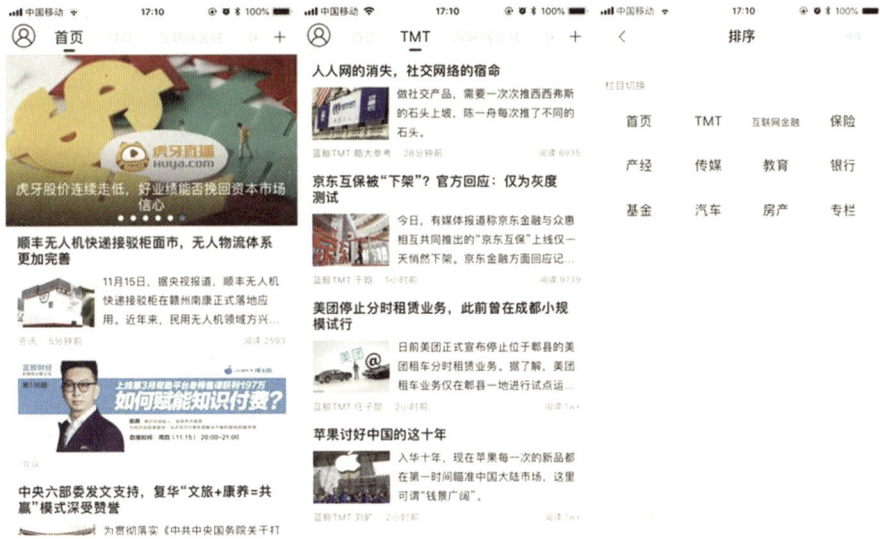

图 37　蓝鲸财经客户端界面及主要栏目设置

（3）财联社。

　　财联社和摩尔金融均属于界面旗下的付费产品。财联社定位于快速、准确、权威、专业的财经通讯社，专注于中国证券市场的动态分析和报道，为投资者提供全方位的金融信息服务，在财经资讯类移动 App 指数中一直有不俗的表现。财联社客户端界面如图 38 所示。

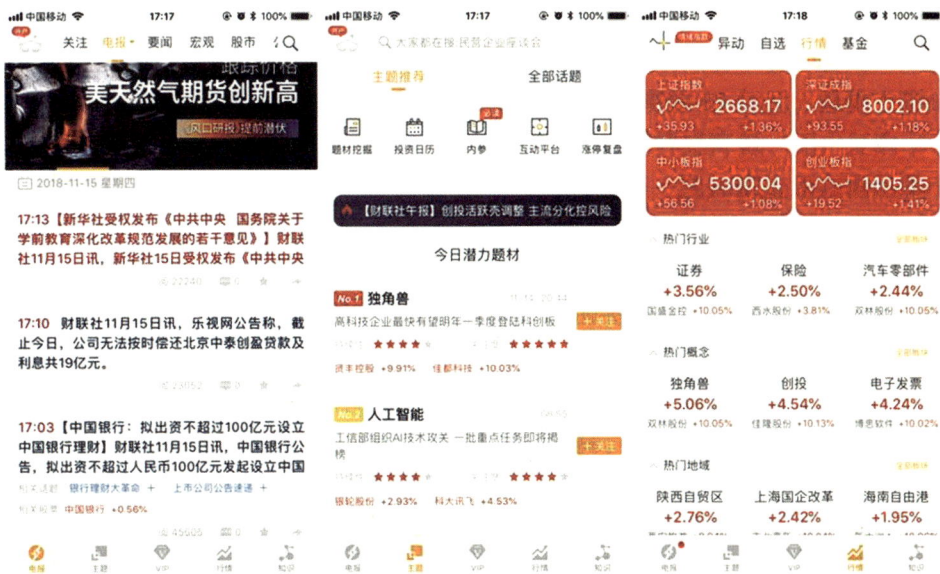

图 38　财联社客户端界面

财联社聚焦于资本市场，关注金融财经领域，提供演化数据的服务。值得注意的是，即便财联社以全面、快速为主要卖点，这里依然强调新闻内容的专业度。财联社具备内容原创资格，在发展过程中也不断增强采编团队，其传统媒体的严肃性基因依旧是不言自明的价值取向。

基于"付费"这一核心，财联社开发出了针对 C 端和 B 端的不同付费产品。在 C 端中，主要为用户提供市场解读、投资指引类的内容，帮助读者了解金融市场，适应不同阶段投资者的需求，形成从读者的培养到读者的粘连这一内容机制。而在 B 端中，财联社的目标用户包括券商、银行等，主要进行定制化或者是合作化的内容生产。

（4）摩尔金融。

蓝鲸财经专注服务记者，而摩尔金融则是以千千万万投资者为目标受众的互联网平台型产品，是一个线上投资者教育与服务的一站式平台。摩尔金融客户端界面如图 39 所示。

摩尔金融笃定走内容付费路径，内容专注资本市场，其内容的产出主要依靠入驻平台的"大 V"和 KOL，而作者的入驻往往需要经过申请、资质审核、作品审核等步骤。不仅如此，在作者入驻后，摩尔金融还设立了一套相对应的定期审核和推荐机制：

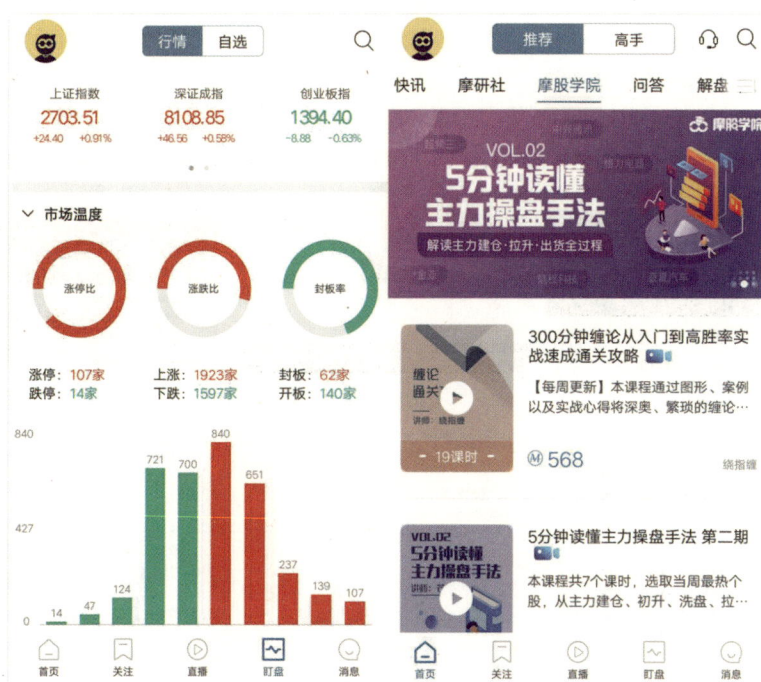

图 39　摩尔金融客户端界面

首先，作者需要进行内容上的"分类付费"。即撰稿者需要为读者提供部分免费阅读的内容，建立自身底蕴和形象，让读者明确撰稿者的个人风格，由此判断是否为接下来的内容付费。

其次，强调作者的金融逻辑，考核作者的专业度、持续服务能力和产出能力，要确保撰稿人具备可控的发稿频率，强调用户和作者之间的良性互动交流，而非"自说自话"，提高作者对用户的吸引力，增强平台用户黏性。

再次，尝试从各大财经新媒体平台进行 KOL 的引流，以便捷的变现流程吸引作者入驻，使平台内作者风格更多样化。同时，定期清理与摩尔金融产品理念相违背的作者群体，确保内容的精致化、体系化和专业化，也依然秉持着"坚持正向价值引导，建立健康投资理念"的企业价值观。

最后，从投资教学、技术引领、方法购买等目标出发，摩尔金融根据用户画像为用户进行作者推荐，也更倾向于向有学习意识的中高端用户提供服务。利用固定的内容标签、KOL 的人格魅力、App 内定期的作者榜单推荐以及撰稿人能提供的互动服务，摩尔金融内的广大用户既能够保持较高独立思考和理性判断的能力，也具备跟随喜好选择内容进行阅读的能动性。

摩尔金融称，投资、理财、炒股等行为均与个人资产息息相关，因此用户更愿意为内容付费。同时，财经"大 V"、KOL 的内容产出具备个人差异，也各具人格魅力色彩，其生产的内容可以实现较为直接的变现。在财经领域进行内容付费探索，目前（2018 年 12 月）摩尔金融成绩斐然：吸引入驻"大 V"约 3 389人次，原创研投文章累计超过 10 万篇，累计付费用户超过 13 万人。

3. 发展路径启示及未来展望

与同类财经新媒体相比，传统媒体基因和强大的专业新闻采编队伍是界面新闻的独特优势，所以，把握专业、垂直、深度的内容一直都是界面新闻最重要的目标，它最大的竞争力也来源于此。

界面将基础性的新闻信息看作社会中的刚需产品，是相对宽泛的领域，它应当承担起消除民众"不确定性"的责任，所以界面新闻客户端中的内容不以付费来提高准入门槛。与此同时，界面用另外的产品在内容付费领域进行探索，推出了蓝鲸财经、财联社、摩尔金融三大产品，配合界面新闻，四者形成了一个可行性和现实意义都较强的产品矩阵："财联社 + 摩尔金融"服务于投资者，提供数据产品和投研服务，深耕二级市场；"界面新闻 + 蓝鲸财经"重视采编队伍建设，强调媒体属性，在内容专业度上有所区分，树立界面新闻的品牌形象。

"只服务于独立思考的人"是界面的宗旨，也反映了它的目标用户和它严肃专业的品牌发展路径。在未来，界面依旧会抓住"财经"这一立足点，从核心内容生产领域出发进行探索。企业间的并购与联合、在交易端的进一步切入等，都是界面正在思考的发展方向。界面提出，在当前经济与政治相互交融、国家经济实力与政治角色密切相连的大环境下，如何转换媒体论调，适应风云变幻的经济政治格局，也是财经新媒体应当思考的重要问题。

（三）华尔街见闻

1. 发展概况与定位

华尔街见闻作为中国领先的互联网金融服务提供商，为用户提供资讯、数据、行情、研究和社区等服务，旨在帮助中国投资者理解世界，做出更合理的投资决策。2014年，华尔街见闻推出手机客户端后，在苹果App Store稳居财经新闻类前列。2016年2月2日，华尔街见闻宣布完成新一轮1亿元人民币融资。经过多年发展，除上海总部公司，华尔街见闻团队已扩展到北京、深圳、香港、纽约、伦敦等全球核心金融城市，7×24小时服务全球中文用户。华尔街见闻自创办以来，获得多个大奖，人民网2014年评选的"最具影响力财经微信公众号"活动中，华尔街见闻位列第一。在互联网周刊发布的"2015新闻资讯App排行"中，华尔街见闻位列财经新闻类第一。2018年10月20日，华尔街见闻入选"中国应用新闻传播十大创新案例"。同年，华尔街见闻获得"年度传播力知识大咖奖"。华尔街见闻用专业、快速、全球的视角，为有资产管理资讯需求的新中产及金融专业人士，提供一系列全面专业的财富管理知识，让每一个读者掌握一套自身财富管理的方法论。

2. 平台特点分析

早期，国内外金融信息流通不畅，国内用户渴望了解全球资讯，却苦于没有渠道。基于这个痛点，华尔街见闻向用户提供及时、准确的全球资讯，形成了7×24小时实时化、付费化、"内容＋AI"双驱动等特点。

（1）全球化视野：华尔街见闻聚集全球金融、商业资讯，引领中国财经信息行业进入全球化时代。

（2）专业化生产：华尔街见闻对于金融资讯的内容梳理和解读，走在行业前列。

（3）实时传播：中国首创金融信息和商业资讯实时模式，重要信息秒级推送，通过同名App、网站、微信公众号和微博为投资者提供专业、快速的信息服务，7×24小时全年不间断。

3. 打造多产品矩阵，满足用户需求

在发展过程中，华尔街见闻根据用户的个性化、多场景的需求，逐渐打造包括全天候科技、见闻、见识、黄金头条等在内的多产品矩阵（见图40）。

图40　华尔街见闻产品矩阵图

资料来源：华尔街见闻。

其中，"全天候科技"是华尔街见闻旗下独立原创科技新媒体，聚焦新技术、新消费、新商业、新经济领域，致力于提供专业、快速、完整的原创科技商业资讯。主要服务于一级市场的 PE/VC（私募股权投资/风险投资）投资人，科技公司的中高层，以及二级市场关注科技的投资者群体。"见闻"属于华尔街见闻旗下互联网社群产品，汇集了数百位金融投资领域 KOL，形成数千个投资、经济、科技圈子。旗下产品"见识"为用户提供细分权限、支付、语音、问答、文件分享等功能和使用场景。"选股宝"作为主题投资工具开创者、领航者，专注 A 股市场投研服务与资讯供给，致力于为用户提供高价值的投资指南。其97%的重大资讯推送快于同类产品，独家挖掘行业资讯，每天精选三条投资策略，挖掘高确定性主题和行业机会，寻找主升浪；市场首家聚合全网优质策略，按话题分发，用户自主订阅，颠覆 A 股资讯获取模式，由此形成"快、准、狠"的发展特点。华尔街见闻通过打造多产品矩阵，满足用户信息需求。

4. 用户分析：从金融圈层衍生出海量高知型用户群

随着多产品矩阵的形成，内容生产不断创新，传播效率持续提升，华尔街见闻的用户量日益扩大。华尔街见闻 2018 年 11 月数据显示，其 App 下载量达到5 400 万，日活跃用户数量 450 万，微信平台有 147 万粉丝，头条平均阅读量超10 万，官方微博有 230 万的关注量。在 PC 端，日均 UV 达 210 万，日均 PV（页面浏览量）有 500 万，选股宝有 16 733 050 个用户，见面累计现场观众近 10 000人，"见识"拥有近 500 人的 KOL 圈层，全天候科技的用户有 15 002 080 人。

基于产品特性，华尔街见闻聚集了从金融圈层衍生的海量高知型用户。从城市布局来看，有 77% 的用户来自一、二线城市，其中，男性较多，占 80%，女性仅占 20%。在年龄方面，20～35 岁的用户占比最高，达到 70%。用户的专业性较强，40% 的用户来自金融相关的行业，1/3 的用户担任管理者。工资收入水平相对较高，人均年收入 29.5 万元，消费能力强。因此，总体来看，用户呈现出年轻化、专业性、高知型的特点。华尔街见闻用户画像如图 41 所示。

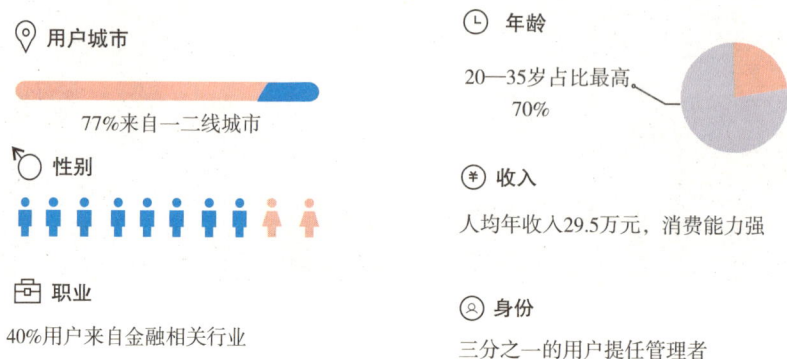

图 41　华尔街见闻用户画像

资料来源：华尔街见闻。

5. 知识付费：满足高频刚需

在华尔街见闻的内容体系中，免费内容与付费内容相结合。其中，付费内容主要是自产与外部 IP 生产，并全部整合到会员体系。付费内容主要包括原创付费内容、"大 V"付费专栏等（见图 42），工具类内容主要是提供资讯和发展策略，让用户为专业的判断能力和挑选服务付费，帮助用户节省时间提高效率，有别于目前市场上以贩卖焦虑为主的付费内容，贴近用户交易需求。财经 IP 则是多样化的合作模式，包括付费专栏、付费社群、直播、路演、培训、图书等（见图 43）。其中，"A 股脱水研报"作为全市场收入最高的自营付费专栏，具有稳定的海量"原材料"来源，可复制

图 42　华尔街见闻付费专栏界面

的专业标准和执行流程，以及数据结构化处理技术积累，订阅用户大多股票持仓过千万。每天 6 分钟，每天 6 元起，打造基金经理都在看的全球研报精华。

针对用户，华尔街见闻实现会员化发展，社群化运行，增强用户黏性。一方面，通过线上线下活动，发展会员；另一方面，建立三个层级会员制度，即金卡会员能够获得普通资讯解读，铂金会员能够参与体系化学习，黑卡会员则是高级会员，可获得大师课程。通过清晰的人群划分，华尔街见闻逐渐探索出一条知识付费的道路，旨在满足用户需求，将痛点转化为刚需。

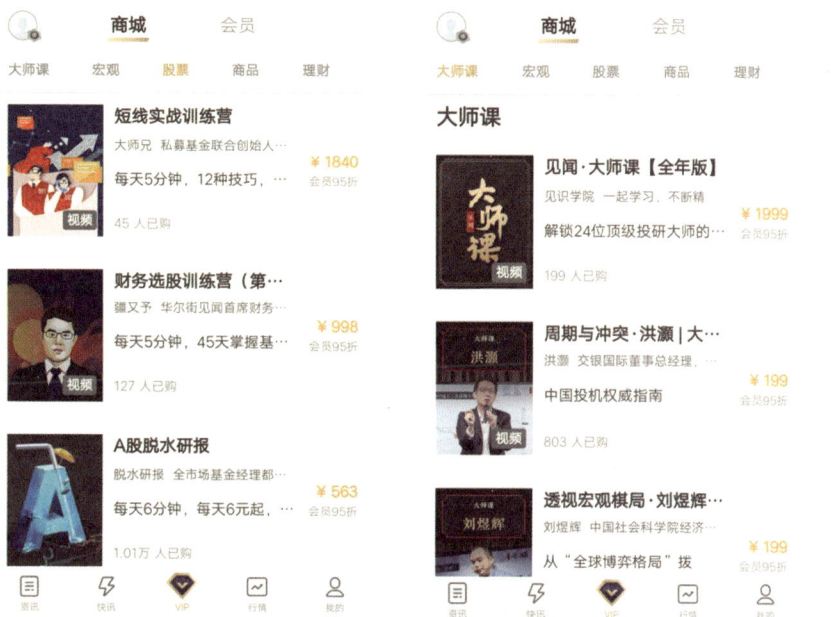

图43 华尔街见闻 VIP 商城付费栏目

6. 未来展望

华尔街见闻面对未来发展，将重新定位，以解决问题为出发点。面对高度分散、不对称、不及时和不专业的全球金融信息窘境，信息的个性化、结构化和可视化，将各类资讯和数据重新结构化和可视化，帮助用户进一步节省时间和提高效率。华尔街见闻将利用大数据挖掘和 AI 技术，为用户提供更好的金融搜索和个性化推荐服务，"内容＋技术"双驱动，更好地组织、整合和分发全球金融信息。华尔街见闻坚持用户导向运营，通过 CRM（客户关系管理）拉近用户距离，立足数据积累，通过用户调研和产品竞品分析"两手抓"，并根据用户分层级及生命周期管理，提升用户在平台的用户体验，使产品和用户所需及市场热点结合，进而提升用户的黏性。在知识付费方面，华尔街见闻将从付费专栏到付费投研工具，从线上到线下全面布局，向 VIP 用户提供更多样化、线上线下相结合的增值服务，客单量有望大量提升。

五、2018 年中国财经新媒体发展趋势预测

（一）社群体系运营升级，金融行业生态互联

从纸媒时代的读者到移动端时代的用户，再到知识付费潮流中出现的会员，信息传播链条中的受传者角色和特性已经发生了一系列的变化，其互动欲和传播素养都大大提高，随之而来的是社群体系的迭代升级。财经媒体与读者的关系变化也可以从交通体系中探得一二（见图 44）：在公交车与乘客的出行链条中，乘客一般上车即走，二者无延时联系，公交车也很难获知更多的乘客信息；而在高铁运营链条中，乘客需要实名制购票，铁路公司对乘客的基本信息有一定掌握；当视角转入航空体系里，航空公司不仅可以获知旅客的身份信息，还会对旅客的行程信息进行分析，为其提供会员制、积分制等升级服务和互动。

图 44　社群体系运营升级示意图

从论坛到贴吧再到付费会员社群，网络社群形成的动因至今没有太大变化，大多基于兴趣、地域、职业等方向，但网络社群的运营和管理体系却不断升级迭代，对社群成员黏性和素养的要求越来越高。财经媒体所面对的用户群体更是以一、二线城市的高学历人群为主，因而财经新媒体社群具有一些与其他社群不同的特性。

从社群形成动因上看，财经媒体提供的金融信息资讯服务与用户的直接利益息息相关，社群成员对高质量的信息输入需求极高，交流互动的主动性会高于其他社群；金融市场的瞬息万变也要求用户对这类信息保持较高的关注度，因此社群的交流频率也较为稳定和活跃。

从社群成员构成上看，一般以一、二线城市的中青年男性为主，往往拥有本科及以上的学历和一定的消费能力，这一人群对于信息的筛选能力和吸收能力一

般较强，有较好的认知基础，因而在财经知识付费领域的消费潜能值得挖掘。

财经新媒体在受众体系的发展变化过程中，自身在金融信息生产链条里的角色也在不断改变。媒体本身不再是单纯进行资讯输出的财经内容产出者，而是参与了金融信息生态链的各个环节，包括挖掘市场线索、分析行业趋势等一系列业务。移动端的普及和智能化的发展也帮助了金融信息产业各个环节互联互通，用户体验正在逐步一体化。

（二）搭建复合产品模式，短视频在探索中发展

从 2014 年起，各种财经新媒体产品层出不穷，产品模式越来越多元化，尤其在知识付费的浪潮兴起之后，财经产品迅速占有了知识付费的潜在市场：一方面财经知识具有一定的门槛，无法简单地靠零散的自学行为掌握；另一方面随着资本市场规模的扩大，这类知识又变得越来越必需。包括音频、视频、文章专栏等不同类别在内的财经新媒体产品在近年纷纷涌现，在具体的呈现形式上也更加多元。

财经新媒体产品已经不再停留于给用户提供金融资讯的层面，财经新媒体本身除了扮演内容提供商的角色，比以往更多地参与了用户与金融市场之间的各个互动环节，也更加积极主动地向用户输出观点。

以界面旗下的产品矩阵为例，其中不仅包括为用户提供资本市场信息的界面新闻、财联社，也包括以 UGC 付费为特色的摩尔金融，以及财经记者服务平台——蓝鲸财经。这些产品特色鲜明，在矩阵中各司其职，是界面新闻这类传统媒体变现的一种新渠道。

界面新闻以财经资讯采编为主，以传统媒体基因的内容优势和庞大的专业采编团队为后盾，给读者供应原创高质的财经内容；蓝鲸财经是一个独特的财经记者社区，以会员邀请制形成闭环，靠历届会员（财经记者）共享的新闻线索和相关资料的积累，形成了高价值的财经记者资料库；财联社则深耕垂直金融领域，挖掘数据背后的内容价值，提供多元的投资者服务；摩尔金融是一个以头部用户引领内容生产的 UGC 财经资讯平台，靠大量"免费文章＋精品付费专栏"的多元产品模式探索财经内容变现的新可能（见图 45）。

在产品模式更加复合多元的趋势下，短视频成为财经新媒体发力的重要抓手。现阶段国内各大财经新媒体都纷纷探索财经领域短视频的生产、应用方式，但总体来说，短视频在财经领域内的应用尚在探索之中，市场也正在平稳增长的过程中趋于成熟。综合来看，在财经短视频领域打造成熟的竞品有三条基本路径可以选择：一是打造聚合式视频网站，强调一站式的分类聚合能力，这就对财经新媒体的技术和人力提出了巨大的要求。二是打造爆款的视频内容，此种短视频产品数量不在于多，而在于传播力强劲，能够达到千万级的传播量，但可遇不可求。三是生产快评类的短视频内容，将简讯当作短视频的天然剧本，邀请专家或

图45　界面旗下的产品矩阵图

专业分析师就热点问题进行 60 秒～3 分钟的财经短评，但此类短视频的问题在于其内容生产需要一定时间，这就与财经新闻领域分秒必争的时效性产生了一定冲突。

在财经新媒体产品模式愈加复合多元的大形势下，短视频作为一种既短平快又观赏性十足的内容形式，很好地丰富了财经新媒体的内容价值和产品形式。现阶段各大财经新媒体基本都设置了自己的视频部，逐步加大对财经短视频业务探索的支持。未来，财经新媒体对短视频技术的探索将向着更加立体、互动、趣味的方向发展。

（三）挖掘数据深层价值，信息资源智库转型

技术创新对财经内容领域的贡献不仅包括算法推荐机制等常见手段的应用，它在财经数据新闻的写作分析和财经智库的搭建等环节也起到了巨大的推动作用。财经内容中的数据具有不同于其他新闻类别的特殊性，对数据的分析与解读是金融资讯的重中之重。随着产品模式的日益丰富，财经新媒体产品也在数据的应用和价值挖掘上愈发深入。

财经产品用户的信息数据的价值往往超越其他类别的人群，这些数据更具有结构化优势。如雪球用户在社区里大量强互动、高质量的交流内容使雪球的算法推荐更加精准，平台不仅可以从用户的阅读内容入手，更可以从他们的交易情况入手，对用户进行更全面的画像分析。

例如蓝鲸财经记者平台就拥有一个独特的财经新闻信息资源库，这个平台为入驻的记者提供了丰富的通讯录、新闻线索、选题等采编资源，通过邀请制形成一个良性的高质量社区，同时利用奖励蓝鲸币的形式鼓励信息资源的积极互换。

在挖掘数据价值之外，这类自建智库、数据库的模式也正成为财经媒体新的发力重点。

而在具体的智库化转型过程中，国内各大财经新媒体在积极推行"产学研"相结合的同时，进一步创新研究成果传播过程中的方法论。在研究具体财经问题的同时，重视专家、用户的评论与反馈，在产品迭代的过程中加入用户交互，再进一步通过市场的验证、合并、总结和回顾来收集批量化反馈。如财经早餐与中国人民大学、清华大学金融学院研究所进行的三方合作，其发布的《中国社会融资成本指数》就引起了行业内的热烈反应，甚至引起了央行的关注。而在财经早餐与澎湃新闻合作研究"新供给"课题的过程中，财经早餐对话了金融圈内的著名专家李迅雷，同时利用名人早餐会的形式，广泛吸收普通用户的观点和意见，最终得出了一份具备社会基础的研究结论，取得了不错的研究成果。由此可见，现阶段我国财经新媒体在进行智库化转型探索的过程中，一方面十分重视发挥新技术和新平台的优势，就热点问题打造成熟的智慧模型；另一方面积极开展与高校、专业机构之间的合作。另外，还重视在研究过程中与用户的互联互通，不断扩大研究课题的社会效益，起到了使研究成果成为"价值放大器"的作用。

（四）加强高质内容产出，深耕垂直领域服务

金融市场产业链条已经逐渐发展成一个良性的互联互动生态圈，财经新媒体也正从单纯的内容供应商转型为平台搭建方、社群运营者和数据服务商。如何把握用户社群的需求和特性，构建良性高质内容产出模式和互动链条，是财经新媒体正在探索的方向。

财经新媒体产品中的内容产出模式主要有两类，一类是拥有自身的专业采编团队进行撰稿，另一类是鼓励用户生产优质内容。尽管专业的采编团队并没有完全消失，但是用户在内容产出过程中占据的地位变得越来越重要，高频、及时的互动反馈是财经新媒体产品迭代和内容完善的基础。

雪球创始人、董事长方三文认为，最有价值的内容来自用户，移动端发展至今，记者已经不再拥有接近消息源和发布报道的渠道优势，编辑也无法了解用户到底需要什么，所以最重要的应该是把选择权交还给用户。对于专业的采编团队来说，产出高质的分析报道是其重要功能之一，但注重用户互动和反馈也是提高社群内容质量的必要条件。

在提高社群黏性方面，注重高质量的内容产出是趋势之一，深耕垂直领域服务则是另一大趋势。雪球在社区的基础上发展到交易端服务，囊括了沪深交易、港美股交易、公募基金、私募基金等几大板块，这些板块共同组成了较为完整的金融信息服务链条，同时又在各自的垂直领域继续发力，为用户提供深度资讯。横向生产环节跨度变广，纵向服务深度继续挖掘，财经新媒体产品的这项发展趋势也与其信息本身的特性有关。在行业交错的变革转型时期，不同的信息资讯夹

杂在一起，服务链条变长变广，同时用户对移动端服务的要求也越来越高，许多金融信息服务都要与移动产品进行联通互动，从而打造交易闭环生态链。

（五）流量变现急需突围，探索多元赢利渠道

互联网风口上最有价值的莫过于流量，在各界纷纷入局财经新媒体市场抢占份额的当下，随着对细分领域的挖掘，对长尾布局的嗅探，大部分财经新媒体产品已经成功圈住了各自的流量范畴。但如何打通从用户到会员，从推送到订阅的变现渠道，仍然是财经新媒体产品亟须解决的难题。

财经新媒体产品的变现渠道依赖各款产品本身的定位和功能，这与它们在金融产业链条中的角色有关，找准自身定位和用户需求是财经新媒体实现变现的大前提。从简讯到长文，从音频到图片，从专栏到沙龙，不同定位的财经新媒体产品探索出的变现路径不尽相同，其共同点是根植于其自身定位和平台优势，挖掘优质内容，适配用户需求。下面将以表3中的统计数据对不同财经新媒体产品的赢利模式作简要分析。

表3　若干典型财经媒体的付费项目表

机构名称	付费项目	收费情况	主要内容
21世纪经济报道	21识库	99元/系列	财商指导、理财知识、投资指南
华尔街见闻	会员制	金卡会员599元/年	会员专属文章（市场分析）
		铂金会员1 999元/年	会员专属文章（市场分析）、建立研究框架（公司、宏观、阅读等研究长文）
		黑卡会员3 499元/年	会员专属文章（市场分析）、建立研究框架（公司、宏观、阅读等研究长文）、大师课全年版（线上+线下）
	音频订阅	单品数十元到数千元不等，部分有年度订阅版	资讯分析、投资行情、股票分析等
	去广告版App	1元/次下载	去除App中的广告推送

（续上表）

机构名称	付费项目	收费情况	主要内容
摩尔金融	专栏订阅	私密直播间（不同"大V"收费不同），月度数百元到数千元不等	投资观点、股票分析等
	精品文章	不同文章收费不同，数元到数百元不等（作者自由设置）	
雪球财经	悬赏问答	不同问题悬赏不同，数元到数百元不等（提问者自由设置）	日常问题、股票观点、热点行情讨论

注：统计时间截至 2018 年 11 月。

如表格所示，目前财经新媒体在产品付费栏目的设置方面体现出了相似的栏目特性。内容付费一般基于媒体独有平台（App、网站）或者外部的音视频、社交平台（喜马拉雅 FM、微信公众号），呈现的形式以问答、文章、直播、音频等为主，定价显示出差异化趋势。21 世纪经济报道在其 21 财经 App 中新上线的"21 识库"栏目中，以大量免费、精选付费的财经类系列指导课程进行内容付费的尝试。摩尔金融平台上则以付费文章为主流，定价自由。华尔街见闻 App 中则有完善的会员分级体系，提供文章、音频甚至线下体验等会员专属服务。

在付费浪潮的冲击下，财经新媒体不仅将自身定位逐渐倾于内容生产和分发，同时在流量价值挖掘上也在探讨新的可能。随着知识付费的用户红利消失，能否建构多元赢利渠道，增强内容对用户的黏性是发掘深层流量价值的关键。

（六）技术赋能驱动转型，升级理念迭代增速

随着人工智能、大数据、短视频等技术的迅速发展，国内各大财经新媒体也纷纷搭上了移动互联网时代的快车，开始探寻一条包含流量增长、场景适配、产品运营在内的整体价值链升级。现阶段国内财经新媒体的主战场仍在"两微一端"，在内容创业逐渐走进下半场的同时，国内各大财经新媒体纷纷开始探索以新技术为驱动力的产业转型道路。从横向来看，各大财经新媒体一方面积极拓宽自身的业务范围，将自身经营范围从传统的金融咨询服务延伸至股票、地产乃至比特币交易等领域；另一方面则积极使用大数据、云计算等新兴技术，在拓展用户资源的同时，广泛搜集、整理用户数据，构建自身的用户信息资源库。从纵向来看，财经新媒体在转型过程中的"新"，则体现在新产品、新平台、新思维三个维度。首先在新产品层面，财经新媒体十分重视利用新技术围绕用户需求打造

产品，产品迭代速度非常快。例如华尔街见闻立足于自身强大的技术团队，在自身产品功能的升级迭代上采取"小步快跑"的升级路径，其 App 的更新周期基本为一个月一次，在每一次新版的发布中不断调整优化用户的使用观感，追求在产品功能的不断量变中引发用户体验的质变。而在新平台层面上，国内各大财经新媒体都十分重视对自身平台的建设和外部平台的使用，除了加强已有的"两微一端"的内容竞争力外，不断提高产品矩阵的顶层设计水平，更多地谋求不同新媒体平台端的联合作战。围绕同一个报道主题，财经新媒体借用多重优质渠道，整合零散的报道，以结构化方式进行表达，同时针对不同平台的不同用户人群，通过大数据、AI 技术实现精度匹配，真正做到从"人找信息"到"商品找人"的渠道转型。而在新理念层面，财经新媒体作为财经领域的专业内容生产机构，本身就具有媒体、金融、移动互联网的三重属性，而这三重属性本身都具有巨大的发展价值。因而在坚持以用户体验重新定义媒体属性发展趋势的同时，财经新媒体顺应金融脱媒的行业趋势，以去中心化的思路将市场和投资者更多地联系起来，在追求自身高净值用户人群不断增长的同时，减少金融信息流动过程中的不确定性风险，为用户传达理性、客观且中立的市场信号，为读者分析市场提供专业框架。而在移动互联网属性方面，财经新媒体则重视发挥自身人才结构的互联网"基因"，借力智能移动终端的传播特性，在把 App 的手机装机量作为自身影响力考量的同时，细分用户单元，不断提高自身产品的市场感和竞争力。

（七）拓宽海外用户市场，多元视角讲好中国故事

随着中国经济对外开放进一步扩大，经济体量进一步增长，中国资本市场的海外吸引力也随之上升。中国的财经新媒体除了向国内金融市场提供第一手国际资讯以外，也获得了积极拓展海外用户市场的时机窗口。作为全球经济体量排名第二的资本市场，海外用户对国内金融市场的政策变化、市场变动、行业发展有着迫切的需求。国内财经新媒体在拓展海外业务的实践方式上，可以总结为"引进来"和"走出去"两种并行道路。在"引进来"的发展战略中，财经新媒体立足于国内庞大的金融信息市场，瞄准海外用户的行为习惯，不断吸引海外用户使用国内财经资讯类新媒体，引导他们快速了解中国资本市场的第一手资讯。例如财经早餐就积极拓展了三万多名海外用户，按照这部分海外用户的投资需求驱动内容生产，成为海外用户了解国内资讯的重要窗口。而在具体的话语设置和修辞方法上，国内财经新媒体则力求减少与不同语境、不同文化的海外用户间的传播隔阂，还原一个更为真实、客观的中国金融生态。华尔街见闻中外经济板块界面如图 46 所示。

除此之外，国内财经新媒体立足于海外华人社区，在"走出去"方面进行了更多尝试，十分注重以全球视角报道财经领域的热点问题，发挥自身中文媒体的定位优势。例如华尔街见闻在设置付费版块的产品时，就十分注重海外内容的

选题与制作。其广泛跟踪美国、土耳其、阿根廷等国家的社会现实，从政治体制、社会机制、财政问题等多个维度进行分析研究，就现阶段对资本市场产生广泛影响的移民问题、欧洲政党影响、右翼势力抬头、民粹思维、财政开支等热点问题进行广泛报道。可以说，通过拓展海外用户市场，未来我国财经新媒体的产品升级、课题产出将更具全球视野。同时，通过财经资讯和深度内容来影响海外用户对中国资本市场的认知和见识，也是国内财经新媒体积极提高自身影响力，对外积极讲好中国故事的重要举措。

图46　华尔街见闻中外经济板块界面

抖音研究报告

汤景泰　王楠　管帅　周天竞　张佳贶　王富迪①　王子明

2018 年 6 月

一、引　言

短视频平台的迅猛发展体现出社交化媒介与视觉化传播的紧密结合，并推动了新一轮传播革命的到来。近来，今日头条推出的抖音在短视频领域异军突起。抖音的爆红之道在于：潮流音乐主导，强大视频编辑功能加持；"美、萌、潮、搞"，无"梗"无"新"不抖音；技术业内领先，算法推荐机制让用户沉浸；跨平台连接多元传播节点，提升用户黏性。

政务抖音号的迅猛发展是当下抖音平台值得高度关注的趋势。政务抖音号积极结合抖音平台最流行、最受欢迎的视频表现手法，融入动感的音乐、舞蹈元素，打破以往严肃刻板的形象，不断推出符合公众审美需求的短视频作品，获得极大成功。

以抖音为代表的短视频平台将视觉化/流动影像化变成用户表达及接收信息的主要方式，许多在以文字甚至图片为核心表达手段时不甚明显的传播问题，也随着用户门槛的降低迅速凸显出来。因此，在爆红之下，抖音也面临极大隐忧。特别值得关注的是：算法推荐导致同质化内容过多，恐造成舆论极化；"易爆"网红的强大内容传播力，导致对网红内容的监管压力剧增；视频内容易触及政治红线及"软色情"泛滥，成监管难点；未获"视听许可证"与仍未完善的"实名认证"，成达摩克利斯之剑。

针对上述问题，强化监管已是大势所趋。特别是巨变的社会背景和新的传播情境，进一步强化了对短视频平台低龄用户审核和敏感内容监管的要求。短视频的监管涉及网信、广电、文化旅游、工商等多个部门，目前相关部门都已有所行动。严格内容审查、用户注册审查和控制推荐算法已成短视频平台主要的整改方向。

---

① 王楠，暨南大学新闻传播学博士后；周天竞、王富迪，暨南大学新闻与传播学院 2018 级硕士研究生。

二、视觉传播新浪潮

（一）短视频社交融汇点

随着传播科技的飞速发展，网络新媒体的阵地已从论坛、博客、微博、微信转移到了短视频领域，平台操作的智能化与简易化，不仅使用户的表达门槛一步步降低，表达丰富度一步步升高，也使得新媒体的赋权能力一步步向大众释放。社交媒介与视觉化传播的紧密结合，带来了又一次新的传播革命。

抖音短视频是今日头条团队于 2016 年推出的一款主打音乐创意的短视频 App，经 2017 年的强势推广后，深受用户追捧，目前在短视频领域已占据优势位置。据企鹅智酷的调查，抖音的用户黏性在 2017 年大幅上涨后，已与曾经是短视频领域老大的快手基本持平，且在用户消费的广泛度、时间以及活跃用户数上，已经高于快手。从 2017 年 12 月起，抖音不但总用户数量增长迅速，且与快手的重合用户比例开始呈下降趋势，这说明抖音平台开始吸引更多非快手平台的新用户。该调查还显示，若把每天观看短视频的时间超过一小时的用户定义为重度用户的话，抖音的重度用户占比为 22%，约为快手重度用户比例的两倍。

不仅如此，抖音在国际化的道路上，表现也非常突出。2018 年 5 月初，今日头条 CEO 张一鸣发了条"celebrate small success"的朋友圈，并配图称抖音国际版 TikTok 在苹果商店第一季度的下载量排名全球第一。据第三方市场数据机构 App Annie 的统计显示，TikTok 呈现爆发式市场的国家主要集中在东南亚。其在东南亚主要国家印度尼西亚、泰国、越南、马来西亚和菲律宾的 Google Play 总榜单排名均在靠前位置。尤其是在除菲律宾以外的其他四个市场，排名基本都在前 10 位，在视频子榜排名更是全部排在第一。目前抖音已经进入欧美国家，用户仍在不断增加中。抖音官方发布称，目前抖音在海外已经覆盖超过 150 个国家和地区，月活用户超过 1 亿人。

（二）群雄逐鹿短视频

作为抖音的劲敌，快手在 2018 年 4 月初因传播涉未成年人低俗不良信息，包括未成年人生子等乱象，被国家网信办约谈，并责令整改，快手 App 也一度被下架应用商店。快手表示接受批评，进行全站清查，封停了部分账号，并推出一系列整改措施。5 月 30 日，快手科技还携手中国青少年发展基金会成立"快手科技青少年幸福成长公益基金"，并表示将在未来 5 年向该公益基金持续投入 1 000 万元，为中国欠发达地区提供优质网络安全教育内容，进一步提升中国欠发达地区未成年人网络安全意识与自我保护能力，推动建立网络内容分级标准，搭建未成年人网络保护体系的行业标准。6 月 1 日，快手还在北京发起"短视频内容标准研讨会"，邀请传播学界及业界资深专家成立"快手内容专家委员会"，以监督指导并积极参与制定快手平台的内容识别与判定标准。

据 Trustdata 提供的数据来看，快手的用户黏性虽在 2018 年 4 月有所下降，但整体发展趋势趋于稳定，在未来的短视频市场领域，仍会是抖音的一大劲敌。

2018 年 3 月两会期间，马化腾在接受新闻媒体采访时，特意点出短视频业务的发展问题，并称会探讨其与社交网络的结合点。4 月 2 日，腾讯微视宣布进行 2018 年首次重大更新，最新安卓 4.0 版本推出视频跟拍、歌词字幕、"AI 滤镜"一键美颜三大功能，并打通 QQ 音乐正版音乐曲库。

微视平台的抢人大战已拉开帷幕。网传腾讯意在 2018 年 3—8 月间，豪掷 30 亿元补贴内容创作者，以吸引类似抖音、美拍等平台的中腰部达人入驻。不仅如此，2018 年 4 月和 5 月，腾讯系与今日头条系大佬就微信平台上的微视频分享问题已过招几个回合，"朋友圈视频直接导入微视""微信全面封杀抖音视频分享"等新闻不时出现。进入 6 月，双方的争斗更趋白热化。腾讯发布公告，宣布正式起诉今日头条系，并将暂停与今日头条和抖音的合作等，抖音 App 中"分享到朋友圈"的按钮已经失效或无法正常使用，而今日头条系也宣布："已对腾讯的不正当竞争行为提起诉讼。"抖音、快手与微视的功能对比如表 1 所示。

除此之外，据 Trustdata 报告，因未来资本仍会持续向短视频领域注入，专注于影视短视频创作的"NewTV"、与抖音特点重合的音乐短视频"动次"、阿里的生活短视频 App"独客"都已获得融资并即将上线，短视频平台新一轮竞技的序幕已徐徐拉开。

表 1　抖音、快手与微视的功能对比

	抖音	快手	微视
广告语	记录美好生活	记录生活，记录你	发现更有趣
内容形式	短视频	照片和短视频	短视频
短视频时长	≤15 秒	≤57 秒	≤8 秒
特色功能	音乐引导表演 滤镜、特效功能 话题挑战 抖音故事 尬舞机 反沉迷系统	制作、分享 GIF 图片 家长控制模式	视频跟拍 歌词字幕 一键美型 综艺感文字贴纸、动态挂件 QQ 音乐千万正版曲库 长腿功能 AR 拍摄

三、抖音内容运营之道

（一）潮流音乐主导，强大视频编辑功能加持

抖音视频的创作及看点主要以它自带的特效滤镜、魔性炫音、酷炫剪辑等功能为依托，通过添加大量的附加组件、音乐主题以及动画等，有效地迎合了年轻用户的喜好，带动了大量的模仿秀。

抖音视频的内容呈现形式有以下三种：第一种是以音乐为主导，配合音乐的节奏、歌词等拍摄创意、唯美、时尚、搞笑的视频。第二种是以话题为主导，展现生活中有趣的瞬间，表达个性的态度。第三种是瞄准粉丝市场，由专业的团队进行运营，直播明星、网红的工作、生活日常，吸引流量，带动线下产品。

（二）"美、萌、潮、搞"，无"梗"无"新"不抖音

抖音短视频自 2016 年上线至今，综观其热门视频内容，主要有以下三个特点：

首先，"美、萌、潮、搞"是其优秀短视频的四个主要标准。"漂亮小姐姐""俊美小哥哥"，可爱的宠物或萌娃，新潮酷炫的配乐和画面，搞笑的情节、场景和剧情反转是抖音短视频平台上最受欢迎的四种内容。

其次，抖音平台的短视频设计导向事件及配乐。一则典型的抖音短视频只有 15 秒长度，且抖音短视频主打由背景音乐主导视频创作，这就意味着大量视频制作者会同时使用同一首潮流背景音乐，并在短短十几秒内用自己的新意抓住观众的眼球。简单来说，优秀的短视频必须有"梗"。这个"梗"可以是有趣的娱乐创意、实用的生活技巧，也可以是美不胜收的视频画面，甚至是一个小小的知识点。只要视频内容有创意且有趣，就算是在其中植入广告，观众的接受度也可以达到较高程度。

最后，通过模仿满足社交需求，满足女性爱美需求，带动线下营销。抖音平台提供的丰富的背景音乐和特效选择，让普通人都可以制作出富有节奏感和沉浸感的视频。更重要的是，抖音平台上的有趣短视频往往能激发观看者自身的创作欲望，这促使更多的年轻人，特别是女性，能在这里找到畅快表达、展示自我的平台。

根据 QuestMobile 2018 年 1 月的调查数据，抖音的女性用户占比达 66%，且 24 岁以下的年轻人占了整体注册用户的 75.5%。洋葱视频联合创始人聂阳德分析，抖音的受众以女性居多，她们物质基础较好，有丰富的情感和心理需求，也有对美好生活和感情的向往。因此，抖音适合强情感共鸣的题材，友情、亲情、爱情的题材天然具有更好的传播性。

此外，随着社会的变迁，人们审美意识提升，"生活"的定义变得越来越多样，以抖音为代表的产品正是迎合了这种多重定义，帮助人们把自我潜能释放出来，鼓励用户生产创意，甚至将这种创意的影响力从线上延伸至线下，各种"抖音网红景点""抖音网红奶茶""抖音网红美食"大行其道，并引发模仿狂潮，线上线下的社交链也由此打通。

（三）技术业内领先，算法推荐机制让用户沉浸

字节跳动高级总监杨继斌称，抖音能够在全世界都获得用户的追捧，主要依托于人脸识别、体感识别和人工智能算法分发等业内领先的技术。以其中的动态实时染发特效为例，该特效是业内最高精度的特效，可以把精度做到发丝级，每一根头发都染上色。抖音的内容运营和算法推荐策略也有自己的杀招。据钛媒体报道，抖音至今已有超过 200 位运营编辑，其主要职能就是发现、设置、引导平台内的各种玩法，甚至在通过系统算法了解用户喜好后，有针对性地输出更多类似内容迎合用户，同时去预测下一个"引爆点"，让平台在内容层面始终保持活跃度。"海草舞""地铁撩""海底捞的网红吃法"，抖音带火的玩法已经数不胜数。

相较于其他社交 App，抖音的推荐机制具有很强的沉浸感。所谓沉浸感，就是让人专注在当前的目标情境下并感到愉悦和满足，而忘记真实世界的情境。抖音采用竖屏全屏的展示形式，点开 App 的同时，首页的推荐视频便开始自动播放，若不作为，15 秒的视频播放完后会自动开启重播。当用户滑动到下一个视频时，也无须特意再点播放按键，仍保持一个持续自动播放的状态。且在抖音视频的界面上，大多数功能按键都被隐藏，少数仍被留存的也并未在画面外特意区隔出一个功能区，而是隐藏在画面边缘，大多数操作都依靠用户在手机屏幕上的手势滑动：上下滑动可跳转前后视频，双击屏幕即可为视频点赞，等等。配合当下流行的大屏幕智能手机，几无边界的全屏视频呈现加之通过简单操作就可达成的炫酷声、视效果等，都很容易令使用者进入一种沉浸模式。再加上用户的使用场景多是闲暇时间，放松的状态也易使人忘记时间。在这种状态下，人很可能在不知不觉中就被"安利"，用户和品牌方形成"愿者上钩"的关系。

这些沉浸体验的营造，引发了年轻人的猎奇心理和情绪共鸣，使得视频不仅在抖音内获得很高播放量，还被转发到各社交平台，形成二次传播，触达更广泛的商业营销潜在受众。

（四）跨平台连接多元传播节点，提升用户黏性

抖音平台有意识地连接各类传播主体，以丰富自身内容，强化用户黏性。2018 年 3 月底，抖音短视频内出现了淘宝跳转链接。除了在平台内与淘宝打通尝试"即看即买"业务外，在 4 月初，抖音在上海举行了 2018 年度营销峰会，首

次公布了扶持品牌主官方账号、合作品牌贴纸、鼓励用户间互动等诸多营销策略。抖音平台和政府、媒体、公益机构合作"美好挑战":大家一起来示范美好生活。抖音会在日常的运营外,专门拿出一些流量来引导用户参与、传播关于美好生活的正能量挑战。"挑战"是抖音中一个极具特色的模块,是最受站内用户关注的活动,能够有效地吸引用户关注,带动用户参与拍摄。基于 PGC + UGC(专业生产内容 + 用户生成内容,可合称 PUGC)的内容属性,由抖音平台主动开创话题,发放"种子视频"作为范例,邀请明星、网红参与,带动话题热度。

2018 年"5·18"博物馆日,抖音"爆款"文物创意视频《第一届文物戏精大会》累计播放量突破 1.18 亿,点赞量达 650 万,分享数超过 17 万。这一播放量相当于大英博物馆 2016 年全年参观总人次 642 万的 184 倍。此外,中国国家博物馆、湖南省博物馆、南京博物院、陕西历史博物馆、浙江省博物馆、山西博物院、广东省博物馆共七家国家一级博物馆集体入驻抖音,并合作推出"博物馆抖音创意视频大赛"。雄伟的青铜器、精美的唐三彩和素雅的青花瓷给原本以年轻活力著称的抖音增加了历史感和厚重感。

四、抖音创新商业模式

(一)重视 PUGC 类内容,强运营推荐头部内容

年轻、美好、时尚是抖音的特色,这与其平台早期的发展策略有关。2017 年上半年,抖音团队忙于从小咖秀、微博,以及艺术院校等挖红人,设计多种主题和玩法,进行内容冷启动。这一批高颜值的年轻人成为抖音内容生产的主力,他们与平台签约,根据等级领取补贴,由专人负责管理、接洽广告。这些官方签约的"新大号"覆盖旅游、美食、体育等诸多细分领域,形成专业用户生产内容的模式。他们与明星、MCN(多频道网络)机构入驻的艺人一起,逐渐垄断抖音的头部流量。

与快手倡导的"轻运营"不同,无论是内容生产者的签约和管理,还是内容主题、玩法、音乐的设计,抖音在发展中不断加重运营比重,发动自己签约的红人在平台预设框架内生产内容,牢牢掌控内容的调性和质量。比如"话题挑战"功能,抖音通过设置挑战专题和对应的优渥奖励,降低视频制作的难度,来调动各层次用户的参与积极性。

随着用户的爆发式增长,抖音从 2017 年下半年开始弱化人工运营,强化算法。强运营加深"中心化"趋势,服务内容消费者,提供高效的信息匹配。这是留住用户的有效手段,也体现了抖音对流量分配权的控制。

(二)强化与政府、企业的合作,打造"双微一抖"格局

近年来,"两微"(微博、微信公众号)的传播矩阵成为不少政府机构和企

业发声、亮相的首选。政府机构通过社交媒体平台，创新政务传播方式，以有趣、诚挚的态度拉近与公众的距离。"两微"也是企业塑造品牌、推广营销的优先选择。继自媒体之后，抖音迅速崛起，拥有庞大的流量池，与政府、企业合作的步伐不断加快，打造"双微一抖"格局的意图愈发鲜明。

据《南方周末》记者报道，在西安，已有超过 70 个市政府机构开通官方抖音号，西安市公安局、西安市旅游发展委员会、西安市文物局悉数在列。目前，入驻抖音的政府政务账号共 200 余家，其中政府系统、外宣、旅游等部门占较大比重。为应对内容方面的负面舆论，抖音宣布推出"美好生活"计划，称将弘扬优质传统文化作为未来内容打造的重点。与地方政府部门展开积极合作，由抖音平台策划和拍摄短视频，宣传当地特色文化，便是其重点举措之一。例如，新上线的文物戏精大会，试图在文物严谨性、时代创新性与用户需求间寻找契合之处。

2018 年 6 月伊始，抖音正式上线抖音企业号认证平台，全面开放企业入驻。企业只需通过一次认证，即可优享抖音、今日头条、火山小视频三大平台的认证标识及专属权益。这无疑是抖音对标当前其他新媒体平台的一次大动作。同时，营销工具、数据监测、粉丝管理等多项功能的设计，为企业有效圈定了一个营销生态闭环。

抖音企业号的全面开放，为企业、品牌商的品牌曝光、内容营销创造了新的官方入口，"双微一抖"的格局顺势产生。基于抖音的强大代入感及传播能力，企业通过抖音网罗大批受众，再结合自身品牌优势，搭建品牌专属的生活场景式营销环境，使用户产生关联感，提升用户的品牌黏性，促成企业传递品牌、业务信息，与用户、粉丝建立深层次互动。

（三）掌控三方资源，强势收割红利

根据头条系产品的运营惯例，强大的广告销售体系是抖音尽快实现商业化、强势收割红利的重要保障。在流量分发、广告主、红人三方资源的掌握力度上，抖音表现得相当强势。

2017 年下半年，抖音开启了商业化，此时距离其上线还不到一年。其在开屏广告、信息流广告、定制挑战赛、贴纸合作和达人合作五大项目收割商业资源的红利，其中前三项是收入大头。开屏广告和信息流广告属于平台最常见的广告营收方式，贴纸合作属于广告形式的创新。这些是任何大的流量平台都可以采用的收入方式。抖音的优势在于定制挑战赛和达人合作。抖音宏观调控的流量运营逻辑让其在流量分配上拥有话语权。定制挑战赛这种非标资源的溢价空间更大，抖音只负责相应的推荐资源。与硬广的一次性传播不同，挑战赛能引发 UGC 用户的模仿跟随，传播效果加成。而抖音官方发起的挑战赛，参与人数远多于个人用户发起的挑战赛。

抖音 2018 年第二季度的广告刊例价均大幅高于其他内容平台，即便如此，广告主对抖音的硬广投放依然表现出强烈的热情。据界面报道，2018 年 3 月，抖音销售人员就已经忙得不可开交。电话咨询不断，微信上的咨询也是应接不暇，一个销售人员每个月能拉五六个广告订单，单价在 100 万到 500 万。

抖音平台早期大力扶持并陆续签约的红人，如今他们每接一单广告，抖音都有分账。若红人接广告不走抖音官方渠道，视频被发现了会被限流甚至删除。抖音自建红人机制，使其如今成为一个大型 MCN 机构，牢牢把握变现能力强的红人资源。与抖音合作的 MCN 机构，抖音自然也参与分成。

抖音想做艺人经纪的路并不平坦。抖音与微博、淘宝等平台粉丝流动的高度不对等，通过各种手段建立艺人的核心粉丝群体是艺人经纪的关键。抖音平台的媒体属性不断强化，却未利用社交属性及时培养粉丝，同时缺乏后续的跨平台和跨媒体的专业配合，一定程度上限制了抖音红人的发展空间，也降低了抖音的流量变现能力。

五、政务抖音成新趋势

（一）全国布局，多级"共舞"

随着短视频的爆红，全国范围内各级政务公号"抢滩"短视频平台，已经成为一些政府部门的"常规操作"。据媒体报道，目前已入驻抖音的政务账号共 200 余家。从整体看来，政务抖音号突破地域限制，在全国各个省份、省会城市范围内"攻城略地"。从北上广等沿海地区，到河南等中原腹地，再到内蒙古等西北部地区，政务抖音号逐渐呈现布局全国之势。其中，公安、政法系统、旅游、外宣、团委等部门均比较积极。

有些政务号一出手就得到了颇佳的传播效果，如北京市公安局反恐怖和特警总队的抖音账号"北京 SWAT"发布的第一条视频以热门游戏音乐为配乐，展现特警队员的日常训练，不到 12 小时即已收获超过 250 万个点赞、7 万条评论，粉丝量突破 100 万，截至 2018 年 6 月已坐拥 360 万粉丝。

表 2 列出了 30 个表现较为突出的政务抖音号，它们的粉丝皆已过万。分析后可发现，当下警察系统的政务抖音号不论在积极度、活跃度，还是在表现力、吸粉力方面皆处领先位置；旅发委、博物馆、团委、军队等紧随其后；视频内容包括通报案情、展示日常政务生活、展示文物、宣传旅游景点等，涉及领域广，表现手法也丰富多样。

表2　表现较为突出的30个政务抖音号

序号	账号名称	抖音号	账号主体	粉丝数（万）
1	中国陆军	996946737	中国陆军	2
2	中国警察网	940565731	中国警察网	2.2
3	浙江公安	zhejiangpolice	浙江省公安厅	5.7
4	西安旅游	XIAN.TOURRISM	西安市旅游发展委员会	6
5	天津交警	tjjiaojing	天津市公安交通管理局	6.1
6	苏州小警	SuzhouPolice	苏州警方	6.5
7	石家庄公安交警	sjzgajj	石家庄市公安局交通管理局	8.1
8	陕西旅游	sxly6	陕西省旅游发展委员会	9
9	陕西历史博物馆	156233706	陕西历史博物馆	9.8
10	山西博物院	shanximuseum	山西博物院	10.3
11	山东高速交警	sdgsjj	山东省公安厅高速交警总队	11.5
12	平安重庆	cqga110	重庆市公安局	11.8
13	平安西安	919673546	西安市公安局	12.8
14	平安江苏	JiangsuPoilce	江苏省公安厅新闻中心	13
15	平安杭州	HZPD0571110	杭州市公安局	18
16	平安北京	960269241	北京市公安局	23.6
17	南宁兴宁警方	nnxnjf	兴宁警方	25.6
18	连云港警方	lygjf	连云港警方	45.6
19	警民直通车—上海	shanghaipolice	上海市公安局	52.9
20	江苏网警	js－wangjing	江苏省公安厅网络安全保卫总队	55.3
21	江苏警官学院	jspi－1949	江苏省警官学院	56.3
22	健康中国	874364904	国家卫生健康委员会	64.7
23	湖南卫视	28449237	湖南卫视	67.7
24	湖南省博物馆	631478836	湖南省博物馆	67.9
25	湖南高速警察	hngsjc	湖南高速警察	78
26	好客山东	871740037	山东省旅游发展委员会	86
27	国资小新	SASAC	国资委新闻中心	99.1
28	国家博物馆	chumuseum	国家博物馆	102.7
29	共青团福建省委	781735661	中国共产主义青年团福建省委员会	104.2
30	北京SWAT	89544952	北京市公安局反恐怖和特警总队	360.6

　　注：粉丝数统计时间为2018年6月5日。

（二）结合音乐舞蹈"严肃卖萌"，引领政务传播"潮流范儿"

政务抖音号积极结合抖音平台最流行、最受欢迎的视频表现手法，融入动感的音乐、舞蹈元素，打破以往严肃刻板的形象，不断推出符合公众审美需求的短视频作品。国资委新闻中心主任毛一翔出镜"严肃卖萌"，为国资委短视频平台账号"国资小新"赢得了数十万粉丝。无论是国家博物馆陶俑跳"当当当之舞"，还是"北京SWAT"套用"98k之歌"，都表现出政务宣传向流行文化靠拢。因此，敢于向公众"卖萌"，将成为未来宣传工作的基本思路。

对于短视频平台的年轻受众来说，他们更喜欢短平快且轻松活泼的信息传播风格。政府部门通过入驻短视频平台，改变过于冗长、严肃、沉重的传统政务信息传播途径，使得受众以喜欢的方式，接收官方声音，领略政府部门更亲民的一面。

（三）"抖"得有度：放下姿态的同时也需保持底线

让政务传播"抖起来"，一方面，要求政府部门放下姿态，以坦诚、平等、互动的互联网态度，与公众进行诚挚的沟通交流，在传递自身声音的同时，及时了解公众诉求，倒逼自身规范完善。另一方面，也要求政务号在发布内容以及与网民沟通时，应警惕短视频平台上仍存在的一些过度娱乐化、庸俗化或解构化等的不正之风，须保有一定底线，不可一味迎合，避免造成不当的传播效果。

六、抖音爆红之下的隐忧

以抖音为代表的短视频平台爆红之后，视觉化/流动影像化变成用户表达及接收信息的核心方式，许多在以文字甚至图片为核心表达手段时不甚明显的传播问题，随着用户门槛的降低迅速凸显出来。这些巨变的社会背景和新的传播情境，进一步强化了对短视频平台低龄用户资格审核和敏感内容监管的要求，但满足这些要求的难度也在大大增加。

由于平台审核机制的不完善，在抖音经历了"井喷式"发展后，部分用户为了抢夺注意力，不断生产暴力、色情、低俗、虚假等低质内容，并导致疯狂传播。不仅如此，由于内容审核标准模糊和审核者能力素质问题，平台也容易出现触及政治红线的内容。

此外，在抖音碎片化信息的轰炸下，用户很容易陷入消费主义的陷阱，被娱乐绑架，对现有世界的认知产生巨大偏离。在这个过程中，最容易受害的是未成年人群体。其负面影响分为显性和隐性两个方面。显性的负面影响主要体现在有的用户为博眼球进行的模仿、恶搞等行为已违法或者造成他人的人身伤害。而且在算法推荐下，基于个性化的推荐引擎技术，平台会根据用户的兴趣、位置等多维度进行不断的推送，这极易让缺乏自制力的未成年人对有害信息"上瘾"。隐性的负面影响主要体现为一些含有软色情、软暴力、炫富等信息的视频对未成年人的成长、思维、行为产生不良影响，并引发未成年人的不当模仿。

（一）抖音负面案例列表

表3　抖音负面案例列表

时间	案例主要内容	负面案例类型	平台
2018年2月15日	有知乎用户提问"抖音快手最大区别是什么"，最高票回答获3.3万次赞："看多了都是一个味，翻来覆去就那点东西，偶尔解闷还好。"	视频内容庸俗化	知乎
2018年2月18日	央视《焦点访谈》点名批评快手等短视频平台内容低俗；浙江卫视春晚撤换抖音冠名权，全程以马赛克遮盖其logo	短视频内容低俗	央视/浙江卫视
2018年3月7日	抖音上名叫"车小将"的账号发文称：一桶无色透明液体可以代替汽车成为新能源，30万就能够拿下一个致富机会。"如果产品生而为一个不合理规则的使用者，那也必然也会成为规则的参与者。"	平台视频内容审查缺乏力度	虎嗅
2018年3月8日	3月7日，SensorTower发布最新数据显示，抖音已持续霸占中国App Store单日下载量榜首共16天，创其上线以后保持榜首最长时间的佳绩。"在快手与抖音疯狂发展的同时，其背后所隐藏的实质性问题：内容审核机制不健全，审核力度不够。一旦踩中红线，将带来严重后果。"	平台视频内容审查机制不健全	网易号"文化产业新闻"
2018年3月23日	武汉一位2岁女童的爸爸，在看抖音视频时发现了与宝宝互动的翻跟头视频十分有趣，便拉上女儿尝试。结果在翻转180度的时候突然失手，孩子一下子头部着了地。目前，由于脊髓严重受损，女童上半身已经无法行动	视频内容庸俗化，并引发负面社会模仿/传播效果	"新周刊"微信公众号/微博平台
2018年3月26日	媒体报道抖音中一些视频制作者公然展示"自制"化妆品的过程，然后贴上名牌商标，形成一条黑色产业链	虚假商品展示，平台内容缺乏监管	《新京报》

（续上表）

时间	案例主要内容	负面案例类型	平台
2018 年 4 月 2 日	文章《抖音，请放过孩子》发表，引发大量微信用户转载、评论，并在短时间内引起大量媒体转载该文章。广大网友认为抖音短视频不利于孩子成长，并对抖音短视频产品运营情况产生负面评价，大量用户卸载抖音短视频	未成年人权益及未成年用户审核	微信公众号"快微课"
2018 年 4 月 10 日	国家有关部门下发文件批评部分网络视听节目不规范并产生极坏的社会影响	短视频"中毒"	《人民日报》
2018 年 4 月 11 日	网友举报称，抖音视频上有一名女子在驾车时，手离方向盘比心，且未系安全带	视频内容违法违规	央视新闻
2018 年 4 月 11 日	Bianews 4 月 10 日起征集关于抖音小调查的参与者反馈，截至 4 月 11 日，共有两千余人参与投票。"围观抖音上的非常态视频只是'有趣'的无意义消遣，并不值得费力去思考、理解。"	视频内容庸俗化，纯娱乐化	百家号"Bianews"
2018 年 4 月 15 日	"幼女不穿内裤出镜 15 岁少年看'社会摇'称被教坏"等短视频平台乱象引发社会强烈关注	未成年人权益及未成年用户审核	中国青年网
2018 年 5 月 11 日	陕西西安一名 8 岁的男童因模仿抖音上"胶带黏门"的整人视频，导致 6 岁的弟弟绊倒摔伤。家长怒斥抖音害人不浅	平台视频内容审查缺乏力度	中国江苏网
2018 年 5 月 14 日	文章《为什么我建议你卸载"抖音"？》发表。"但凡涉及流量、算法推荐的软件，都在利用大数据掏空你的时间。等脱离精神鸦片后，留下的只是空虚，因为它们没有提供任何价值。"	质疑平台算法推荐	微信公众号"经管世界"
2018 年 5 月 25 日	杭州一男子模仿抖音热门视频，用菜换其他陌生客人的肉，被拒后引发斗殴。正是基于平台这样扩张的思路，社会新闻中匪夷所思的"抖音模仿者"越来越多，"这种玩法，恰恰只实现了娱乐价值中最浅层的自我麻痹作用"	视频引发负面社会模仿/传播效果	澎湃新闻

（续上表）

时间	案例主要内容	负面案例类型	平台
2018年5月30日	抖音著名用户"温婉"被封杀。"抖音猛推用户喜欢的内容以至于出现内容上的高度趋同和重复"，"抖音对KOL的过度扶持，造成马太效应，普通用户很少有曝光的机会"	视频内容低俗/质疑平台算法推荐	创业邦
2018年6月6日	抖音产品的广告推广中出现对英烈不敬的内容	平台广告投放审查缺乏力度	36氪

（二）算法推荐导致同质化内容过多，恐造成舆论极化

抖音平台绝大部分的用户观看视频的渠道都是不断刷新和滑动首页的"推荐视频"，而隶属今日头条系的抖音短视频也依旧通过今日头条系的系统算法来为用户选择推荐内容，加之抖音较为突出的"模仿"套路，用户往往无可避免地遭遇同质化内容。同质化内容过多，久而久之就会造成用户的审美疲劳。据企鹅智酷的调查，近半数的流失用户都是因为"看久了觉得腻了"而选择离开的。

凯斯·桑斯坦在其著作《网络共和国》中提出了"群体极化"这一概念，他指出："团队成员一开始即有某种偏向，在商议之后，人们朝着偏向的方向继续移动，最后形成极端的观点。"而在网络社交媒体时代，平台的算法推荐成为造成网民群体所持"偏见"的极有力的推手。

作为今日头条系最具代表性的短视频平台，抖音也凭借强大的算法、先进的数据抓取技术，精准分析并解读用户的观看习惯和兴趣，从而向用户推送为其量身定制的短视频产品，满足个性化需求。但这种高度的"个性化"会使得推送给用户的是大量在内容、表达观点上高度同质化的短视频作品，这就容易造成用户观点的同质化，甚至极化问题，并在社会热点问题或突发事件出现时，酿成舆情极化的现象。

（三）"易爆"网红的强大内容传播力，导致对网红内容的监管压力剧增

以抖音为代表的短视频平台的"网红制造"能力和效率，令以往所有的社交平台都黯然失色，网红播主一个月收获百万粉丝在抖音已不算难事。且按照抖音平台的特点，判断视频是否"爆红"的一个重要指标，就是有多少模仿它的衍生视频产生。这种模仿，不仅会使网红视频的影响力在网络平台上呈几何倍数迅速暴涨，同时也会引发线下的大量模仿实践。例如在2018年5月底被抖音封杀的网红"温婉"。她靠一条背景音乐为 *Gucci – Prada* 的跳舞短视频一夜爆红，

并十天速成千万网红，截至被封杀时，温婉的粉丝量已经有1 200万以上。但封杀来得更快，网传原因是温婉被扒出"黑历史"，整容、拜金、被包养等，给青少年造成了极差的模仿效应。平台为了整治低俗内容，果断封杀。

《2018五一出行趋势报告》显示，重庆的洪崖洞首次入围旅游热门目的地榜单，排名仅次于故宫。多家媒体撰文称"抖音捧红了重庆"。一大群中了"抖音毒"的游客千里迢迢飞到重庆，就为了在李子坝轻轨站、洪崖洞、长江索道等"网红景点"拍照打卡，并造成轻轨重度拥堵、洪崖洞成为收费景区、长江索道的费用由2元跳涨至20元，给重庆居民的日常出行造成了一定困扰。

此外，关于模仿抖音危险视频而导致受伤的事情已经发生多起。2018年2月，长沙一大二女学生组织亲戚一起挑战高难度动作，在录制过程中不慎被"甩飞"摔伤，后被确诊为右踝关节骨折。针对该事件的舆情监测系统发现，众多网民开始质疑这究竟该说是用户自己的责任还是抖音短视频官方的责任。一些短视频中还有很多专业高危的动作，虽然看起来让人感到很刺激精彩，但是有些朋友在模仿的过程中就会造成悲剧。网友认为，网络短视频平台应当承担对于视频的监管责任，对于涉及未成年人的视频应当严格审核，不能放任包含儿童危险动作的视频在网上流传。

（四）视频内容易触及政治红线及"软色情"泛滥，成监管难点

随着国家相关法律法规的健全和监管力度的加强，各类新媒体平台的内容安全成为一个焦点问题。政治上不触"红线"，道德上不越"底线"已经成为一个基本原则，但抖音却正好撞到枪口上。2018年5月1日，《中华人民共和国英雄烈士保护法》正式开始施行。2018年6月，因抖音对其制作的广告内容未尽到依法审核职责，导致侮辱英雄烈士的违法信息在网上传播，造成不良影响，涉嫌违反相关法律法规。北京市网信办、北京市工商局启动行政执法程序，对抖音违法违规行为进行立案查处，并依法联合约谈，责令其立即清除相关违法违规内容及进行严肃整改。

前文提到，"萌娃"和"漂亮小姐姐"是抖音App视频中最常见的内容之一，这些也是经常出现在平台的热门推荐当中的内容。然而，为从这两个热门内容领域的海量作品中杀出重围、吸引流量，很多短视频制作者开始剑走偏锋，打一些敏感内容的"擦边球"，"软色情"也渐渐成为抖音平台广受指摘的一种视频内容。

比如在用户"千与千寻"拍摄的一则视频中，小女孩直接光着下半身入镜。共青团中央青少年维权在线专家提出，一些"萝莉秀"存在未成年人露点或者全裸的视频，属于刑法意义上的"淫秽物品"。《中华人民共和国刑法》第三百六十三条以及第三百六十四条明确规定了传播淫秽物品牟利罪以及传播淫秽物品罪。这些传播"萝莉秀"的视频平台有可能构成"传播淫秽物品罪"。

软色情内容攻占的不仅仅是短视频的内容场域，抖音平台的评论区也成为隐性"藏污纳垢"之所。如在用户"宝餐一顿"更新的萌娃日常中，有一则是小女儿穿着婚纱和小男孩拍"青梅竹马"婚纱照的内容。这段短视频的人气颇高，获得了 29 万个赞和 5 000 多条评论。而点赞量最高的评论是"这……这算早恋吗?"以及"女的很可爱、漂亮，男的帅，真是般配的一对……"。而在另一则由一个刚上高一的抖音用户"萝卜"发布的一段穿着校服上衣和超短热裤在操场跳舞的视频，吸引了 15 万点赞，4 000 多条评论，高赞评论里含有色情诱导性的评论，完全不顾忌可能对未成年人造成的负面影响。

这种涉及"软色情"的视频以及评论内容，都凸显出短视频平台方监管力度不足的问题，结合上一部分所提到的短视频平台的网红播主及内容能够造成的广泛且迅速的传播影响力，很容易酿成极大的负面舆情。这也是抖音平台在未来阶段亟待解决的重大问题之一。

（五）抖音两大隐患：未获"视听许可证"与仍未完善的"实名认证"

国家广播电视总局（原国家广播电影电视总局，简称"广电总局"）于 2007 年 12 月在《互联网视听节目服务管理规定》中颁布了"网络视听许可证"政策，该证全称为"信息网络传播视听节目许可证"。根据规定，凡是通过互联网向公众提供视频和音频节目的，都必须办理该证，短视频平台自然包括在内。但是，目前市面上包括抖音在内的大多短视频平台都没有拿到"网络视听许可证"。

这张仍未拿到的许可证，可谓是悬在抖音头上的达摩克利斯之剑，随时有可能造成严重危机。这绝不是危言耸听。就在 2017 年，广电总局就已针对新浪微博等网站在不具备"网络视听许可证"的情况下开展视听节目服务，并且播放大量不符合国家规定的时政类视听节目和宣扬负面言论的社会评论性节目，要求其关停视听节目服务。抖音若也因相似原因被关停，后果必然要比新浪微博更为严重。

抖音平台上部分用户的命名侵犯名人的姓名权，这一现象也值得警惕。当下仍是短视频行业发展的最大风口，每天都仍有大量新用户涌入抖音平台，在用户注册的监管上，抖音也还存在着诸多有待完善之处，最明显的一点就是关于实名制的问题。抖音平台因完全贯彻用户注册实名制，于是出现了大量想蹭名人热度，用名人的名字和头像注册用户名的现象。包括马化腾、马云、丁磊、刘强东在内的一众互联网业界名人几乎都在抖音平台上被实名注册，同时一些演艺界的名人也不能幸免。一时间，在抖音平台上，名人用户真假难辨。

这种现象明显涉嫌侵犯名人的姓名权和肖像权。以目前的技术手段而言，完全可以避免类似情况发生。部分短视频平台存在故意放任的可能。其实，抖音平台并非没有设置实名认证的功能，目前也已经有很多名人加 V 认证，包括其创始人张一鸣。实名认证后，头像处右下角会出现金黄色的 V 字，但实名认证却并非硬性要求。对于个人用户的加 V 认证，抖音设置的规则为，如果有实名认证的新浪微博，可以直接与抖音账户关联，实现在抖音的加 V 认证。

抖音只对企业账户的加 V 认证设置了严格的申报流程。2018 年 3 月，抖音开启了品牌主页的蓝 V 认证，申报内容包括提交组织机构代码证、营业执照等证件，认证不能立刻实现，需要一周左右的周期。总的来说，抖音全面贯彻严格实名认证之路仍然很长。

七、政府监管升级，抖音亟须严"审"控"算"

2018 年 4 月开始，短视频监管全面升级。短视频的监管涉及网信、广电、文化旅游、工商等多个部门，目前相关部门都已有所行动。国家网信办先后约谈了快手、美拍等平台的相关负责人，提出严肃批评，责令全面整改。国家广播电视总局专门下发了相关文件。4 月 11 日，快手、火山小视频等 App 下架，内涵段子永远关停。根据国家广播电视总局的要求，所有短视频平台都要开展自查自纠，严格内容审查、用户注册审查和控制推荐算法已成短视频平台主要的整改方向。

抖音发布公告称，2018 年 3 月份，平台累计清理了 27 231 条视频，8 921 个音频，89 个挑战，永久封禁了 15 234 个账号。违规类型主要分为七种：色情低俗，侮辱谩骂，造谣传谣，垃圾广告，侵犯版权，内容引人不适，涉嫌违反法律法规。抖音官方于 4 月 10 日发布的海报显示，抖音将正式上线第一期反沉迷系统，将基于用户单次使用时长或累计使用时长，对用户进行相应提醒、强打断等警示，第一期主要包括两个功能：一是时间提示，当用户连续使用 90 分钟后，短视频上会提醒用户注意时间；二是时间锁，用户设定密码开启，单日使用时长累计达到 2 小时后，系统将自动锁定，用户需输入密码才能继续使用。抖音方面表示，希望能更好地帮助用户管理时间，享受美好生活。4 月 11 日，抖音暂时关闭了直播与评论功能，宣布对系统进行全面升级，升级完毕后会再次开通。这次系统升级的重点是内容审核和平台管理，同时加速推进"美好生活"计划。同一天，抖音分享到微信和 QQ 的视频链接不能直接在这两个平台内打开，并显示"互联网短视频整治期间，平台将统一暂停直接播放。如需观看，仍可复制网址使用浏览器播放"。

4 月 18 日，《中国消费者报》报道，针对抖音短视频平台涉嫌发布售假视频的问题，北京市工商局海淀分局及时对该平台经营主体北京微播视界科技有限公司进行约谈。约谈会上，企业负责人反馈了调查情况，表示针对平台涉嫌违规内容已采取删除、封禁措施。截至发稿时，共查删视频 805 个，封禁账号 677 个，添加违禁关键词 67 组。

在此次约谈会上，海淀工商分局提出的建议值得供包括抖音在内的所有短视频平台借鉴：一是高度重视本次舆情问题，强化主体责任意识，履行网络服务提供者义务，及时反馈调查处理情况。二是完善维权机制，有效控制事态，高效处理关于平台的投诉、举报问题，切实保障民众利益。三是加强技术监测与人工审核力度，通过系统技术筛查违法视频、广告文本，即时阻断违规直播，同时结合人工审核，对违法视频迅速作筛查下线处理。四是健全内部管理制度，完善对抖音平台注册用户的身份认证、分级管理及跟进整治的管理流程，从源头避免为售假内容提供传播基础，并立足企业长远发展，完善制度建设。

知识付费研究报告

王子明　王嘉琪　汤景泰
2018 年 6 月 22 日

一、引　言

在线知识付费产业是指以付费购买在线知识服务为核心衍生出的利益相关、分工不同、能够在各自的产业环节内完成自循环的上下游业态集合体。在传播话语权下放的网络时代中，由于获取信息的渠道日趋多元化，阅读时间日趋碎片化，知识获取也呈现出众筹化和共享化的趋势。通过知识付费平台，一方利用自身的认知盈余实现知识变现，而另一方则凭借众筹式经验填充知识空缺，这已经成为快节奏城市生活中不可或缺的生活方式。我们在这里，将用户出于明确的求知目的而付费购买在线碎片化知识服务的行为，统称为知识付费行为。2017 年，知识付费经过几年的蛰伏与市场试水后，迎来大爆发，进入了产品与服务的双向开拓时期。入局付费领域的平台不断增加，付费产品规模达到新的量级。

而经过两年多的发展，各大主流知识付费平台也逐渐拥有了较为稳定的赢利模式和自身的头部产品。2017 年中国知识付费产业规模约 49 亿元，总体上形成了较为成熟的产业链。但随着公众对知识付费产品的新鲜感降低、用户复购率下降、总使用时长缩水，包括喜马拉雅 FM、知乎 Live 等一线知识应用在内的整个知识付费行业开始出现营收下降的趋势。

知识付费作为一项新兴产业，如何持续为用户提供稀缺、优质的内容应该是各大平台的主战场，同时也是付费模式能否持续的关键所在，这已然成为行业共识。同时，为了提高产品市场占有度，提高用户使用时长和黏性，各大平台需要在付费模式、审核机制、内容维度等方面进行一系列新的探索。

进入 21 世纪，我国国民生活水平进一步提高，根据马斯洛需求层次理论，在满足自身基本的生存、生理需求后，国民支出倾向于向满足自我发展需求倾斜，因而消费比例出现较为显著的变化：发展型消费占比提升，对高质量、精品化知识产品需求不断增加，以人力资本投资为主的教育、文化、娱乐新消费结构正在形成。

2012 年以来，我国文化产业增加值持续增长，自 1.8 万亿元提升至 3.1 万亿元，涨幅超 70%。根据文化部规划，到 2020 年，文化产业将成为国民经济支柱性产业。一般而言，产业增加值占 GDP 的 5% 才能被称为"国民经济支柱性产业"，所以这意味着 2020 年我国文化产业增加值将达到 5.5 万亿元[①]。

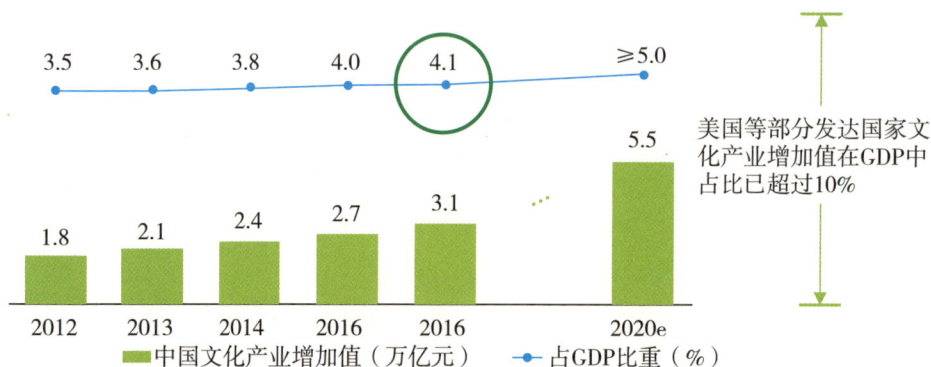

图 1　2012—2020 年中国文化产业增加值及占 GDP 比重

资料来源：艾瑞咨询研究院。

注：e 表示该年份数据为预计值。

二、知识付费的"前世今生"

（一）我国知识付费发展概况梳理

2017 年，知识付费经过几年的蛰伏与市场试水后，迎来大爆发，进入了产品与服务的双向开拓时期（知识付费市场发展概况见图 2）。入局付费领域的平台不断增加，付费产品规模达到一定量级，同时涉及图文、直播、音视频等传播方式；内容上，涵盖人文社科到财经教育多个领域，日渐走向垂直化和精品化方向，重构产品思维，以个性化、系统化的产品获得用户，比如专注女性个人成长的"趁早"App、专注考研课程服务的"考研帮"App 等；服务上，不再仅限于基础的信息服务，而是主动关注用户体感，重视用户黏度，比如知乎推出"七天无理由退款"等售后服务。

---

① 艾瑞咨询研究院：《2018 年中国在线知识付费市场研究分析报告》，艾瑞网，http：//report. iresearch. cn/report_pdf. aspx？id = 3191，2018 年 3 月 30 日。

知识付费市场发展概况梳理

2011年
豆丁网推出付费阅读产品

2013年

3月
喜马拉雅FM手机客户端上线

8月
罗缉思维开始招募付费会员

2014年

12月
微博开通打赏功能；豆瓣阅读开启付费专栏

2015年

3月
微信推出赞赏功能

11月
罗辑思维推出知识服务平台"得到"

2016年

1月
混沌研习社App上线

3月
知乎推出实时问答互动产品"知乎Live"

4月
知乎推出一对一付费咨询产品"值乎"

5月
果壳网上线了新型付费语音问答新产品"分答"；腾讯众创空间推出"千聊"

6月
"得到"App推出"李翔商业内参"，20天营收破千万；喜马拉雅FM开始尝试付费订阅，推出"付费精品"专区，马东团队"好好说话"作为首个付费节目上线，首日销售破500万元

7月
今日头条推出问答频道

8月
知乎专栏推出赞赏功能；雪球问答、联想"知了问答"上线

9月
虎嗅推出付费会员，提供深度报告等内容

12月
喜马拉雅举办的"123知识狂欢节"销量超5 000万元；内容付费工具小鹅通正式召开1.0发布会

2017年

2月
36氪付费专栏"开氪"上线

3月
豆瓣推出了首个付费栏目"豆瓣时间"；罗振宇进驻"得到"App

4月
荔枝微课开始提供基于微信的直播课程

6月
今日头条将"头条问答"更名为"悟空问答"；喜马拉雅FM推出内容付费会员节"66会员日"

8月
知乎上线段内容分享产品"想法"

9月
知乎私家课上线：十点课堂的全部课程营收超7 000万元

11月
"得到"专栏"薛兆丰的北大经济学课"订阅用户突破20万

12月
喜马拉雅FM第二届"123知识狂欢节"整体销售额达1.96亿元；"蔡康永的201堂情商课"销量破1 200万

2018年

1月
新世相读书会上线第一堂精品课"成为不可替代的人"，24小时内销量破7万，收入超500万元

2月
果壳网及在行创始人姬十三召开了品牌战略升级发布会，宣布知识付费产品"分答"将更名为"在行一点"

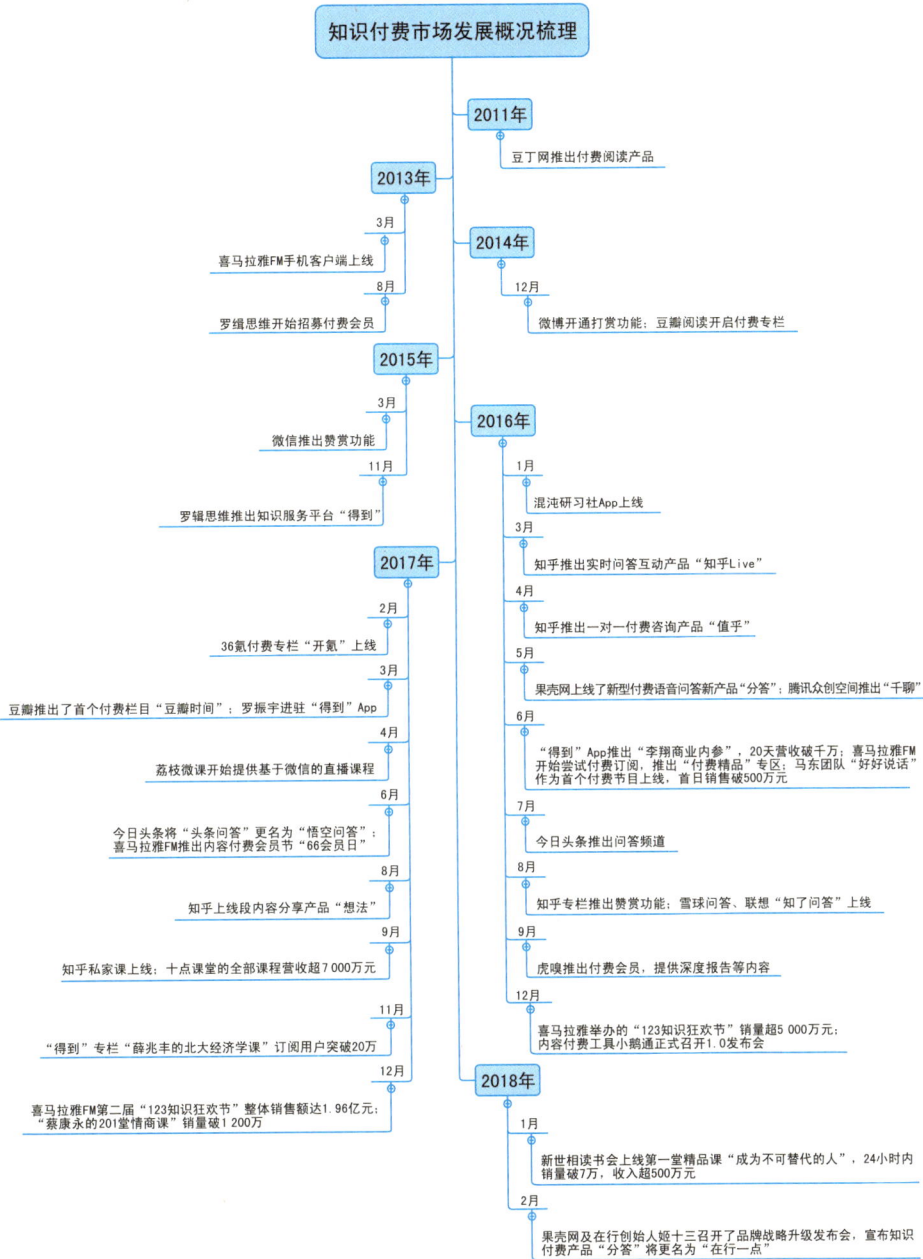

图2　知识付费市场发展概况梳理

可以说，截至目前，知识付费在我国已经形成了较为完善的产业生态（见图3）。

图3　2018年中国在线知识付费产业图谱

资料来源：艾瑞咨询研究院自主研究及绘制。

注：（1）受篇幅限制，并未将产业链各环节中的所有企业全部展现，此处仅作示例。

（2）核心产业环节中各企业 logo 按企业中文全称首字母顺序排列，不涉及行业排名。

（二）我国知识付费现状

当前，我国居民精神文化需求持续增长，内容生产去中心化程度进一步提高，文化内容产业相关赛道快速发展。根据艾瑞咨询的统计，2017 年，中国知识付费产业规模约为 49.1 亿元，同比增长近三倍。[①]

头部平台抢滩登陆并形成品牌优势，以个性化内容分割市场，价格多在百元以下。目前，在我国知识付费市场上占据较大优势、知名度较高的平台有喜马拉雅 FM、知乎 Live、得到、千聊等产品（见表1）。纵观这些知识付费市场上的头部账号，可以发现它们在 2015 年甚至更早便已加入这一市场进行试水，发展至今已基本形成明确的产品定位和较大程度的用户黏性，用户数量以千万计，喜马拉雅 FM 更是拿下了 4.5 亿注册用户的数据。

---

① 艾瑞咨询研究院：《2018 中国在线知识付费市场研究分析报告》。

表1　知识付费头部平台现状一览

	内容数量	用户规模	服务范围	产品类型	主力用户	价格分布
喜马拉雅FM	3 000位知识网红，付费内容超过31万条	4.5亿注册并激活用户	覆盖亲子儿童、人文历史、外语、音乐等16个类目	包括系列课程、书籍解读等	32岁以下人群	大部分付费内容价格为199元
知乎Live	5 000余场Live	7 000万注册用户，2 000万日活用户	职业、科学技术、教育、互联网、金融与经济等	音频为主，有极少数视频	学历本科及以上人群，中高收入用户	90%的产品定价于39.9元，100元以上Live仅34场
得到	产品数量2 800余个	约2 000万	心理学、商学、职场、管理学、历史等8类	大咖专栏、跨年演讲、知识发布会、每天听本书等版块	求知欲、焦虑感较多的白领人群	199元/年
千聊	注册直播间160余万，课程数达120万	约9 800万用户，覆盖人次2亿	职场经验、情感生活、亲子教育、商业等	采用中小班授课模式	30岁以上的女性群体	0～30元占总区间的94.14%
分答（在行一点）	约50万条语音回答，2万多位行家	约200万用户	职场、教育、心理、人力、法律等70个垂直领域	包括问、讲、课、班4个板块，提供1分钟、30分钟、1个月乃至半年的知识服务	未明确区分	课程价格为79～249元不等，提问价格大多在100元以下

线上的知识付费不意味着像传统教育思维一样，以高昂的价格和综合性的系统教育为主打，而是专注于特定领域的深耕，以提供基础性、实践性较强的轻量

化内容为主旨。知识付费平台有较为清晰的用户定位和精准的内容生产模式，同时价格在百元上下浮动，甚至如"知乎 Live""千聊"等平台，其90%的产品价格处于0~40元区间，较符合国民消费预期，也进一步以"优质低价"的用户体验形成了二次传播优势，为潜在用户的培养提供契机，为国民知识付费意识的提升提供可能。

由于知识付费产业的核心动能是用户的明确获知需求，因此，"爆款"的吸引力只是一时的，对用户"知识焦虑"的收割并非产品获益的长久之计。相反，知识付费平台将更注重打造和扶持付费率高、评价好的产品，利用其与用户个性化需求相符的"长尾效应"获利。根据艾瑞咨询的统计，目前，知识付费产业呈现"腰型"结构分布，头部 Top3 知识付费平台占据35%产业规模，腰部Top4—Top10玩家占据25%产业规模，此外众多长尾参与者分享其余的40%份额（见图4）。[①] 知识付费产业头部格局已基本形成，虽然集中度相较其他内容产业仍较低，但在用户基数、关联内容方、版权、资本、技术、人才等方面已建立基本壁垒。

头部平台	Top3平台，收入占行业约35%，付费用户规模均超300万。
腰部应用	Top4—Top10玩家，收入占比约25%，2017年知识付费收入均高于1亿元。
长尾力量	长尾参与者数量众多，营收规模占比达40%，但营收分布较为分散。

图4 2018年中国知识付费产业营收规模集中度示意图

资料来源：艾瑞咨询研究院自主研究及绘制。

注：统计口径为设立了知识付费业务的相关平台方，以及无自主知识付费业务，但作为分发渠道参与产业运营的平台上的独立内容方（作为个体平台统计），不考虑平台与内容方之间的分成关系。

三、知识付费的主要模式

现阶段主流知识付费平台类型可分为付费问答、线上直播、付费专栏、付费圈子或社群、微课五种模式，具体如表2所示：

---

① 艾瑞咨询研究院：《2018 中国在线知识付费市场研究分析报告》。

表2　知识付费的主要模式

	付费问答模式	线上直播模式	付费专栏模式	付费圈子或社群模式	微课模式
代表	在行一点，值乎	知乎Live	得到，喜马拉雅FM	知识星球，饭团	千聊，荔枝微课
形式	文字，语音问答	音频，视频直播	图文，音频，视频	文字，语音	语音直播，图文直播
优势	灵活度高，价格低廉，针对性强	时效性强，选择余地大，覆盖范围广	体系化程度高，伴随性强，易打造品牌	用户黏性高，社交属性明确，互动性强	个性化程度高，针对性强，导向明确
局限	问题受限，较为浅层，利润较低，缺乏深度视角	互动性弱，解码过程易失真，品牌化难度大	互动性弱，准入门槛高，对讲师专业性权重要求高	碎片化程度高，学习周期规划不明确，监管难度大	制作成本高，标准难统一，产品形式重叠

第一种，以在行一点、值乎为代表的付费问答模式。此种类型主要采取文字或语音问答形式，内容生产者针对特定用户的提问进行回答，可支持第三方旁听。这种答主和提问者直接互动的形式较为灵活，缩短了传受双方的传播过程，使产品内容对于用户需求而言针对性更强。但生产者所提供的回答范围局限于用户所提出的问题，且利润较为微薄，用户很难在与生产者的一问一答中接触到深层次问题。

第二种，以知乎Live为代表的线上直播模式。线上直播模式主要利用音频和视频技术展现内容，时效性强，能够让用户获得更丰富的内容体验，同时让生产者制作的精品内容得到较为广泛的传播范围，还为用户提供了在不同类型的直播课程中自由选择的余地，消费者得以凭借课程简介、用户评价等参数去购买符合自身实际需求的内容产品。但线上直播大多采取一对多的授课方式，对生产者专业水平的要求较高，且讲师与用户个人间的互动性与课程覆盖范围成反比，单个个体的提问经常被规模化的用户信息淹没，讲师针对特定内容所输出的"编码"容易在传播过程中失真变形，被用户进行另类化"解码"，长此以往，十分不利于线上直播产品的品牌化运作。

第三种，以得到、喜马拉雅FM为代表的付费专栏模式。付费专栏主要采取图文、音频、视频等模式进行传播，能够较好地表达生产者的本意和逻辑，有利于用户体系化、结构化地学习知识内容。此类模式伴随性较强，例如喜马拉雅FM的有声读物，能够为用户提供不同场景下的使用体验，用户能够根据实际情况和兴趣选择自身认可的产品。但此类产品需要生产者拥有较高的知名度和一定的粉丝基础，这样才能打造付费产品的品牌效应。同时，付费专栏模式也存在互动性弱的问题，用户更多的是被动地收听、阅读专家所提供的内容，难以做到即时互动。

第四种，以知识星球、饭团为代表的付费圈子或社群模式。此类模式主要采取文字、语音等形式发布内容，社交属性强，能够激发内容生产者的创作热情，同时产生较高的用户黏性。生产者和用户间的交流层次不只是局限于专业技能和知识水平，还进一步与互动双方的社交能力、性格魅力、生活态度等因素产生更多联系。但付费社区碎片化程度高，产品学习周期规划不明确，在专业领域的权重可能不足，对于产品质量的监管和掌控也缺乏有效手段。

第五种，以千聊、荔枝微课为代表的微课模式。微课模式立足于微信平台，主要采取语音直播、图文直播等内容形式，其内容涵盖范围广泛，注重用户与内容间的匹配，同时鼓励草根讲师的制作内容，拥有较为完善的数据分析和用户管理工具，有利于提供产品增值服务。但现阶段其制作成本高，导致内容同质化趋势严重，用户体验欠佳，且缺乏明确的平台标准，各个平台的自身定位和产品形式产生重叠，在无形中提高了用户获取实用知识的时间成本，从而导致产品复购率下降。

四、知识付费平台的发展逻辑

综合来看，知识付费平台主要以阶层焦虑为契机，以轻量生产降成本，以互动传播促势能，试图提升在线知识付费平台的用户价值。

（一）把握"知识真空"，充分释放 KOL 的服务价值

用户的主动学习需求，是在线知识付费产业的主要业务逻辑。技术的迅速发展为人们节省了购物、吃饭等的基本生活时间，更多的注意力被释放，人们也更倾向于将其投入精神文化消费中去。同时，生活节奏的加快和生活环境的复杂化使得跨领域基础知识的场景化应用成为必备技能。遗憾的是，由于个人活动范围的局限，人们所涉猎的知识具有或大或小的限度，不同阶层之间甚至是同一阶层的不同人之间，都会形成一定的"知识真空"。这种群体性知识焦虑进一步激发了人们主动学习的意愿，这时，知识付费就迎来了它的发展契机。

另外，信息泛滥的传播环境中，用户对于优质内容的需求更为明显和迫切，付费门槛能够帮助用户有效降低信息筛选的时间成本，付费意愿进一步增强。在自媒体兴起所带动的全民内容输出风潮下，特定领域 KOL 的服务价值正在不断寻求变现的突破口，面向客户端的收费模式很好地迎合了这一需求。知识付费，已箭在弦上。

（二）轻量化内容体验，用最少的时间学最多的东西

在移动互联网时代，用户接收信息的方式、阅读偏好等更倾向于碎片化、轻量化，也更加注重视听结合或者轻松、愉悦的观看体验。因而，知识付费平台多提供以跨领域、基础性知识和技能为核心的在线服务，以满足现代人"有所涉猎"的求知不求专心理。同时，知识付费平台根据其自身的内容定位，适当引入一批如罗振宇等原本沉淀在出版、教育、新闻等领域的优质人才，通过挖掘其内容生产价值点，促进了生产端的不断外延，甚至利用名人的"光环效应"形成独特的品牌印象。

值得一提的是，这些在线知识服务产品的成本一般较低，平台与作者承担的风险较小，对用户阅读习惯数据的抓取较为容易，且依托网络存储系统的产品拥有较为乐观的长尾效应，这更加鼓励了平台拓展内容范畴并进行精细化运营，提升产品的专业化、精品化水平，加速了知识付费产业的发展。

（三）利用社交媒体的裂变式传播优势，让学习流行起来

与传统教育不同，在付费机制下的用户行为都是强主动性的，他们出于对特定领域的知识需求，选择投入时间和金钱进行体系化的学习。这一主动的、付费学习的行为具有强烈的自我形象塑造功能。同时在"第三人效果"的影响下，人们也倾向于认为自身的认知需求在一定程度上与"他人"有密切的联系，因而分享行为在社交媒体一触即发。

个性化的用户体验令原始用户愿意为其背书，广需求、低门槛、强互动的产品内容使社交媒体的说服功能进一步强化，用户的获得感也在逐步增加。知识付费，归根结底其核心提供的是在某个时长下、以某种形态呈现、满足用户正向自我期许的内容。没有人会拒绝自己在不断变好，就像没有人会拒绝用一顿饭的钱把"别人的"知识装进自己的口袋里。

五、知识付费面临的障碍和问题

（一）知识付费发展面临瓶颈

经过两年多的发展，各大主流知识付费平台逐渐拥有了较为稳定的赢利模式和自身的头部产品。2017 年中国知识付费产业规模约 49 亿元，总体上形成了较为成熟的产业链。但随着公众对知识付费产品的新鲜感降低，用户复购率下降，总使用时长缩水，包括喜马拉雅 FM、知乎 Live 等一线应用在内的整个知识付费行业开始出现营收下降的趋势。步入 2018 年，唱衰和质疑知识付费行业的声音更是不绝于耳，而 2018 年 2 月新世相因"知识分销"而被封杀的事件更将知识

付费推到了舆论的风口浪尖。

易观千帆向中新经纬提供的数据显示，从 2016 年 7 月得到的用户总使用时长首次超过 8 000 万小时后，得到的用户使用数据开始呈现一路下跌的趋势，直至 2017 年 9 月，得到的用户使用时长长期处于 2 000 万小时以下，几乎等于原来的 1/4。① 而在知乎上，用户关于知乎 Live 的提问"你在知乎上听过哪些坑爹的 live"有 130 万的点击量，网友评论量过千。

（二）知识付费发展面临的困境

1. 付费是"原罪"：互联网时代的价值定位

近年来，随着"互联网+"时代的来临，用户得以借助各种信息技术手段迅速获取有价值的信息知识。这使得用户知识内容的获取在时间成本和经济成本这两个维度上都获得了极大提升。但随着互联网边界的日益扩张，信息逐渐过载，随之而来的是信息价值密度的降低。获取高价值、有针对性的知识所要付出的时间成本也日趋提升，人们对于优质内容的需求被进一步放大。知识付费虽然为降低时间成本、提高知识获取效率提供了全新路径，但所要付出的经济成本却容易让用户在效率和金钱的选择间犹豫不决（见图 5）。

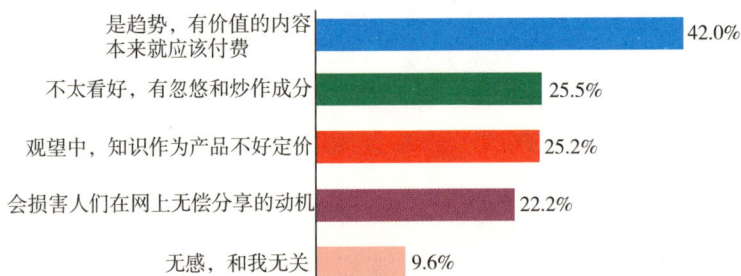

图 5　消费者对于知识有偿分享的态度

资料来源：企鹅智库。

注：该题为多选，各选项百分比加和超过 100%。

更为重要的是，对于选择了付费内容的用户来说，"功利性"知识的付费意愿远高于"非功利"知识，但是当付费内容所得价值未能超过自己搜寻所带来的一般价值时，用户对于知识付费的心理预期无疑会大打折扣。企鹅智库《知识付费经济报告：多少中国网民愿意花钱买经验？》显示，有偿知识的消费渗透率在网民中超过一半，达到了 55.3%。但在有过知识付费行为的消费者中，用户满

---

① 《知识付费两周年：行业"凉凉"，你的焦虑治好了吗？》，金融界，http：//finance. jrj. ocm. cn/2018/06/20161324705250. shtml，2018 年 6 月 20 日。

意度较低且二次消费意愿弱。仅有 38% 消费者表示体验满意，还会尝试，12.3% 消费者表示不满意，认为对于付费得到的内容可以找到免费的途径获取。有接近 40% 的网友认为"是趋势，有价值的内容本来就应该付费"，但对知识付费抱消极态度的网友也不在少数。①

换言之，在信息无限、注意力有限的时代，习惯了在免费网络环境下获取信息的大多数用户，尚未完全养成付费阅读的习惯，对于"知识"和"付费"两个维度的价值尚不能作出明确选择。

2. 贩卖焦虑与情绪化购买

当下中国社会正面临转型期，在巨大的社会变动下，城市中产阶级迫切需要明确和稳固自身所处的社会阶层，以付费的方式获得知识，了解精英人群的思维状态，汲取新的阶层上升途径是城市白领人群缓解信息焦虑的一剂良药。而不少知识付费生产者正是看准了这点，开始大肆贩卖焦虑。此外，根据华映资本的相关研究，各大知识付费平台销售量最高的产品大多采用"急功近利"型的课程名称，比如"0—6 岁全脑潜能开发""60 天引爆你的学习力""你有多久没有投资你自己了"等（见表 3）。② 此类爆款课程多是对关键词进行营销包装，同时针对用户期望获得快速提升的心理诉求进行引导，从而引发用户的情绪化购买。

但据企鹅智酷数据，现阶段知识付费产品的平均到课率仅为 7%，知识类应用的每周人均启动次数平均值为 4.8 次，也就是人均每天仅 0.7 次，并未产生很强的用户黏性。③ 用户购买付费产品后，似乎在短期内解决了信息焦虑的痛点，但从长期来看，生产者在付费内容中所植入的情绪化理念，实际上并未缓解购买者的焦虑状况。

表 3　各平台 Top 课程

平台	课程名称	单价（元）	销售（份）	课程数	类别
喜马拉雅	马东携奇葩天团亲授"好好说话"	198	275 000	260	职场技能
	蔡康永的 201 堂情商课	198	155 000	201	职场技能
	耶鲁大学陈志武教授的金融课	199	150 000	156	职场技能
	蒙受品最美唐诗	199	90 000	100	亲子教育
	复旦女神教师陈果的幸福哲学课	99	75 000	45	心理

① 《知识付费经济报告：多少中国网民愿意花钱买经验？》，腾讯网，http：//tech. qq. com/original/archives/b122. html，2016 年 8 月 8 日。

② 《潮水刷屏 or 自杀营销？2018 知识付费市场的"残酷"流量法则》，投中网，http：//www. chinaventure. com. cn/cmsmodel/news/detail/324298. html，2018 年 3 月 20 日。

③ 《在知识付费行业的"红海"之中，究竟应该如何破局？》，搜狐网，http：//www. sohu. com/a/234496747_358836，2018 年 6 月 7 日。

（续上表）

平台	课程名称	单价（元）	销售（份）	课程数	类别
蜻蜓FM	矮大紧指北	200	210 000	156	人文历史
	老梁的四大名著情商课	199	1 150 000	156	职场技能
	蒋勋细说红楼梦	199	220 000	160	人文历史
	艳遇图书馆	99	270 000	404	人文历史
	同座讲风云人物	199	250 000	104	人文历史
得到	薛兆丰的经济学课	199	250 000	—	职场技能
	武志红的心理学课	199	160 000	—	心理
	宁向东的清华管理学课	199	145 000	—	职场技能
	香帅的北大金融学课	199	120 000	—	职场技能
	Dr.魏的家庭教育宝典	199	100 000	—	亲子教育
有书	MBA《用得上的商学课》/老路：用得上的商学课	99	150 000	100	职场技能
	英语零基础共读/熊叔带代从零开始学英语	198	110 000	—	英语
	徐彬：你一定用得上的理财课	99	60 000	45	职场技能
	学会写作——从提笔就怕到流畅书写	139	53 000	30	职场技能
	完善自我人格：28天深度心理训练营/自我成长：28天深度心理训练营	99	35 000	28	心理
十点	撕掉单词语法书，颠覆你的传统英语学习	99	250 000	24	英语
	教你巧用心理学，过更有效率的人生	99	110 000	12	心理
	听简七说理财，给小白的极简理财课	69	110 000	32	职场技能
	经营自己，人人都需要的人生管理术	99	85 000	22	职场技能
	脱颖而出，12堂优质女人成长课	99	70 000	12	职场技能

（续上表）

平台	课程名称	单价（元）	销售（份）	课程数	类别
唯库	恶魔奶爸 sam 的英语学习方法	99	70 000	14	英语
	60 天引爆你的学习力	99	55 000	11	职场技能
	零基础做出能赚钱的牛逼公众号	99	35 000	23	职场技能
	阿何谈时间管理	99	30 000	21	职场技能
	下班后写作，最有效的个人增值方法	99	25 000	22	职场技能
千聊	普通人快速崛起的 31 堂修炼课	100	100 000	31	职场技能
	明星美妆术	99	42 000	18	职场技能
	0—6 岁全脑潜能开发	129	40 000	18	亲子教育
	14 堂财智人生经营课	99	35 000	14	职场技能
	一手漂亮字	70	27 000	17	职场技能
荔枝微课	听完这 10 本书，从此告别低情商	69	390 000	10	职场技能
	你有多久没有投资你自己了？	99	190 000	100	职场技能
	搞定他人	199	180 000	12	职场技能
	维密私教后恢复塑性课	129	120 000	15	职场技能
	零基础公众号写作	79	110 000	6	职场技能

资料来源：华映资本；各大平台披露数据、新知榜。

3. 侵权现象频发：法无禁止即可为

在知识付费行业快速发展的同时，侵权问题也越来越多地引起人们的关注。现阶段各平台的付费产品同质化趋势严重，抄袭、侵权现象频发，甚至不少头部玩家都被扒出曾有剽窃、侵权行为。2017 年 6 月，知名营养专家顾中一在微博上"炮轰"认证为"前浙江援疆外科副主任医师"的医学领域的"大 V""白衣山猫"在回答网友提问时剽窃其他专家的研究成果，甚至有多个问题是其团队找专科医生回答后转售给网友的。

长久以来，互联网侵权问题一直是一个世界性难题，具体到我国，互联网技术的快速发展极大地降低了侵权者对原创内容进行复制、抄袭的难度，而原创作者却很难对此类现象进行维权。知识付费作为一项新兴产业，其产品主要采取语音问答、直播、视频等形式，十分重视买卖双方的互动性和及时性，为版权保护带来了一定难度，且当下知识付费尚无明确的监管条例，这也为知识付费行业中

197

侵权现象的频发埋下了祸根。

知识产权保护是知识付费产业发展的"阿喀琉斯之踵"，知识付费若要形成长久的良性发展态势，需要尽快完善相关法律法规来保护原创作者的知识产权，形成良好的竞争业态。

4. 优质内容建设力不足："一锤子买卖"与"智商税"

现阶段各大知识付费平台均拥有丰富的知识内容，但质量良莠不齐，尤其在向垂直领域深度发展的过程中，部分平台后劲不足，缺乏优质产品，于是利用网红"大V"、明星答主进行引流，通过粉丝效应和普通用户的猎奇心理提升平台的市场占有率，从而挤占了优质答主的生存空间，导致平台高质量用户外逃、用户复购率低等现象。

实际上，优质内容的匮乏还体现为一些产品与外在包装严重不符，且缺乏向前反馈的渠道。也就是说，用户对于知识产品价值的判定主要出自于平台标签、购买量、答主本身情况三大要素，缺乏更加客观的评价坐标。尤其是现阶段知识付费产品价格大多低廉，用户即使在购买和使用知识产品后，对其服务不满意，出于时间、精力等因素的考量也未必会对其深究，且缺乏有效的投诉渠道。因而，这些知识产品的营销和售后更类似一种"一锤子买卖"，大部分用户在感觉受骗上当后只能自嘲是交"智商税"。例如2018年2月，新世相所发起的营销课程刷爆了朋友圈，引发大批用户跟风购买。事后，一些消费者感觉实际内容并不符合宣传，自己"被割了韭菜"，因而自发建立了多个"韭菜群"以扩大事件影响，纷纷要求退款，却投诉无门。

六、展　望

根据艾瑞咨询的分析，伴随着市场教育程度逐步提高、愿意为优质知识服务付费的人群基数不断增长，自2018年起，未来三年，知识付费产业规模还将保持较高成长性并持续扩张，预计到2020年，该产业规模将达到235亿元。[①] 但从目前情况来看，知识付费领域的竞争已进入白热化，付费问答类产品整体质量呈下降趋势。知识付费作为一项新兴产业，如何持续为用户提供稀缺、优质的内容应该是各大平台的主战场，同时也是付费模式能否持续的关键所在，这已然成为行业共识。同时，如何提高产品市场占有率，提高用户使用时长和黏性，各大平台需要在付费模式、审核机制、内容拓展等方面进行一系列新的探索。

（一）核心付费模式逐步拓展，组合拳打造多元收入结构

伴随着在线知识付费产业的发展，核心付费模式逐步拓展，目前主要包括问

---

① 艾瑞咨询研究院：《2018中国在线知识付费市场研究分析报告》。

答、Live、听书、专栏、课程、社群及咨询等，覆盖多种应用场景。由于每种付费模式之间差异性较大，所面向的用户获知需求针对性也较为明确，因此，单一付费模式较难支撑平台的长期发展，大多数平台均采取多种付费模式相结合的方式，利用它们的互补特性，打造能够满足用户多维度、多层次需求的组合玩法，并形成多元收入结构。同时，因为知识属于长尾效应较足的产品，平台能够对其进行多次开发利用，缓解平台压力。

此外，围绕知识服务产品，线上线下开始联动，形成了多条衍生商业路径，拓展了相关收入来源。如电子书及实体书销售收入、知识服务产品二次分销收入、线下讲座/演讲门票收入等。

（二）以用户价值挖掘为中心，完善内容审核评价机制

伴随着移动互联网红利殆尽、用户获取成本持续走高，缩短价值转换链条、建立与用户的直接关联成为产业参与者的关注重点。未来，除知识付费模式外，围绕单个用户的价值挖掘还将进一步促进产业核心环节参与方之间以及与其他参与方的价值流动。

在营收下降、数据缩水的行业大背景下，各大知识付费平台也开始出台各种措施，完善知识付费内容的审核和评价机制。例如分答平台采用举报、评价、用户管理等机制来约束内容生产者，知乎Live上线内容识别机制，将用户评分、主讲人贡献度、播放次数、主讲人专业领域权重等众多维度加入考量标准。但是要让知识付费行业逐渐趋于理性，衍生出更多的优质内容，单靠平台的力量是不够的，仍需政府、企业、用户等多方的共同努力。

（三）缩小内容维度，向"小而美"发展

未来，综合型、规模化的知识付费新玩家将减少，但面向特定领域、场景、用户群的"小而美"垂直知识付费平台仍有较大发展空间。通过挖掘垂直领域专精人才、具备独特个人魅力或者有自身团队品牌影响力的人才在垂直用户中建立关注度，深耕"非主流化"内容，释放付费潜力，并探索领域相关的其他变现模式。

一方面，传统出版、教育、传媒等行业的增长较为缓慢，自媒体头部格局和变现形式相对成熟和固化，相关人才将会进行一个阶层和平台的流动，寻求变现链条更短、上升潜力更足的在线知识服务行业，促使知识付费产业规模进一步扩大；另一方面，可争夺的单个用户的注意力时长、付费课程价格可接受度、内容质量和版权问题等都给这个行业的发展带来特定的限制，未来知识付费产业规模也将遵循"物竞天择"原理，资本热潮涌动过后最终将趋于市场稳定水平。

中国网络游戏产业研究报告

汤景泰　王子明　谢忠翔①　张佳贸

王富迪　管　帅　周天竞　王嘉琪

2018 年 7 月 24 日

一、引　言

近年来，中国网络游戏（简称网游）产业保持快速增长的势头，在文化产业链中占据重要地位。随着移动互联网的迅猛崛起，移动网游成为市场的发展引擎，网游 IP 运用逐步普遍化、联动化，中国企业自主研发的网游产品进军海外市场，运营模式向精准化转变，"互联网 +"平台为网游发展铺就新路径，分工细化催生电子竞技、游戏直播等新型业态，网游市场的产业化程度愈发深入。但是网游带来的负面新闻也屡见不鲜，如网游成瘾、网游抄袭、网游侵权等，造成诸多危机事件，使网游常处于舆论的风口浪尖，引来媒体纷纷聚焦。日益积累的报道内容，逐渐围绕网游形成多方位、层次化、体系性的新闻报道议题，影响公众对网游的认知以及网游的口碑形象。本报告通过检索和分析大量相关新闻报道，回溯媒体对网游的新闻报道议题建构路径，厘清网游的媒介画像，洞悉网游在新时代的发展趋势，以期为今后网游塑造和维护其媒介形象提供参考。

本报告将中国传统媒体与社交媒体作为重要的数据渠道，以"网络游戏""网游产业""电竞赛事""游戏直播""网游侵权""知识产权""网游青少年""网游社交化""网游成瘾"为关键词进行检索，共从传统媒体抽取 9 462 篇高匹配度的文章，对其报道议题进行归类。在 2015 年 1 月 1 日至 2018 年 7 月 16 日期间，如图 1，中国传统媒体有关网游的新闻报道数量呈现连年攀升的态势，2017年至 2018 年呈腾跃式增长。新闻报道议题主要集中在网游企业收益、与网游有关的违法行为、政府出台的方针措施、知识产权等方面（见图 2）。

同时，本报告以"网游""氪金""电子竞技"为关键词进行检索，经过阅读量、转发量、点赞数等指标筛选，共抽取匹配度较高的微信推文 4 373 篇、微博 304 494 条。抽取的数据样本时间跨度为 2016 年 1 月 1 日至 2018 年 7 月 16

---

① 谢忠翔，暨南大学新闻与传播学院 2018 级硕士研究生。

日。如图 3，由于仅收集了 2018 年 7 个月的数据内容，故折线呈现稍微下滑的趋势。2017 年被媒体称为"电子竞技的元年"，游戏直播的兴起也带动了社交媒体对网游的关注热潮，故 2016 年至 2017 年，中国社交媒体关于网游的报道量呈几何倍数增长。

（报道量:条）

图 1　中国传统媒体关于网游报道量的变化

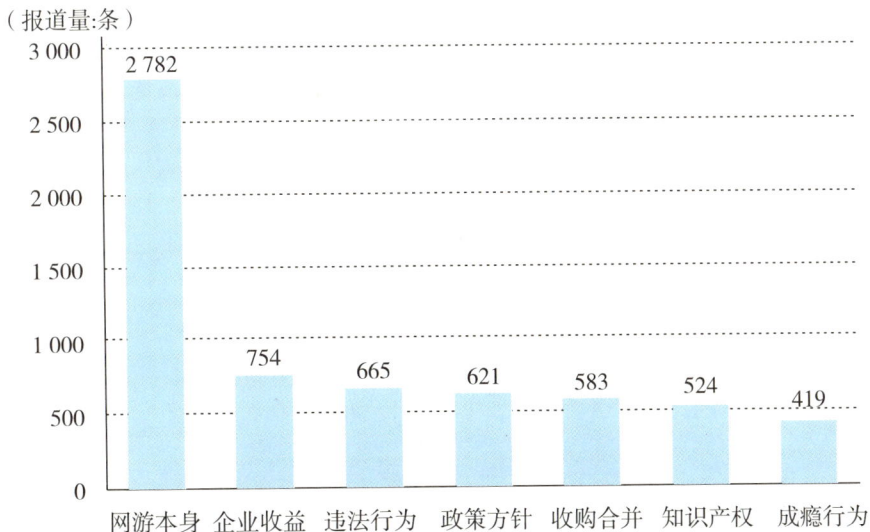

（报道量:条）

图 2　中国传统媒体关于网游的主要议题排行

（报道量:条）

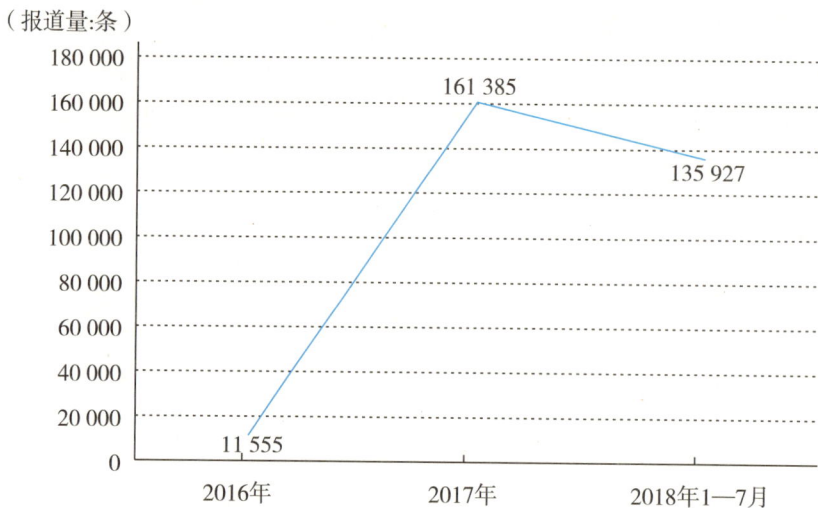

图3　中国社交媒体平台关于网游的报道量的变化

二、网络游戏的发展现状

（一）网游成我国文化产业龙头

互联网的基础平台建设和 AR、VR 等新兴技术的诞生为网游的发展奠定了技术基础；中国庞大的互联网用户为网游提供了用户基础，政府治理为维护网游市场的生态提供了政策保障，多方力量共同推动网游研发公司、从业人员增长以及市场份额不断扩大，进而促成网游市场产业化发展，网游企业展现出超强的吸金能力。如人民网报道称，2018 年 1—5 月，互联网和相关服务业业务收入快速增长，营业利润同步增长，网络游戏、影音直播等手机应用规模稳步扩大。① 从分业务运行情况看，互联网企业在信息服务业务方面，信息服务收入规模达3 004亿元，同比增长 22.1%，占互联网业务收入比重为 90.3%。其中，网络游戏（包括客户端游戏、手机游戏、网页游戏等）业务收入达 743 亿元，同比增长 24.5%，游戏类和系统工具类应用下载量突破 2 000 亿次。②

中国音数协游戏工委、伽马数据、国际数据公司联合发布《2017 年中国游戏产业报告》。数据显示截至 2017 年末，中国游戏用户规模达到 5.83 亿人，同比增长 3.1%。综合 2014 年至 2017 年的用户数据来看，中国的游戏用户规模增

---

① 《2018 年 1—5 月北上广位列互联网业务收入总量前三位》，人民网，http://finance.people.com.cn/n1/2018/0704/c1004 - 30126300.html，2018 年 7 月 4 日。

② 《2017 中国游戏产业报告：收入超 2 千亿，同比增长 23.0%，手游占比超 50%》，凤凰网，http://tech.ifeng.com/a/20171219/44811376_0.shtml，2017 年 12 月 19 日。

长速度放缓，游戏用户数量已经趋于饱和。[①]

中国文化娱乐行业协会信息中心与中娱智库联合发布了《2017 年中国游戏行业发展报告》，将中国游戏行业细分为客户端游戏、网页游戏、移动游戏、VR游戏等领域，报告指出中国游戏市场竞争主体实现了优胜劣汰，排名靠前的网络游戏产品研发和运营企业占据市场主要份额，中小企业创业成本、生存成本变高。根据中商情报网发布的"2017 年中国'吸金'能力最强的游戏公司榜单"，腾讯、网易两家公司在营收和净利润等方面继续领跑，腾讯 2017 年游戏收入近千亿元。

（二）网游自媒体发展迅猛

近年来，随着我国社会网络化、娱乐化、消费化的趋势进一步增强，网络游戏已经成为人们休闲娱乐的主要方式之一。网络游戏市场规模进一步扩大，其产业生态也愈加复杂，其中尤其值得关注的是网游自媒体的崛起。大量以游戏为主的自媒体账号如雨后春笋般涌现，针对游戏本身、游戏玩家、游戏周边花絮等内容深耕也逐渐成为趋势，这些自媒体账号凭借各自优势聚拢了相应的粉丝群体（见表 1）。

表 1　网游自媒体头部账号

类型	代表账号	平台	主要内容	粉丝数（万）	最高点击量作品
网游主播	芜湖大司马	斗鱼直播	网络游戏直播	1 374.8	英雄联盟、绝地求生游戏直播、录像
	指法芬芳张大仙	斗鱼直播	网络游戏直播	1 282.6	王者荣耀游戏直播、录像
游戏视频制作者	痴鸡小队官方	哔哩哔哩弹幕视频网站	游戏周边动画	85.7	【绝地求生—痴鸡小队】第 11 集：痴鸡小队误入神仙战场，诸神乱战坐
	老番茄	哔哩哔哩弹幕视频网站	发布游戏创意视频	193.1	【番茄实况】极限推理！恒水中学连环虐杀！（已完结）
高级玩家	敖厂长	哔哩哔哩弹幕视频网站	发布游戏玩法视频	372	【敖厂长】变态做出来的游戏

---

① 《〈2017 年中国游戏行业发展报告〉发布》，新华网，http：//www.xinhuanet.com/info/2017－11/29/c_136786870.htm，2017 年 11 月 29 日。

（续上表）

类型	代表账号	平台	主要内容	粉丝数（万）	最高点击量作品
社交媒体账号	天天卡牌	哔哩哔哩弹幕视频网站	发布游戏玩法视频	113.1	【逗鱼时刻】逗鱼时刻 2016 Top50
公众号	英雄小助手	微信	发布游戏资讯，提供查询服务	117	Uzi 成为 RNG "首发解说"？怒喷小明补刀，夸赞姿态剑姬
微博博主	游研社	新浪微博	游戏资讯和周边产品	132	国产吃鸡端游《无限法则》开始在国外冒头了
社交媒体账号	英雄联盟	新浪微博	发布游戏官方宣传视频、大型赛事视频	687	【英雄联盟】［授权发布］英雄联盟 CG 配音混剪

注：粉丝数及最高点击量作品的统计时间为 2018 年 7 月。

1. 网游自媒体的三大"主力军"

网游主播、游戏视频制作者、网络游戏的高级玩家分别是网游自媒体的三大"主力军"。

网游主播可以说是网络游戏发展中最直接的"既得利益者"。网游主播一般有较为固定的开播时间和鲜明的直播风格，最重要的是有着较为广泛的粉丝基础，能够在短时间内吸引大批用户观看。例如斗鱼直播英雄联盟版块的知名主播"冯提莫"，曾因传播不良内容遭到封杀的前主机游戏主播"陈一发儿"等均属于此类。游戏主播通过现场玩游戏、与粉丝互动、讨论游戏内外的话题等方式吸引粉丝并且获取直播"礼物"，平台利用主播的号召力聚集人气、获得流量，而游戏公司借助主播进行推广，获得高曝光量。更重要的是，不仅游戏主播对于游戏行业内外的观点看法能够迅速影响网络游戏舆论场，其本人在线上线下的一举一动本身也是一种话题，甚至会引发用户的模仿行为。例如网络热词"皮""暴击""闪现""66666"便是最先由主播在玩游戏时创作传播出来，并迅速成为一种社会流行语。

游戏视频制作者也是网络游戏领域内重要的内容生产者。经过几年发展，现阶段主流的视频制作者 KOL 已经细分为游戏资讯（如 STN 快报）、创意幽默（如起小点、天天卡牌）、游戏评测（如 EdmundDZhang、纯黑）三大类型。他们用独特内容抢夺用户的注意力资源，形成对网络游戏的多角度解构。这不仅能够让游戏圈里的"老铁们"增强群体自豪感，稳固圈层文化，还能够凭借视频易于接受、容易理解的特性，吸引新的"路人"，扩大网游的社会影响力，出现更多的"路转粉"。尤其是随着近年来哔哩哔哩、优酷、爱奇艺等视频网站的快速发展以及弹幕技术的广泛运用，观众不再仅仅局限于被动的"收看"地位，他们可以在观看视频的同时进行互动，对视频内容作二次创作，这样往往能产生极佳的传播效果。可以说，网络游戏的视频制作者们具有强大的影响力，他们不再处于网络游戏产业链的下游，而正以更积极的姿态参与到网络游戏的创作和运营过程中。

网络游戏的高级玩家则凭借"故事"创造价值。其个人经历尤其是游戏经历、游戏风格以及在游戏内展现出的"神级操作"能够吸引大批粉丝，引发业内的广泛讨论。可以说，这部分高级玩家的崛起得益于中国电子竞技界近年来的快速发展。经过几年的积淀和投入，中国网络游戏在 2018 年取得了一些里程碑式的成就：中国网络游戏市场快速扩大，游戏用户规模增长至 5.83 亿人，复合增长率达 27.17%。同时，中国电子竞技在 MOBA（多人在线战术竞技游戏）、FPS（第一人称射击类游戏）等领域的世界竞赛上均取得了骄人的成绩。如国内英雄联盟战队 RNG 登上了英雄联盟世界冠军的领奖台，其知名队员简自豪当晚就登顶了多家网络媒体的搜索热榜，RNG 全队也受邀参加了湖南卫视《天天向上》节目的录制，甚至连人民网等主流媒体也点赞祝贺中国电子竞技界取得的成绩。现阶段网络游戏高级玩家的成长经历、状态起伏甚至情感生活都成了粉丝在社交媒体上热议的话题，甚至他们在国际赛事上的表现也不仅仅与电子竞技挂钩，而是上升到国家社会层面，成为观察游戏玩家意见气候的晴雨表。

2. 网游自媒体话语框架：以语料促发展

网游自媒体不是天生就有的，从最早一批热爱网络游戏的内容"志愿者"到如今形成的一条较为成熟的产业链，网游自媒体不仅在发展过程中拥有了一套属于自己的独特话语体系，还十分善于利用自身独特的话语框架在内容生产和社群运营方面作出创新。

第一，以噱头吸引观众，用"段子"黏住粉丝。随着网络游戏业务的快速拓展，网游领域内自媒体数量也急剧增多，随之而来的是内容同质化和恶性竞争。要想在数以万计的网络游戏内容产品中脱颖而出，吸引大量粉丝从而积攒人气，除了内容生产者本身要具备较高的专业素养外，还需要利用噱头来制造足够的差异性，吸引眼球。而扎根于草根阶层、脱胎于文娱产业的网游自媒体天生就是"段子手"。

我们可以看到，各大网游自媒体所讨论的话题不仅仅在于游戏本身，还广泛涉及游戏赛事、业界趣闻甚至是花边新闻。除了用"标题党"的方法吸引潜在用户点击收看内容外，还频频制造行业"黑话"来向受众扔出一个个包袱，不断创作出有趣的"段子"来增强用户黏性。网游自媒体的这种方法不仅很好地满足了受众的精神娱乐需求，还吸引了大批网友跟风，实现了内容的二次创作。这个过程，既是网游玩家在游戏社群中完成自我身份建构的过程，也是网游自媒体将自身影响力辐射至圈外，形成"创作—传播—再创作—反哺"闭环的过程。

　　第二，适当制造冲突，强化身份认同。"消费过世主播"是2017年中国网络游戏界盛传的一句"黑话"，事件的起因是有网友发现前知名网游主播卢本伟在直播时开挂，但卢本伟在否认有开挂行为后教唆粉丝攻击网友。事件经媒体报道后迅速发酵，大量自媒体密集跟踪报道事件进展，我们在谷歌趋势上搜索关键词"卢本伟"，可以看到该时段有关卢本伟的话题热度在短时间内就达到了顶峰值100（见图4）。最终，央视一套《焦点访谈》栏目点名批评卢本伟，其直播间也遭封杀。可以说，在卢本伟事件发酵的全过程中，网游自媒体的报道起到了推波助澜的作用。

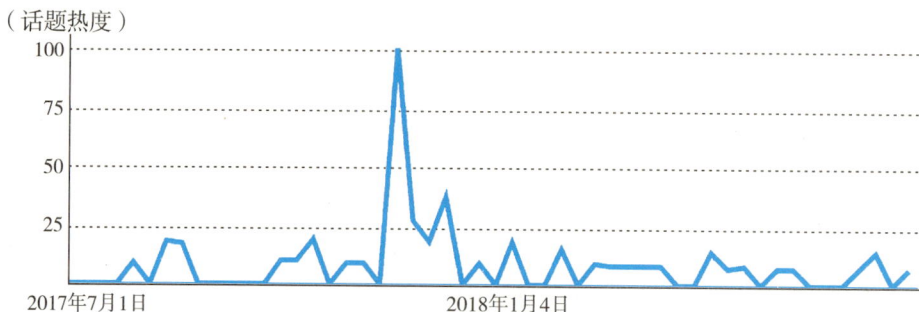

（话题热度）

2017年7月1日　　　　　　　　2018年1月4日

图4　卢本伟谷歌趋势热度

　　实际上，国内网游自媒体一直有"制造"冲突的传统，网游界名人们的"爱恨情仇"素来是网游自媒体报道的重点。而此类新闻的制作成本很低，只需要关注其社交媒体动态，跟进其直播进程，找出有价值的新闻点即可。通过报道网游KOL间的纠纷和矛盾，不仅有助于提高自身的受阅率，还能吸引不同阵营的粉丝社团相互攻伐，将事件影响进一步扩大。最终，KOL们提升了自身热度，网游自媒体制造了足够的话题，广大网友也在游戏世界中找到了情感宣泄口，提升了自身在网游世界中的身份认同。

　　第三，内容与情感并重，高举民族主义旗帜。毋庸置疑，内容质量是决定网游自媒体发展的重要因素，网游自媒体能否深耕精品，持续为用户提供高质量的产品是其自身发展的前提。但随着网络游戏产品数量的迅速增长，其流行周期也变得越来越短，要想吸引更多的潜在用户，如何搅动用户的情感痛点就变得愈加重要。这时，打"情怀牌""爱国牌"就成了网游自媒体既不会犯错又最为直接的手法。我们可以看到，随着国内外网络游戏玩家间的交流变得更加便捷，来自不同国家地区的游戏玩家出现了越来越多的文化冲突。一些网游自媒体也借此高举民族主义旗帜，频繁撩动玩家的爱国热情。如哔哩哔哩弹幕视频网站的UP主"超果果MC"，其上传的视频《【H1Z1】被老外欺负了咋办？只需要喊一声》，其标题就具有极强的引导性，评论区中网友高涨的爱国情怀随处可见。该视频上传后点击量为82万，引发了大量网友转发跟帖。而在其他网游自媒体的内容中也不乏此种风格的产品。

综上所述，网游领域内自媒体作为中国网络游戏行业发展的重要力量，不仅在于其对游戏资源的利用和对游戏话题的传播能够极大地激发受众的参与热情，更在于依托社交媒体发展的网游自媒体，其天生就善于制造热点。通过人格化的讨论、多元的传播渠道，网游自媒体不断将网游圈内的影响力辐射至圈外，吸引更多的潜在受众。经过几年的积淀，我们看到网游自媒体拥有了稳定的粉丝基础，涌现出一批风格鲜明的 KOL 以及自身较为成熟的赢利模式。可以预见，在未来几年，网游领域内自媒体仍将在中国网络游戏市场的快速发展中发挥重要作用。

（三）网游成对外传播的重要方式

在当代中国，网游已迅速成为互联网经济的支柱产业，且在今后比较长的一段时间内都将保持强劲的增长势头。中国网游产业处在扩张期转向成熟期的过渡阶段，市场需求持续增长与产业内部生存竞争加剧并存。中国网游产业的发展与"雁形模式"从主要依赖进口转向以自主研发为主，目前正向出口阶段全力迈进。[①]

当国内移动游戏人口红利逐渐消失，行业愈发集中，游戏公司开始寻求更具有蓝海的国外市场。《人民日报》（海外版）报道《中国网游强势崛起成文化出海口　外媒盛赞"没瑕疵"》，引用了数据统计机构 Newzoo 2017 年上半年公布的全球游戏收入前 20 的企业排名情况，完美世界、腾讯、网易三家中国游戏公司名列前二十，创造了历史最高纪录。[②] 澎湃新闻报道《中国自主研发网游海外收入：5 年里从 5.7 亿美元升至 82 亿》称中国自主研发游戏的海外影响力和市场地位都在提升，目前中国已经成为名副其实的游戏输出大国。[③] 人民网文章《"完美世界"走出去渐入佳境　助推中国游戏"出海"》，称完美世界游戏产品已发展到海外 100 多个国家和地区，成为中国国内向海外出口游戏数量最多、覆盖区域最广、海外收入最高的企业之一。

现阶段国内各大游戏公司正越来越多地将视线投向海外市场，其原因不仅在于国内游戏公司重视海外游戏用户群体这个极为庞大的增量市场，还在于国内的年轻玩家越来越具有国际视野。因而，重视海外游戏玩家资源的开发与利用，在客观上也能推动国内各大游戏公司适应日趋激烈的市场竞争，把握国际主流游戏

---

① 孙高洁：《我国网游产业化进程阶段特点及其存在的问题分析》，《社会科学家》2006 年第 2 期，第 75 – 76 页。

② 《中国网游强势崛起成文化出海口　外媒盛赞"没瑕疵"》，人民日报海外网，http：//news. youth. cn/gj/201710/t20171025_10917610. htm，2017 年 10 月 25 日。

③ 《中国自主研发网游海外收入：5 年里从 5.7 亿美元升至 82 亿》，澎湃新闻，https：//www. thepaper. cn/newsDetail_forward_1986117，2018 年 2 月 6 日。

行业发展的趋势，从而探寻自身未来发展的新增长点。更为重要的是，国内游戏公司瞄准海外游戏市场，恰好搭上了近年来我国"一带一路"倡议的快车。随着我国"一带一路"倡议的深入开展，中国已经在经济、政治、文化等各个领域与世界紧密相连，而"一带一路"所覆盖的欧亚非大陆无疑为国内游戏公司开拓海外市场指出了一条光明大道。而"一带一路"沿线国家在政治、经济、社会等方面与中国产生紧密联系的同时，其国内游戏用户对中国社会文化的接受度、认可度也越来越高。这不仅为国内游戏公司拓展海外游戏市场培育了良好的文化环境，也让中国本土游戏公司的原创产品成为我国对外传播以及"一带一路"构想的重要名片。

网络游戏是社会文化的载体，任何一款游戏的审美情趣、玩法类型乃至叙事逻辑都深层次地包含着本国传统文化的精神内核。通过观察近年来国内游戏公司对外拓展海外市场的实践，我们可以看到，国内游戏公司在产品开发上背靠国内较为成熟的玩家市场，不断拿出适应海外用户口味的拳头产品，不仅极大地降低了中国传统文化进入国际主流文化市场的助力成本，更可贵的是主动为海外玩家设置了建构中国社会形象的文化议题。"一带一路"宏伟构想与国内游戏公司的海外化发展战略不仅在方向上不谋而合、互相促进，在具体实践方面更是取得了不错的效果。根据中国文化娱乐行业协会 2017 年 11 月发布的《2017 年中国游戏行业发展报告》资料，中国自研网络游戏的海外营业收入超过 76 亿美元，年度增长 10.0%。搜狐网文章《上海网游收入 683.8 亿元　有望成电竞最发达地区》称在游戏、电竞发展环境方面，上海网络游戏销售收入达到 683.8 亿元，自主研发占据了近 8 成份额。① 全景网报道《第七大道：坐拥超强游戏 IP　成功穿越网络游戏行业周期》称 2017 年多家网络游戏公司获得了可观的收入，市场对游戏公司最为核心的开发能力与研发技术所创作的优质 IP 是否具备持续性更感兴趣。②

网游正成为中国文化对外传播的重要方式。当中国互联网产业步入商业与技术双轮驱动创新时代，坚持以中国传统文化为核心的研发理念，重视中外文化的有机融合，实力雄厚的游戏企业积极收购海外研究开发和发行公司，整合全球资源，面向全球游戏市场开发产品，中国网游"走出去"的成效与趋势将更加显著。

（四）网游社群规模不断壮大

网络游戏社群的产生、发展和壮大，在各个方面都影响着网络社会，对网络

---

① 《上海网游收入 683.8 亿元　有望成电竞最发达区》，搜狐网，http：//www.sohu.com/a/240995654_120840，2018 年 7 月 13 日。

② 《第七大道：坐拥超强游戏 IP　成功穿越网络游戏行业周期》，全景网，http：//www.p5w.net/stock/hkstock/hknews/201807/t20180710_2156117.htm，2018 年 7 月 10 日。

意见的形成、网络文化和网络游戏产业的发展也起着重要的作用。

1. 作为服务对象和营销场景：提升用户的黏性和归属感

网络游戏社群是大量网络游戏用户汇聚的重要场所，因而是游戏开发和运营公司了解和满足用户实际需求，提升游戏用户黏性的重要途径，也是游戏运营方进行营销推广的关键渠道之一。网游玩家通常基于个人兴趣和分享的动机而加入网络游戏社群，对于某款游戏一般有较强的认同感，也容易产生与其他具有相同爱好的玩家交流的欲望。在网游社群成员不断"发帖""灌水"的交流过程中，潜移默化地形成了一定的群体意识和群体归属感。此时，游戏玩家对于社群的归属感容易转化为对游戏的归属感和忠诚度，起到了巩固用户主体，提升用户黏性的作用。此外，网络游戏开发者还可以根据社群成员反馈的意见和建议及时优化游戏体验，根据对微博、百度贴吧、QQ兴趣部落等平台的热词进行数据分析，还能够及时抓住游戏玩家的新诉求，进一步扩大用户群。

2. 内容共创：网络社群的巨大生产力

网络游戏社群的成员众多，具有较强的分工、协作能力，群体和个体能够基于网络游戏本身进行内容再生产，或者进一步形成社群内部的亚文化，甚至影响大众流行文化。在Web 2.0时代，社交媒体形成无数的网络社群，更容易产生群体的智慧，这个过程也推动了社会的进步。美国学者克莱·舍基在《未来是湿的：无组织的组织力量》一书中谈到网络时代的影响时指出："群体的形成现在变得如探囊取物般容易"，"我们的能力在大幅增强，这种能力包括分享的能力、与他人互相合作的能力、采取集体行动的能力"。① 网络游戏社群作为一种群体组织，其生产内容的能力是强大的。无论是网游社群内部有组织的分工、协作，进行有特定目标的内容生产，还是普通社群成员在日常交流中产生的内容，实际上都显示出了网络社群的群体智慧。以网络游戏《王者荣耀》为例，在百度贴吧、QQ兴趣部落、微信游戏圈等社群平台中，经常有游戏玩家发布自己制作的游戏视频，具有《王者荣耀》英雄元素的同人绘画，游戏周边音乐视频，以及游戏主题的cosplay（角色扮演）等，这些内容进一步形成特定的社群文化，这些游戏社群也为每一位成员提供了展示自己的平台。

3. 网络社会交往：个体间的互动激发利他行为

网络游戏社群平台为成员提供了交流互动的渠道。而游戏玩家在网络中的传播互动也是出于个体内在的需求与外在动力，这包括获得他人在情感或行动上的帮助，情绪上的自我调节以及获得自我认知。② 在如今智能移动终端广泛普及的情况下，游戏玩家不仅可以利用手机等移动端随时随地开始游戏，与此同时还能方便自如地与网络游戏社群的其他成员展开互动。网游社群不仅为对某款网络游

---

① ［美］克莱·舍基著，胡泳、沈满琳译：《未来是湿的：无组织的组织力量》，北京：中国人民大学出版社，2009年，第12–13页。

② 彭兰：《网络传播概论（第四版）》，北京：中国人民大学出版社，2017年，第184页。

戏有相同兴趣的人制造了相互交流的机会，使他们获得情感或信息上的满足，还能够建立有益的人际关系，可能带来长期的报偿。克莱·舍基认为，人在社会环境中的行为会有所节制，人会表现得不那么自私。① 在网络游戏社群中，很多玩家会分享经验帖、具有"游戏攻略"性质的内容，帮助更多玩家享受更优质的游戏体验，也有玩家会提供免费或收费的游戏"代打""练级"服务，这也满足了游戏社群玩家的多元化需求。总而言之，在游戏社群成员不断密切的互动之中，促进了信息与知识的分享，促进了人们的互利，使网络游戏玩家的积极性得到进一步的提高。

（五）政府监管愈益规范

针对迅速发展的网游产业，相关政府部门出台了一系列相关法律法规。针对舆论反映较强烈的一系列问题，诸如未成年人沉迷少数网络游戏产品导致文化价值观导向出现偏差，网络游戏虚拟货币管理，运营推广虚假宣传，执法有效性等，从娱乐内容、市场主体、经营活动、运营行为和法律责任多个维度进行了越来越细致的管理。

1.《关于禁止播出电脑网络游戏类节目的通知》

2004 年 4 月，国家广播电影电视总局公布了《关于禁止播出电脑网络游戏类节目的通知》（以下简称《通知》）。《通知》指出，各级广播电视播出机构一律不得开设电脑网络游戏类栏目，不得播出电脑网络游戏节目。2004 年以后，中国电竞赛事以互联网为主要传播渠道，大大削弱了电竞赛事的影响力。《通知》颁布 10 年后，网络直播等互联网传播渠道的兴起，帮助电竞产业链加速完善，电竞重新走上迅猛发展之路。

2.《网络游戏管理暂行办法》

2010 年 8 月 1 日，由文化部制定的《网络游戏管理暂行办法》正式施行，系统地对网络游戏的娱乐内容、市场主体、经营活动、运营行为、管理监督和法律责任作出相关规定。根据规定，所有网游用户必须实名认证，未满 18 岁的用户将受到防沉迷系统的限制。这是中国第一部专门针对网游进行管理和规范的部门规章。

3.《未成年人健康参与网络游戏提示》

为引导未成年人"玩健康的网游"和"健康地玩网游"，文化部网络游戏内容审查委员会、中国教育学会中小学信息技术教育委员会、中国青少年网络协会于 2010 年联合发布了《未成年人健康参与网络游戏提示》，倡议社会各界一致行动起来，从主动控制网游时间、不参与可能花费大量时间的网游设置、注意保护

---

① ［美］克莱·舍基著，胡泳、哈丽丝译：《认知盈余：自由时间的力量》，北京：中国人民大学出版社，2012 年，第 127 页。

个人信息、不要将网游当作精神寄托、养成积极健康的网游心态五方面促进未成年人健康网游、健康成长。

4. 《关于移动网游出版服务管理的通知》

2016 年 7 月 1 日，国家新闻出版广电总局《关于移动网游出版服务管理的通知》正式实施。根据规定，所有手游须有版号才能上架，没经过审批的手游将全部下线；在新规施行前已上网出版运营的，也需要补办相关审批手续，否则不得继续上网出版运营。其中，网游运营和版号申请必须要求网游内设置防沉迷系统。该规定被评价为"史上最严格手游规定"。

5. 《未成年人网络保护条例（送审稿)》

2017 年 1 月，国务院法制办公布了国家网信办起草的《未成年人网络保护条例（送审稿)》，这是一部专门针对未成年人网络保护的法律。该法要求，网络游戏服务提供者应当采取技术措施，禁止未成年人接触不适宜其接触的网游或网游功能，限制未成年人连续使用网游的时间和单日累计使用网游的时间，禁止未成年人在每日的 0：00 至 8：00 期间使用网络游戏服务。

6. 《文化部关于规范网络游戏运营加强事中事后监管工作的通知》

2017 年 5 月 1 日，《文化部关于规范网络游戏运营加强事中事后监管工作的通知》（以下简称《通知》）正式执行。该通知主要针对网游领域普遍存在的随机抽卡、未成年人消费等问题，制定了一系列的规范，要求实行"网络游戏实名制"，提倡网络游戏经营单位设置未成年用户消费限额，限定未成年用户网游时间，并采取技术措施屏蔽不适宜未成年用户的场景和功能等。《通知》再次明确网络游戏运营定义，将"付费内测""公测"阶段纳入文化部管理范围；重申虚拟道具的管理要求，规范"随机抽取"玩法；强调玩家用户的权益保障政策；设置文化部监管机制明确处罚依据。

7. 《关于严格规范网络游戏市场管理的意见》

2017 年底，中宣部等八部门联合印发《关于严格规范网络游戏市场管理的意见》。按照统一部署，公安部、文化部、国家新闻出版广电总局、扫黄打非等部门和北京、上海、广东等地积极行动，统筹安排，形成合力，查办网络游戏市场重大案件，推动行业自律，努力营造清朗网络空间。

8. 网游检查制度

2018 年 1 月 24 日，新华社报道称，文化部近期指导北京、天津、安徽、湖南等地文化执法部门查办宣扬色情、赌博、违背社会公德等禁止内容类网络游戏案件 20 件，公布了较为典型的六起案件。在这些名单中，影响力较大的网游有《命运冠位指定》《碧蓝航线》以及《新世纪福音战士：破晓》三款，其中《碧蓝航线》并非第一次被文化部通报。

9. 网络游戏内容审核监管平台

2018 年 2 月，北京市新闻出版广电局建设的全国首家网络游戏内容审核监管平台通过试运营，春节后正式投入使用。该平台除通过信息化手段提升内容审核效率外，还将对每款经北京市局审核的网游"留痕"，即保留每款网游送审的版本，从根本上解决网游出版过程中送审版本上线后"变脸"，擅自添加违规内容的问题。

据媒体报道，文化部检查网游的重点集中在以下事项：是否提供含有禁止内容的网络游戏产品和服务；是否在网络游戏的推广和宣传含有禁止内容；是否未要求网络游戏用户使用有效身份证件进行实名注册并保存用户注册信息；是否存在以随机抽取等偶然方式，诱导网络游戏用户采取投入法定货币或者网络游戏虚拟货币方式获取网络游戏产品和服务，等等。

值得关注的是，国家新闻出版广电总局（现已更名为国家广播电视总局）和文化部在网游监管方面出现职权交叉的现象。前者从网游内容监管角度强调事前审批，后者重在网游市场运营方面加强事中事后监管。重复审批监管一定程度上给网游企业的运营造成负担，两大或多方职能监管部门的具体职责范围需要进一步厘清。

三、网络游戏面临的主要问题

（一）网游侵权事件频发，维护知识产权难度高

在网游产业的发展进程中，抄袭、侵权事件此消彼长。一经确认，存在抄袭、侵权行为的网游将面临下架、赔偿等处罚，品牌形象势必受损。但随着近年来网络游戏市场的"蛋糕"越做越大，部分厂商铤而走险，频繁对一些热门网络游戏进行侵权、抄袭，试图用较低的研发成本在网游市场上分一杯羹。近两年来，网易新闻[①]、新华网[②]、新浪网[③]等国内知名媒体都大量报道了此类事件。

市场发展潜力的巨大诱惑、自主研发能力的短缺、侵权成本相对较低等现实因素，促使不少网游游离在借鉴与抄袭模糊的灰色地带。财经网的一篇报道指出了游戏知识产权侵权案的痛点——与可以预期的暴利相比，败诉代价并不惨重。调查举证难、权属认定难、界定侵权难，是知识产权维权过程的"三大难题"。[④]

热门IP是网游公司的核心竞争力之一，为维护自身热门IP的包括运营权、

---

① 《畅游起诉4家公司侵权 业内称游戏周期短导致侵权多》，网易新闻，http：//news. 163. com/16/0731/18/BTASV2V500014JB5. html，2016年7月31日。

② 《500万判赔能否扭转网游侵权乱象》，新华网，http：//www. xinhuanet. com/tech/2016 - 05/11/c_128975310. htm，2016年5月11日。

③ 《苹果打击游戏抄袭党 山寨〈旅行青蛙〉终遭下架》，新浪网，http：//tech. sina. com. cn/i/2018 - 01 - 29/doc - ifyqyuhy7378032. shtml，2018年1月29日。

④ 《网游抄袭经济账：盈利远高于判赔金额，侵权成行业常态》，财经网，https：//www. sohu. com/a/230651221_465287，2018年5月6日。

改编权、修改权等在内的独占性权利，网游公司正在尽多方面努力以维护自身权益。根据腾讯网的新闻报道，盛大游戏的旗帜性作品《热血传奇》深受知识产权侵权困扰，已成为中国游戏行业中被侵权的典型代表。①盛大游戏多年来持续开展 IP 维权工作，并取得了包括"剑网 2016"第一批网络侵权盗版案件、我国第一个页游维权刑事案件等在内的众多典型维权成绩。除了牢固树立知识产权保护意识、严格遵守知识产权保护相关法律法规、积极维护知识产权合法权益之外，还应该从根本上加强自主知识产权创新，让侵权者无计可施、无利可图。

法制网梳理了北京市海淀区人民法院整理通报的近五年来具有示范意义的涉网络游戏侵犯知识产权典型案件，并在分析涉网络游戏侵犯知识产权案件特点的基础上，总结提出了加强涉网络游戏知识产权保护的对策和建议。②

移动互联网时代，网络游戏作为文创产业的重要经济增长点，其发展热潮在世界范围内持续不断。网络游戏面临的版权困境，不仅影响业界的健康生态，也不利于激发网游研发方的创作热情，抑制其生产内容的积极性，版权保护"防火墙"亟待筑牢。

（二）网游成瘾、"氪金"问题频发，企业社会责任屡遭质疑

从用户群体年龄来看，青少年用户群体正成为游戏产业的主流用户群体。他们具有强烈的好奇心理，善于尝试新事物，通过在游戏中寻找存在感，满足其社交需求。面对心智尚不成熟、缺乏足够判断力的青少年，社会不得不审视网络游戏的迅猛发展和巨大的吸引力带来的影响。总体而言，传统主流媒体在网络游戏领域内的发声，聚焦点大致有以下六方面内容。

第一，网游内容偏爱"打擦边球"，色情、暴力、低俗问题严重。《人民日报》发文《重拳整治乱象，还网络一片清朗》直指近年来，我国网络游戏快速发展，内容形式不断丰富，但也存在着部分网络游戏文化内涵缺失、格调不高，出现低俗暴力倾向，个别作品歪曲历史、恶搞英雄，价值观念出现偏差，触碰道德底线等问题。

2018 年 1 月，文化部指导北京、天津等地文化执法部查办宣扬色情、赌博、违背社会公德等禁止内容类网络游戏案件 20 件。有的游戏中女性角色形象暴露，含有宣扬色情的禁止内容；有的游戏情节允许玩家"刑讯逼供""贪污受贿"，含有违反国家法律、违背社会公德的禁止内容。

《人民日报》在《网络"死亡游戏"真实上演》一文指出，沉迷暴力电子游戏的 15 岁少年小唐，为了在现实中体验虚拟世界杀人的"刺激快感"，将 23 岁

① 《盛大游戏副总裁陈玉林：打造顶级 IP 同时持续打击侵权行为》，腾讯网，http://tech.qq.com/a/20180609/015828.htm，2018 年 6 月 9 日。

② 《涉网游侵权案件逐年增长多为混合案》，法制网，http://www.legaldaily.com.cn/index/content/2017-04/23/content_7119620.htm? node=20908，2017 年 4 月 23 日。

的女邻居小西残忍杀害。电游已沦为不少未成年人荒废学业、增加家庭经济负担甚至诱发犯罪的"精神毒品"，严重影响青少年健康成长，危害社会安定。

第二，网游成瘾问题持续造成全社会担忧。随着中国经济社会的持续发展，以往中国社会中视网络游戏为"洪水猛兽"的压抑排斥观念已经发生了显著改变，政府、学校以及家长均开始正视网络游戏的社会价值。但是在肯定网络游戏益智健脑、促进交往等功能的同时，网游成瘾问题作为网络游戏"与生俱来"的顽疾之一，也在更广泛的社会范围内引发担忧。近年来，由于智能手机设备的普及，网游成瘾开始呈现出向低龄和高龄两级发展的趋势，也就是说，网游成瘾问题不仅出现在自制力较弱的青少年儿童中，更在那些心智已经成熟的玩家间展现出强大的影响力。实际上，对于专业游戏公司而言，未成年用户早已不是他们的主要目标人群，其推出的游戏产品在玩法机制、角色扮演以及社会评价等方面更多的是瞄准了具有社交能力和消费意愿的成年人。2018 年 6 月 18 日，世卫组织发布的最新版《国际疾病分类》（ICD-11），首次将"游戏障碍"认定为一种精神障碍，列入"成瘾行为所致障碍"章节。① 这表明，网络成瘾问题已经从一种病态的社会现象上升为了一项世界性难题。

2018 年农历春节期间，《人民日报》连发多篇文章关注网游在家庭成员相处过程中的危害。② 在全国两会前后，这一问题也引起了媒体的极大关注。目前，网游成瘾已经成为和药物滥用、酗酒吸烟乃至毒品上瘾等社会问题同等重要的严肃议题。

第三，网游数量暴涨，监管压力剧增。近年来，网络游戏数量呈爆炸性增长态势，工信部发布的 2018 年前三季度数据显示，截至 2018 年 9 月底，我国游戏类应用数量为 136.7 万款，较上年底增长约 19 万款，游戏类应用下载量为 2 694 亿次，网游收入达 1 451 亿元，同比增长 20.6%。③

尽管在 2018 年 8 月底，国家广播电视总局发布消息表示将对网络游戏实施总量调控，但网络游戏行业经过近几年的快速扩张，已经凭借其庞大的产品数量基本做到对不同年龄、不同兴趣、不同区域人群的全覆盖。网游不仅在内容质量上越来越具有吸引力，其数量也成为互联网公司的吸金利器。更重要的是，随着用户分众化时代的到来，网游产品也越来越多地呈现出垂直化、个性化发展趋势，这无疑对网游行业的监管造成了极大压力。面对不同平台、不同用户人群的网络游戏，相关部门不仅在机制上存在职能交叉、管理混乱的问题，其制定监管

---

① 《游戏成瘾被世卫组织列入精神疾病，今日起正式生效》，百家号，http：//baijiahao. baidu. com/s? id = 1603663018426940363&wfr = spider&for = pc，2018 年 6 月 30 日。

② 《春节聚餐变玩手游大会？儿童扎堆做低头族》，东方资讯网，http：//mini. eastday. com/a/ 180219175508870. html，2018 年 2 月 19 日。

③ 《2018 年前三季度互联网和相关服务业务收入 6 858 亿元》，199IT 网，http：//www. 199it. com/archives/792267. html，2018 年 11 月 5 日。

政策的速度也往往滞后于产品迭代周期，很难及时从源头根除问题。更严重的问题在于，随着我国网络游戏市场和网游玩家逐步与国际接轨，即使政府加强在国内网络游戏市场的监管治理，也无法阻止玩家选择国外的同类替代品。例如2018年火爆全球的现象级游戏《绝地求生》，腾讯在获得该游戏的国服代理权后却一直由于游戏包含暴力、血腥等内容而未能通过审核，但这并不妨碍大批玩家通过购买网络加速器的方式去"绕开"监管登录国外服务器。长久以来，此类现象一直处于网游监管的"灰色"地带，尚未能纳入国家相关法制、规则体制内。

第四，网游作弊行为猖獗。"外挂"是游戏行为中常见的作弊行为，为了达到更高级别的游戏结果，许多玩家不惜花重金寻找"非正常游戏途径"，从而破坏了正当的游戏竞争规则，也引发了盲目的"氪金"消费行为。据《绝地求生》官方微博发布，截至2017年底，该游戏处罚的外挂作弊账号数量已达70万个，粗略估算，平均20余个账号中就有1个开挂，外挂开发者、销售者结成利益网，月利润不下百万元。

主流媒体也就这个问题多次发文抨击，并要求涉事游戏平台作出监管。如《人民日报》的文章《网络游戏"外挂"涉嫌多种违法》将矛头对准《跳一跳》《绝地求生》等网络游戏"开外挂"行为，称：外挂软件既冲击了游戏规则，降低了普通玩家的用户体验，还会导致游戏运营商利润流失，甚至滋生违法、犯罪问题。

第五，信息泄露问题愈演愈烈，"盗号"（盗取账号）成产业。在游戏作弊行为中，代练需要游戏玩家向第三人提供游戏账号和密码，存在直接风险。而外挂软件由第三人向玩家发送下载地址链接、软件安装包等，一些不法分子就将外挂软件视为植入病毒的最佳载体，玩家可能在一无所知的情况下就下载了暗藏病毒的恶意程序。《人民日报》的文章《网络游戏"外挂"涉嫌多种违法》明确指出，该类程序常常会泄露玩家电脑或者手机中存储的个人信息，如身份信息、财务信息、人际关系信息。个人信息的"裸奔"，又会进一步引发垃圾短信、诈骗电话、骚扰电话、"被消费"、"被刷卡"等诸多问题。

除此以外，人民网也曾发文称网络游戏市场依然存在内容无门槛、竞争无规矩、隐私无隔断的问题，游戏盗号早已形成一条成熟的黑色产业链，甚至细分出盗号、洗号（转移账号内虚拟财产）、卖号等多个环节。

第六，舆论呼吁强化网游监管，分级制成关注焦点。针对网游发展问题，近期，公安机关、文化部门、扫黄打非办等多个部门，开展集中整治网络游戏违法违规行为和不良内容的专项行动，依法查处涉嫌网络赌博、血腥暴力、色情低俗的网络游戏应用程序等，遏制网游的不良发展势头。但是，突击整治不是良久之策，完善网游监管法律，建立成熟、长效的监管机制，搭建权威监管平台就显得尤为重要。华东政法大学法律学院教授练育强表示，现行《网络游戏管理暂行办法》有5项条文涉及未成年人，但规定过于原则化，处罚力度也较轻，不足以震慑违法行为人。他建议尽快出台《未成年人网络保护条例》，明确各主体职责；

同时，文化行政部门、文化市场综合执法机构应加大执法检查力度，切实履行监管职责。① 其实，世界各地普遍面临着网游所带来的困扰，针对该问题，各国也从不同的方面展开监管措施，这在一定程度上为我国的网游问题治理提供了参考借鉴。

（三）网游社群组织动员能力强，成为亚文化传播主力

1. "把关人"缺失：网游社群成为低俗文化的温床

与线下团体组织具有相对较强的自我管理和把关能力所不同的是，网络游戏社群通常是由较为松散的管理团队、流动性强的网络游戏玩家组成。网络游戏社群本身所具有的开放性、去中心化导致加入社群的门槛偏低，再加上网络的匿名性，致使网络游戏社群内容的生产中"把关人"缺失，审查弱化，因此网络游戏社群极易成为不良内容、低俗文化滋生的温床。而这些网络游戏社群中，低龄化成员人数众多，由于青少年辨别能力和自控能力较低，还尚未形成合理、完整的认知能力，这些不良内容和低俗文化极易对青少年的心理健康和价值观的形成产生负面的影响。

根据企鹅智酷在 2015 年 8 月发布的《中国移动社群生态报告》，QQ 社群的用户主要集中在 10~29 岁，占比近八成。数据说明，在网络游戏及网络社群的用户中，低龄化青少年占比较大，因而不良内容和低俗文化的辐射影响面也巨大。

2. 非理性网络集体行动冲击网络社会秩序

游戏社群是网络社群中的重要组成部分，社群成员规模巨大，一旦引发如此大规模群体的网络集体行动，极易对网络社会秩序甚至对现实社会的稳定造成冲击，引发社会危机和动荡。由于很多游戏社群是基于玩家对于该游戏的认同而形成的，游戏用户根据对不同种类游戏的兴趣、价值取向和群体认同形成了不同的"圈子"和"派系"，而不同游戏的社群与社群之间也往往存在较大的差异，在价值观和意见取向上具有相对独立性。在社群内部成员不断进行互动讨论时，群体的讨论往往会强化其成员最初的意向，使持有偏激意见的成员更为偏激。当偏激的意见占社群中多数意见时，容易进一步演化为"网络群体极化"，而这将可能在网络集体行动之前形成基本的群体意见气候，一旦发生某些具有刺激因素的触发性事件，网络游戏社群将可能"倾巢出动"，开展大规模甚至是跨社群的网络集体行动。

网络"爆吧"现象是一种非理性的网络集体行动，指的是在贴吧内不停地发无实质内容的废帖、水帖、垃圾帖等，扰乱贴吧正常秩序，对贴吧成员正常的看帖、发帖活动造成严重影响。在网络"爆吧"事件中，网游社群经常成为参

---

① 《"三无网游"顽疾待治：公安机关文化部门"扫黄打非"办齐出手》，厦门网，https://news.xmnn.cn/xmnn/2018/04/12/100347978.shtml，2018 年 4 月 12 日。

与的主体。"百度百科"的"爆吧"词条列举了到目前为止有一定影响的 34 次 "爆吧"事件,有近 1/3 的"爆吧"事件存在网络游戏社群的参与。2010 年 6 月 9 日,由百度贴吧"魔兽世界吧"发起的"'6·9'圣战爆吧事件"是网络游戏 社群集体行动的一个典型事件。因韩国明星在世博会的演出混乱引起的踩踏事件 在新闻和网络曝光后引起大量网友的极度反感,之后"魔兽世界吧"宣布发起 "圣战",喊出"脑残不死,圣战不止"的行动口号,联合其他多个大型贴吧, 展开反对韩国明星及其粉丝的行动,引发以上群体之间的大混战。

根据对"爆吧"行动的组织动员过程展开分析,可以了解到,游戏贴吧的 吧务作为一个分工较为严密的管理团队,对于"爆吧"事件的推动和发展具有 较大的影响。在"爆吧"行动开展之际,一些游戏社群的吧务与其他大型贴吧 的吧务团队进行沟通,动员更多贴吧及其成员参与"爆吧"行为,以扩大"爆 吧"行动的影响力。在一些"爆吧"行动中,通常各贴吧吧务有明确的分工和 职责,通过类似于 QQ 群、微信群等游戏社群内部沟通渠道,贴吧管理团队拟定 专门的行动时间和地点,制订计划和分工,并通知更广泛的社群成员,进一步统 一展开集体行动。此外,在"爆吧文化"的不断发酵之下,已经出现了一种专 门为了"爆吧"行动而形成的"爆吧团",甚至各种"爆吧"团队已经形成了一 个相对专业的"爆吧联盟",有时还联合参与大型"爆吧"行动。如十字燃烧军 团、红魔军团、血色圣光技术联盟等团队有着严密的组织纪律、高超的网络技 术、系统性的管理模式,是"爆吧"等网络集体行动中的重要角色。

针对各种游戏社群的网络集体行动原因与影响展开分析,以百度贴吧各游戏 贴吧的"爆吧"事件为例(详情见表 2),网络游戏社群在关于民族主义方面的 话题,如"抵制韩国明星及其粉丝"等类似的话题,以及关于游戏公司侵害游 戏玩家的切身利益等相关事件,较容易引发网络社群的集体行动。其他具体行为 还包括网站攻击、人肉搜索、攻击游戏服务器等。除了因刺激性事件引发的"爆 吧"现象以外,游戏"大 V"等网络意见领袖的不当言行也容易成为触发网络游 戏社群开展集体行动的导火索,对游戏"大 V"的负面行为进行舆论声讨、恶搞 调侃,甚至出现大量"脱粉"现象。例如 2017 年 12 月知名游戏主播"卢本 伟_55 开"开游戏外挂事件,导致大量游戏玩家和爱好者对其进行舆论声讨。面 对众多网友的分析和质疑,游戏主播"卢本伟_55 开"还召集和怂恿自己的粉丝 拍摄视频辱骂举报者及其家人。此事在经过不断发酵之后,大量游戏粉丝在其微 博评论区声讨、调侃该主播,最后包括斗鱼、B 站(哔哩哔哩弹幕视频网)在内 的直播平台将其直播账号封禁,该主播最后宣布停止游戏直播。

表2 主要"爆吧"事件列表

爆吧事件	相关社群	原因分析	事件影响
2008.11.28 "东方神起吧爆吧事件"	魔兽世界吧	韩国明星殴打中国粉丝，引起许多国内网友的不满情绪	魔兽世界吧发动"圣战"，团结李毅吧等多个贴吧参与爆吧，波及人数广
2009.08.27 "朝闻天下吧爆吧事件"	摩尔庄园吧	游戏玩家因央视《朝闻天下》对摩尔庄园游戏的批评性报道而产生不满	爆吧参与者发布大量污言秽语，大批网民被封号、封IP
2010.06.09 "'6·9'圣战爆吧事件"	魔兽世界吧等	世博会韩国明星演出混乱导致踩踏事件，引起大量网友的极度反感	韩国明星官网、贴吧等不能正常访问和使用，或导致明星收入遭受损失
2011.01.24 "688事件"	地下城与勇士吧	游戏中688元礼包昂贵的收费引起玩家不满	地下城与勇士的服务器大规模瘫痪，官方论坛被爆吧
2013.07.28 "权志龙吧爆吧事件"	罪恶都市吧、血色圣光技术联盟等	韩国明星粉丝的不当言论引发国内大规模网友不满情绪	有史以来规模最大，爆吧人员达数百万，波及各贴吧友数千万，当事人被人肉搜索
2013.11.02 "杜海涛吧爆吧事件"	魔兽世界吧等	主持人杜海涛向韩国明星下跪，刺激了大量网友的民族主义情绪	杜海涛吧及大部分韩国贴吧被爆，杜海涛微博上致歉
2014.07.24 "300英雄官方吧爆吧事件"	300英雄官方吧	游戏更新损害玩家利益，引起玩家反对	参与爆吧者发布大量涉黄内容爆吧，最终导致300英雄官方贴吧被封
2015.01.10 "'1·10'事件"	魔兽世界吧、LOL吧	"爆吧团"故意挑起	百度两个最大的贴吧李毅吧、魔兽世界吧瘫痪，LOL吧也被爆
2015.07.29 "葫芦侠事件"	minecraftpe吧、葫芦侠我的世界吧	minecraftpe吧相关成员向"葫芦侠我的世界"资源侵权行为进行维权，引发双方冲突	葫芦侠的相关贴吧全面崩溃，多名吧务被封
2015.08.14 "植物大战僵尸2吧爆吧事件"	植物大战僵尸2吧	游戏公司官方购买并控制贴吧，发布限制言论性规定，引起玩家反对	吧务组重新组建，管理有所改善，但游戏官方仍然控制贴吧

　　上文提到的民族主义也存在于网络游戏社群和游戏玩家的日常游戏之中，网络社群中的民族主义容易造成不同国家和群体间的对立。例如中国的"红衣军团"最早是出现在《H1Z1》这款大型国际网络游戏上的，"红衣军团"是指在游戏中由大量中国游戏玩家组成，以专门击杀外国玩家为乐的游戏团体，这一团体的特征是游戏人物身穿"红衣"，在游戏中以唱国歌等方式来识别身份（见图5）。后来在《绝地求生》等游戏中，也出现了"红衣军团"的身影，这一团体的组成实际上破坏了竞技游戏的公平性，其专门针对外国玩家的行为，导致很多外国游戏玩家对中国游戏玩家形成了"低素质""民族主义"的刻板印象，也形成了更广泛的外国玩家与中国玩家间的群体对立，给不少玩家带来了糟糕的游戏体验。

图 5　与"红衣军团"相关的视频截图

　　与游戏本身具有传播不同意识形态的功能相类似，网络游戏社群在传播不同意识形态方面同样具有重要作用。网络游戏社群存在的各种意识形态不仅源于游戏赋予的内在意义，也来自网络社群所在的整个社会，以及社会中存在的不同意识形态。例如在《H1Z1》《绝地求生》等国际网络游戏中，中国大陆玩家与中国台湾、香港，以及国外的玩家在意识形态上存在很大的差异。由于各地区玩家政治立场不同，游戏社群间也容易形成不一样的刻板成见，在成见的影响下，不同的游戏社群一相遇就极易引发冲突。

3. 个体的迷失：信息遮蔽干扰理性认知

由于网络游戏社群的高活跃度，社群成员产生了大量繁杂、碎片化的内容，信息质量参差不齐，这些内容构成了一个相对独立的网络社群信息环境，而这种信息环境中产生的信息往往又带有大量主观情绪性的价值判断，与实际客观环境可能产生了较大的偏离。网游社群成员在对这种"拟态环境"形成认知以后，可能会做出非理性的决策和行为。在 QQ 兴趣部落"QQ飞车"中，游戏玩家通过发帖"晒"出自己花大量金钱充值购买的华丽的游戏角色装饰，以及游戏中"炫酷"的虚拟车辆，吸引其他玩家的点赞和夸耀，实际上在某种程度上是为满足个人的虚荣心和宣扬自己个性化的心理。在大量带有炫耀性质的帖子所构成的信息环境之中，多数玩家的意见和价值观可能会影响个体玩家的理性认知，其中最典型的现象就是网络社群中的"从众心理"。个体对社群的意见气候进行评估，做出与大部分玩家相同或相似的决策行为，可能激发更多类似于"QQ飞车"某些玩家花费大量金钱购买"炫酷"游戏角色饰品的行为。

四、网络游戏的发展趋势

根据伽马数据公布的《2017年中国游戏产业报告（摘要版）》，中国游戏行业发展至今，用户规模已经达到 5.83 亿，综合 2014 年至 2017 年的数据来看，游戏用户数量已经趋于饱和。[①] 在这样一个整体产业状况下，未来游戏的发展方向和创新趋势是当下中国游戏企业亟须考虑的问题。本报告将从用户结构变化、手机游戏发展、游戏功能性探索等方面出发，对游戏可能的新发展方向进行讨论。

（一）女性玩家市场崛起，休闲游戏成潜力股

从以往游戏受众市场主力来看，年轻男性往往被认为是游戏的主要受众，然而随着手游行业崛起，消除类休闲游戏和模拟经营等游戏的出现，正在打破这一刻板印象。

伽马数据出品的《2018年中国女性游戏研究报告》显示，中国女性游戏市场销售收入已达 430 亿元，预计在 2020 年，女性游戏市场销售收入将达到 568.4 亿元，未来三年依然有近 140 亿的增长空间（见图 6）。

---

① 《2017年中国游戏产业报告（摘要版）》，伽马数据，http：//www.joynews.cn/bglb/201712/1932080.html，2017 年 12 月 19 日。

图6 中国女性游戏市场实际销售收入图

资料来源：伽马数据。

注：e表示对应年份的数据为预计值。

随着《阴阳师》《绝地求生》《旅行青蛙》等网络游戏的兴起，女性网络游戏玩家较以前有了更多的参与，为中国网游市场增添了蓬勃的发展动能。国内各大网络游戏公司也逐步提升对女性网游用户资源开发的重视，在题材选择、视觉效果以及玩法机制方面，都越来越重视女性玩家的用户体验。除此之外，各大游戏平台都在积极开发女性网游玩家的社交动员能力，在开发女性玩家偏爱的休闲类、角色扮演类游戏的同时，不断利用社交媒体制造话题，沉淀用户人群，满足女性玩家对于游戏玩法、角色、故事等方面的讨论诉求。

中国女性网游玩家正显示出在网游领域的巨大商业价值，尤其是在手游领域，女性用户群体消费能力和付费意愿快速增长，成为推动中国网络游戏市场规模迅速扩张的重要推力。

（二）手游开发联动硬件厂商，精细化凸显社交价值

根据极光大数据2018年11月28日发布的《极光大数据：2018手机游戏行业年度数据盘点》，截至2018年10月最后一周，中国手游App市场渗透率为47.9%，用户规模为5.27亿，过去半年，"90后"手游付费玩家平均付费金额超过一千元。[①] 手机网络游戏市场已成为中国网络游戏市场的重要构成部分，手机网游所展现的强社交能力也受到了政府、企业等社会多方的重视。

中国手机网游的火爆得益于近年来我国智能手机的普及、移动4G技术的发

---

① 《极光大数据：2018手机游戏行业年度数据盘点》，百家号，https://baijiahao.baidu.com/s? id = 1618352613607344059&wfr = spider&for = pc，2018年11月28日。

展等多种因素，手机网游的火爆催生了市场的激烈竞争，但纵观 2017 年、2018 年两年手机网络游戏的发展，发现其总体呈现出"百家争鸣"却未"百花齐放"的状态，真正成为现象级的爆款游戏屈指可数。目前手机网络游戏虽然已经步入成熟期，但大部分游戏公司都面临产品同质、创意疲软、情怀营销等问题的桎梏，现阶段手机网游市场的争夺仍是腾讯、网易等头部玩家的游戏。

无论是 2018 年火爆的求生类游戏《绝地求生：刺激战场》，还是持续吸金的《王者荣耀》，手机网游正在追求原本 PC 端独有的用户体验。受限于手机屏幕大小以及指端触碰的限制，以往的手机网游无法做到 PC 端网游贴近真实的视觉画面以及交互表现。但近年来随着手机硬件性能的升级，手机网游也得以引入物理引擎，模仿真实的力学效果，从而极大地提升了手机网游的流畅感、真实感。国内各大网游公司在开发手机网游时，都十分重视与手机硬件生产商展开通力合作，力求在图形渲染、物理引擎、动画设计、音效编辑等方面做到极致。如腾讯与 oppo 和 vivo 等四大手机生产商展开合作，成立游戏技术联合实验室，在手机的外形定制、游戏性能优化、周边外设等领域谋求最佳解决方案。再如高通与网易游戏进行深度合作，优化了网易游戏引擎 Messiah，对网易旗下的几款热门网游进行了有针对性的升级迭代。由此可见，与主流手机硬件生产商展开强强联合，在手游的开发环节即重视用户终端的使用体验将是国内网络游戏公司进行产业链升级，拓展手机网游市场影响力的重要举措。

另外，面对日趋成熟的手游市场，各大网络游戏公司开始探索维持手游用户活跃度、提升手游玩家变现率的全新升级路径。目前口碑传播仍是手机网游推广、营销的重要路径，各大网络游戏公司也在不断创新手游玩法的同时，提升玩家在游戏内的沟通与交流；在保证游戏本身内容、画质的同时，利用强社交关联将游戏用户的使用习惯固定化。例如《王者荣耀》《绝地求生：刺激战场》等头部游戏，均上线了好友邀请、礼物赠送、队内语音等系统。此外还十分重视利用社交媒体的话题引导，把游戏运营的焦点从流量的获取转向社群动员。步入 2018 年以来，国内各大网络游戏公司都加强了对资深玩家的精细化运作。例如根据玩家的不同层级投放不同的游戏活动，再利用数据分析找出游戏互动中玩家认可度不高的细节，最后通过游戏内部的服务精细化，赋予玩家身份意识和社会认同感。通过对玩家的精细化运作，网络游戏公司能够在手游玩家的虚拟世界自我价值实现过程中，逐步引导玩家养成付费习惯并不断提升用户口碑。

（三）功能游戏待探索，布局类别多样化

严肃游戏（serious game）或功能游戏（applied game）是一种非纯粹娱乐的游戏。[①] 这类游戏与模拟类游戏（如飞行模拟和医疗模拟）相似，但更强调趣味

[①] Djaouti, Damien. Classifying Serious Games：the G/P/S model（PDF），2015 – 06 – 26.

与竞争性带来的教育价值。

功能游戏在海外起步较早，如日本任天堂公司曾经把手持游戏机与基本的编程、互动相结合，从 Wii 平台上的《脑白金》、NDS 上的《绘心教室》到 DS/3DS 掌机上的《任天狗》《迷你程序员 3》，这一理念在他们今年推出的 Nintendo LABO 上也体现了出来。由英国 FUZE 公司推出的一款编程游戏在今年第二季度登陆了任天堂 NS 游戏机，*FUZE Code Studio* 的目的是让玩家从 0 开始学会编程，并能基于 NS 编写简单的游戏（见图 7）。①

中国的功能游戏暂时处于起步阶段，过去的探索较为零散。在 2018 年初，腾讯宣布将全面布局功能游戏产品，从传统文化、前沿探索、理工锻炼、科学普及和亲子互动五大方向出发，从 2018 年春开始陆续发布。至今腾讯展示过的功能游戏包括《榫接卯和》、《折扇》、《纸境奇缘》、《坎巴拉太空计划》、《尼山萨满》、《微积历险记》（见图 8）、《模拟列车》等，有些可以让玩家熟悉一些中国传统技艺，了解古典文化之美，有些可以与文字、数学等学科紧密结合，发挥智慧与思维想象力。

图 7　编程游戏 *FUZE Code Studio* 的页面

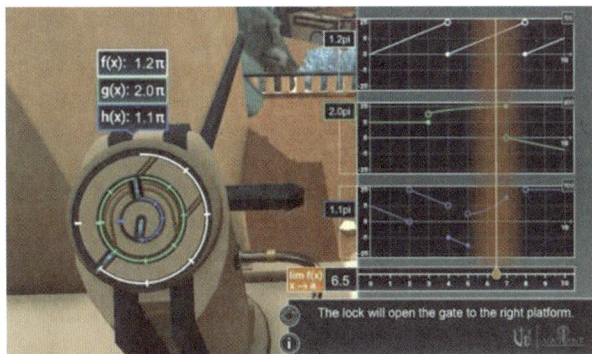

图 8　腾讯公布的功能游戏《微积历险记》的截图

---

① 《你肯定不知道，任天堂 Switch 还能用来学编程》，搜狐网，http：//www.sohu.com/a/217958721_704222，2018 年 1 月 20 日。

国内外业界对功能游戏的探索进程正在加速，然而在思考如何发挥游戏的功能性的同时，我们也应考虑大众的接受程度。如《微积历险记》这类对理工素质要求较高的游戏，对这类游戏关注较多的用户可能门槛不够，而有能力解决微积分问题的受众不一定愿意用此类方式进行"游玩式"训练。如何找到功能游戏与受众接受度之间的平衡点，也是功能游戏在探索道路上无法回避的问题。

（四）网游营销面临变局，功能游戏成探索热点

首先，重视短视频、UGC 产品，聚合优质的网络游戏"衍生品"，形成综合性的传播势能。腾讯游戏的营销话语框架与其奉行的"差异化、多元化游戏布局"有关，据观察，在"腾讯游戏频道"网页布局中，一般由"热门游戏入口""今日热闻""企鹅电竞·赛事""企鹅电竞·视频""厂商新闻""品牌栏目""发号中心""开服表"等基本栏目构成，内容涵盖赛事资讯、网络主播原创节目等，也基本打造出腾讯游戏首页为玩家提供全方位服务的这一特点。同时，可以看出腾讯游戏在营销过程中重视以视频、图片为抓手，因此网页布局上给予了自媒体账号、原创游戏视频更多的流量倾斜，依托视觉传达的低门槛、易接受、二次传播面广的特点，推动其影响力的扩大。

其次，为网络游戏勇敢正名，正视错误并且带头承担社会责任。虽然时至今日，随着"80后""90后"开始登上社会中心舞台，整个社会对游戏和游戏衍生文化已能给予相当正确的评价和认知。但一旦有人站上道德高点时，就必然又要戴上"游戏都是毒害青少年"的有色眼镜。也就在腾讯最近连续遭遇的"黑稿"攻击中，游戏业务再度成为攻击焦点。

2018 年 6 月 20 日，腾讯正式宣布推出"未成年人游戏消费提醒"的新服务。对于腾讯游戏中超过 500 元的疑似来自未成年人的消费，腾讯将主动联系用户进行关注。目前腾讯组建了一支超过 200 人的专属团队来试运营这一服务，并接入到包括《王者荣耀》《英雄联盟》和《穿越火线》等腾讯最重要的几款热门游戏中。2017 年 2 月，腾讯正式上线了腾讯游戏成长守护平台；同年 7 月，腾讯宣布为《王者荣耀》推出健康系统，这两个举措与"未成年人游戏消费提醒"服务一起，覆盖了游戏前、中、后三个时间点——游戏前通过成长守护平台来对未成年人游戏行为进行规划，游戏中通过健康系统限制未成年人游戏时长，如果出现问题还在游戏后有相应的追加提醒和确认机制。[①]

除建立游戏保护机制外，腾讯也对游戏产业进行了正向的宣导，陆续上线了一系列功能游戏，这批带有教育、文化属性的游戏，让外界看到了游戏在娱乐之外的更多价值。虽然仅靠腾讯一家努力肯定不够，但这肯定是个好的开始。

---

① 《腾讯游戏的"游戏正名战"》，搜狐网，http://www.sohu.com/a/237271116_115929，2018 年 6 月 22 日。

最后，立足未来，用科技为网络游戏加持，功能游戏值得深入拓展。We-Game 游戏之夜上，腾讯发布了 3 款 PC 端的功能游戏，分别是《坎巴拉太空计划》《微积历险记》《模拟列车》。功能性游戏与单纯的虚拟场景中毫无目的的打打杀杀迥异，它具备更多探索未来的意义。比如，在《微积历险记》的游戏里，玩家将扮演一个女性角色伊苓，居住在一个可能被太阳风暴摧毁的星球上，在这个星球上，玩家需要通过修复桥梁和传送器等建筑或设施，来应对即将到来的威胁。在游戏中玩家会看到熟悉的函数和象限，需要通过微积分知识，绘制出函数图像，从而激活机关并修复设施。这款功能游戏能够帮助玩家用一种更好玩的方式学习微积分，同时让玩家感受到，曾经学微积分的痛苦也可以变成一种快乐。①

放眼国际，功能游戏在海外已经趋于成熟，并在教育、企业管理、培训等领域发挥了重要作用。反观国内功能游戏的发展，却仍然处于萌芽阶段，但已经不再是一片空白。2018 年 4 月 23 日，腾讯游戏创新工作室与腾讯区块链联合发布了腾讯首款区块链游戏化应用《一起来捉妖》。UP2018 腾讯新文创生态大会上，腾讯官方也表示，"在未来会在功能游戏领域投入更多的力量，进一步探索游戏的正向价值"。

（五）拓展取材范围，以 IP 赋能文化传播软实力

在游戏的背景设计与场景搭建中，许多游戏会将一些著名 IP 或是著名实景移植到游戏内，使游戏内与游戏外产生联系，玩家可以获取联动体验以及更丰富的感官体验。

以美国游戏《看门狗 2》为例，这是一款由游戏公司育碧开发并发行的开放世界动作冒险第三人称射击游戏，游戏设定在虚构版旧金山（见图 9）。② 整款游戏的背景中，这个虚拟的旧金山城在许多细节上与真实的旧金山城几乎完全一样，这得益于开发团队对旧金山的实地精细考核。因此这款游戏也成功展现了大量旧金山的特色景点和独特文化，被玩家戏称为旅游游戏。

中国西安借助抖音上的多样化玩法，结合自身的城市特色文化，成功将西安打造成了"抖音之城"，而在游戏场景中，特色场景和丰富玩法会使玩家对背景城市印象更为立体，体验更加细腻多样。

中国游戏公司在开发 IP 方面也做了许多尝试。网易以中国四大名著里的《西游记》为设计背景，开发出了 Q 版风格的浪漫网络游戏《梦幻西游》。2016年，网易以日本经典 IP 阴阳师为设计背景推出手游《阴阳师》，在日本民间有许

---

① 腾讯研究院：《腾讯三款功能游戏点亮 WeGame 游戏之夜》，百家号，https：//baijiahao. baidu. com/s？id＝1605508148026218832&wfr＝spider&for＝pc，2018 年 7 月 9 日。

② 《看门狗》介绍，维基百科，https：//zh. wikipedia. org/wiki/% E7% 9C% 8B% E9% 97% A8% E7% 8B% 972。

多以游戏主角安倍晴明为主的相关传说，也有一系列影视剧以及类似设定的动画等。网易在开发过程中，将手游画面设计得非常具有日式风格（见图10），同时引入阴阳师背景故事，邀请许多日本著名声优进行配音，不仅在国内反响剧烈，在日本推出日服之后也引起了热烈讨论。①

在利用不同话语框架扩大海外游戏市场的同时，我国游戏行业也应思考如何利用中国经典IP以及热门事件进行游戏开发，传播本国的文化特色，帮助打造立体的国家形象。例如四大名著、历史小说、《红海行动》的原型营救事件等。可以将这些素材资源与游戏设计结合，发掘出具有中国文化特色和历史底蕴的优秀游戏，在海外传播中国特色文化，加强软实力建设。另外，军事色彩和政治色彩的情节设计和设置，也是国家对外传播软实力的重要组成部分。

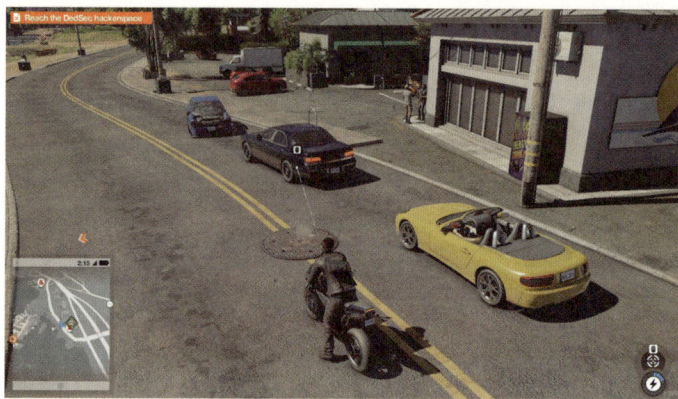

图9　《看门狗2》游戏截图

图10　手游《阴阳师》情人节活动宣传图

① 《日本玩家怎么聊阴阳师手游》，18183手游网，http://www.18183.com/yys/201702/802106.html，2017年2月27日。

五、发达国家网游监管经验

在网游监管中，法律发挥着最基本的规制作用。据报道，韩国保健福祉家庭部提出一项名为"青年保护修正法案"的议案，以帮助青少年克服网瘾。[1] 韩国国会在 2011 年 4 月 29 日颁布法令，禁止 16 岁以下青少年夜间玩网络游戏。由于法案触及了游戏行业的利益而遭到反对，但最终被韩国宪法法院驳回。此外，澳大利亚在 1995 年发布《澳大利亚联邦出版物、电影和电子游戏分级法案》，之后在澳大利亚的视频游戏分级计划当中，以此加强网游监管分级。法案显示："G 类分级被视为大众游戏青少年可以游玩；PG 类在家长或监护人陪同下可以游玩，R18 + 分级即 18 岁以下的未成年人不得游玩，以及 E 级即免于分级的在线游戏等。"[2] 由此可以看出，具有权威性、强制性的法律在保护青少年、监管网游发展等方面扮演着至关重要的角色。

（一）海外网游监管与分级制度现状

在整治网络游戏问题上，实行网游分级制的呼声不断增大，人大代表李秀香在 2018 年全国两会期间建议提出，完善游戏内容审核与分级管理机制，引发代表委员热议。

其实，美国、日本、欧洲等发达国家和地区拥有着发达游戏产业，也同样面临网游带来的系列问题。经过长期的实践和经验总结，欧美总结和制定了日益完善的分级制度，并进行广泛推行，用于对各年龄人士适宜玩的游戏进行相应的分级（见表 3）。

表 3　部分国家分级机构及职责

国家	分级机构	职责
美国	娱乐软件定级委员会	主要是对游戏软件、网络游戏、网站等进行审核
英国	英国电影分级委员会	负责英国电影、电子游戏分级和审查的机构
日本	电脑娱乐分级机构	负责日本游戏分级制度的制定，以及游戏所属级别的审查
澳大利亚	澳大利亚分级委员会	负责出版物、电影、电子游戏分级和审查的机构
欧盟部分国家	欧洲游戏信息组织	欧洲通用的电脑游戏分级

① 《韩国颁布法令禁止青少年夜间玩网络游戏》，中国价值网，http：//www. chinavalue. net/Story/2011 - 5 - 1/110964. html，2011 年 5 月 1 日。

② 《游戏分级、政府出手国外如何监管青少年网游》，中国青年网，http：//news. youth. cn/jy/201707/t20170720_10336639. htm，2018 年 7 月 20 日。

等级	图标	说明
EC		适合于3岁及3岁以上的人群，主要面向学龄前儿童，并且不包括任何让家长反感的内容
E		适合于6岁及6岁以上的人群，软件中可以包含最低限度的卡通、幻想，或者有轻微暴力和很少出现的轻微粗话，约有54%的游戏属于此类
E10+		这一级是在2005年新增加的，属于老少皆宜的游戏，但适合年龄提高到10岁及10岁以上。与E级相比，E10+的游戏含有更多的卡通、魔幻或者轻微暴力、轻微粗话，以及最小程度地包含(或者很少有)血腥和最低限度的暗示性主题
T		适合13岁及13岁以上的消费者，可以包含暴力、暗示性主题、未加修饰的幽默、最小限度的血腥、模拟赌博和很少出现的非常粗俗的语言，约有30.5%的游戏属于此类
M		适合17岁和17岁以上的玩家，可以包含激烈暴力、血腥、色情和/或粗话，约11.9%的游戏属于此类
AO		仅适合成年人，可以包含长时间的激烈暴力场面和/或图形色情内容以及裸露镜头
RP		带有该标志的产品已经向ESR提交定级申请，正在等待最终结果。这个符号只在游戏发行之前的广告和或演示中出现

图 11　ESRB 分级说明

资料来源：网易游戏频道。

　　在美国，游戏分级制度有着最悠久的历史和最完整的体系，并于 1994 年建立了游戏分级组织"娱乐软件定级委员会"（ESRB），它主要是对游戏软件、网络游戏、网站等进行审核。每个游戏软件的发行都需要首先获得 ESRB 的等级认定，这就确保了其分级的权威性（见图 11）。

　　此外，日本也逐渐完善了自己的游戏分级制。2002 年 7 月，"电脑娱乐供应商协会"（CESA）成立了分支"电脑娱乐分级机构"，负责日本游戏分级制度的制定，以及游戏所属级别的审查（见图 12）。

　　在欧洲，"欧洲游戏信息组织"（PEGI）作为一个欧洲通用的电脑游戏分级组织已被 30 多个国家使用，有严格的制度规定，并被所有参与的发行商认可。

另外韩国、德国等国家也都有完善的游戏分级制度。① 从以上分析中可以看出，网游分级逐渐在全世界推广开来，发达的游戏产业强国的分级制度甚至已经日趋完善，为本国网游问题监管与治理提供了制度与技术支持。另外，大部分国家的分级制度较早地适用于出版物和影视，随着网络游戏的出现，才调整法律依据，将约束范围扩大至网络游戏领域。因此，这在一定程度上增强了分级制的可行性。当然，问题的解决不能仅仅依靠分级制度的建立，强制监督实施也至关重要。此外，家长、游戏发行商等也应当积极参与到网游监管与治理当中，履行好自身职责。

图 12　CESA 分级说明

资料来源：网易游戏频道。

---

① 《国外游戏强国分级制一览》，网易游戏，http://play.163.com/14/0227/10/9M369LTE00314K8K_4.html，2014 年 2 月 27 日。

（二）监管方法多样化，协同治理是关键

其实，除了实施分级管理，部分国家还在监管方法上形成特色，通过把握不同的侧重点，选择不同的责任主体，形成不同的监管方法。

表4　部分国家的网游监管方式

国家	监管方式
美国	父母管理，决定权在父母手中
日本	网游实名认证管理，用信用卡"锁定"账号
澳大利亚	分级管理，禁止销售未分级游戏
加拿大	新游戏发行商上交完整游戏拷贝，隐瞒者受罚
英国	强调家长责任，家长纵容会被控告失职
德国	形成手游预警系统；游戏标明年龄限制，标错年龄许可可罚50万欧元

从表4中可以看出，网游的监管方法呈现出多样化，不同国家立足实际形成不同的监管方法，而且，网游的监管责任主体涉及多方。美国、英国强调父母的权利与责任，父母作为青少年的主要监护人，一方面拥有决定孩子是否接触网游的权利，另一方面也有监督的责任，过分的纵容则会受到惩罚。而日本则从网游玩家本身进行监督，通过实名认证管理，以信用卡"锁定"账号的方式记录玩家的游戏行为，实施消费实时监控，这里强调了玩家本身的自律与责任。而加拿大、德国、澳大利亚等国则从游戏发行商处问责，突出强调发行商的责任与义务。例如，澳大利亚实行网游分级管理，要求发行商禁止销售未分级的游戏；加拿大相关部门要求新游戏发行商上交完整游戏拷贝，隐瞒者受罚；德国以罚款作为手段，要求游戏发行商要在游戏上标明年龄限制，标错年龄许可可罚50万欧元。以上的监管方式有利于降低青少年沉迷网游的概率，并有效遏制网游引发的系列问题。

通过以上分析发现，要建立一个有序的游戏市场，不仅需要完善的法律保驾护航，而且需要分级制等更具针对性的措施，当然也需要从游戏厂商、青少年玩家、家长的角度强调各自的义务，培养其责任意识，保障以分级制为代表的监管制度的有效实施。因此，面对网游问题，我国应当积极行动，完善相关法律法规，以"法律大棒"治理网游顽疾；同时借鉴国外行之有效的监管方法，实行分级制，依据本国情况，确定责任主体，推动多方积极参与，共同治理，营造良好的网络游戏环境。

（三）中国网游分级：趋势渐显，但难度仍大

中国网游产业飞速发展的当下，如何在防沉迷、防"氪金"、防色情暴力内容、界定网游适龄人群的同时，保障游戏用户体验和企业发展空间，成为亟待解决的社会命题。2018 年全国两会上，全国政协委员、广州大学副校长于欣伟提出要加快推动网游分级制。全国人大代表李秀香建议，成立一个专门的审查委员会，在网游发行前对网游内容定性，对内容不宜于青少年、容易造成沉迷的网游，一定要禁止未成年人参与。

的确，网游分级的话题常提常新。与往年相比，2018 年的议题再度吸引公众与媒体的高关注度，这与中国成为全球第一大网游市场的现实有关，更与网游庞大的市场规模引发了一系列社会问题有关。中国网游分级制度是否会出台，何时能落地，如何合理划分等问题无法被准确预测，但从近两年政府出台的网游监管政策分析，趋势愈发明显，但仍存在较大难度。

2018 年企业声誉研究报告

汤景泰　谢忠翔　王富迪　王嘉琪
王子明　张佳觎　管帅　周天竞
2019 年 1 月

一、2018 企业声誉事件的总体状况

2018 年是我国改革开放 40 周年。在这一历史背景下，我国经济建设取得重大成就，市场开放水平进一步提高。世界银行发布的《2019 营商环境报告》显示，中国营商环境较去年大幅提升 32 位，位列全球第 46 名，这是该报告发布以来中国取得的最好名次。此外，时隔十年后，中国再次进入世界银行营商环境年度十大改革经济体之列。这些成就充分说明了，当前中国日益国际化、法治化、便利化的营商环境，对有效提振市场信心具有重要意义。

与此同时，随着移动互联网技术的深入发展，社交媒体进一步普及，公众的舆论监督意识和维权意识也不断增强。2018 年政府与企业领域频频爆发公共危机事件，企业发展的风险环境在整体上日趋敏感复杂。

为了更全面地把握 2018 年度的企业声誉管理现状，我们依据暨南大学新闻与传播学院计算新闻传播学研究中心的监测数据，以及新浪舆情通/微热点和上海索思提供的相关数据，对全年近 800 个企业声誉热点事件进行了全面分析。

根据对 2018 年全年企业声誉热点事件数据的整合梳理，以"时间"为 X 轴，以"热点事件数量"为 Y 轴，呈现出了 2018 全年热点事件月度走势图（如图 1）。

从热点舆情事件数量的全年走势来看，2018 年上半年，舆情热点事件的数量波动不大，总体上维持着较为平缓的水平，其中在春节期间（2 月份）热点舆情事件数量达全年最低值。进入 2018 年下半年后，舆情事件数量有不断攀升的趋势，尤其是在临近年末时急剧升高，到 12 月，热点舆情事件数量暴增至全年最高水平，为同年 11 月事件数量的 2 倍以上。

（度量值）

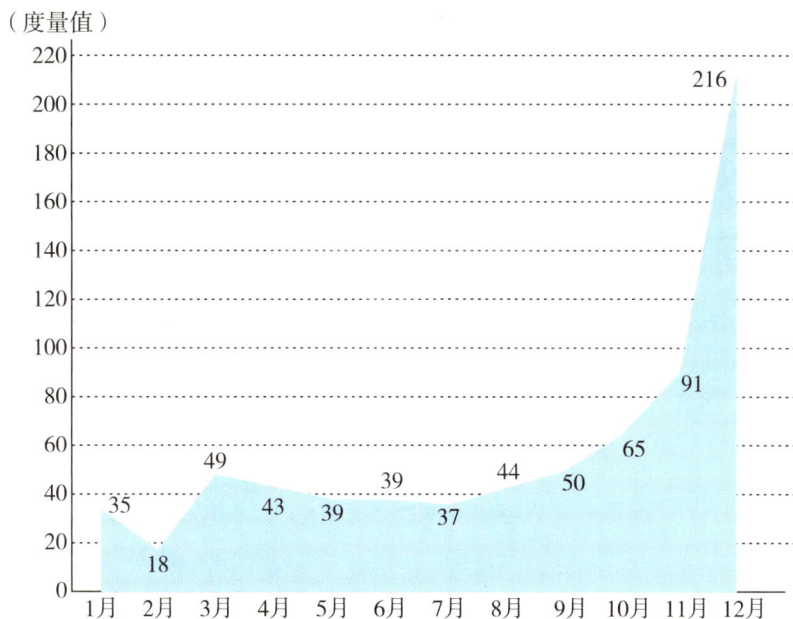

图1　2018全年热度事件月度走势图

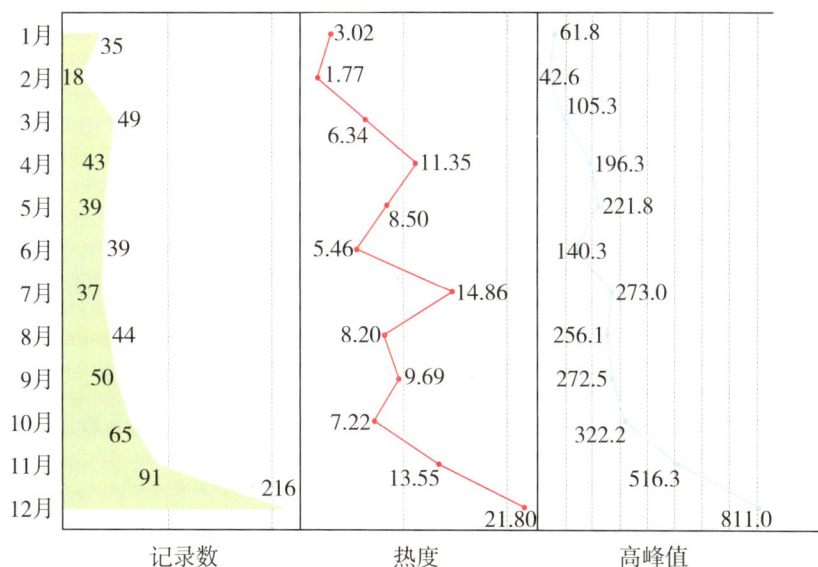

图2　2018年各月份热度与高峰值统计图

如图2所示，根据对2018年各月份热点事件数量的走势、热度走势以及高峰值走势进行分析，我们可以看到：从已记录的舆情事件的热度值来看，全年热度整体而言波动较大，上半年舆情热度在4月的"中兴事件""美团收购摩拜"等事件中达到高峰值后开始回落；下半年，7月爆发的"疫苗事件""拼多多上市"等事件，再次让热度达到新的高峰；进入 11 月后，"五星酒店乱象""D&G辱华"等事件持续性地助燃舆情热度；随着 12 月"孟晚舟事件"等大量舆情事件的爆发，2018 年的舆情事件热度到达全年最高峰，舆情声量的高峰值也急剧刷新到更高水平。

二、企业声誉事件的主要特点

2018 年间，从传统制造行业到高新信息科技产业，从与民生利益息息相关再到关乎国家政府形象的层面，我国各行各业的公关活动都比往年更加活跃，企业所面临的公关环境与事件性质也与以往存在着较大差别。根据相关数据，我们在本部分分析了 2018 年中国企业声誉事件的特点。

（一）企业声誉热点事件多集中在一线城市，国际化趋势显著

2018 年度的企业声誉热点事件的发生地主要集中在北京、上海、广州等一线城市。除此之外，在吉林、浙江等省份，事件热度的数值也较为突出。企业声誉热点事件的分布之所以呈现出这样的地域差异，究其原因，主要是因为经济发展程度、媒体覆盖率、行业分布等方面的差异。

第一，北上广一线城市和浙江等沿海省份经济较为发达，经商环境和条件完备，企业活动的频率和市场热度都比其他城市更高，所以这些区域也比其他区域更容易发生热点事件。第二，一线城市和沿海地区的传播力较强。与其他地区相比，在北上广等发达地区发生的事件更容易得到广泛传播。一方面是因为这些地区的媒介覆盖率更高，传播力更强；另一方面是因为一些事件被打上"一线城市"的标签之后，传播范围会更广，也更能引起公众的广泛讨论。第三，企业声誉热点事件在信息技术产业和制造业等热门行业的分布上具有典型的地域特征。2018 年度国内的热点事件主要与信息技术产业、传统制造业、电子设备制造业、金融业等行业相关，而这些产业大多分布在北京、上海、广东、浙江等地区，其中传统制造业、房地产业也部分集中于吉林、河南等省份，而这些典型行业的地域分布差异也是影响热点事件分布情况的重要原因之一。

除了国内的企业声誉热点事件存在地域性分布差异外，国际上的此类事件同样存在着明显的地区差异。企业声誉热点事件的发生地遍布亚欧非大陆，而在美国、意大利、印度等国家，具体的热度数值又存在着较大差异，这体现了企业声誉事件及公关活动发展的国际化趋势。随着全球化程度的进一步加深，各国企业的跨国贸易往来愈加频繁，许多热点事件的利益相关方不仅涉及单个国家或地区，如 2018 年美国制裁中兴事件，Dolce & Gabbana（以下简称 D&G）品牌辱华事件，华为孟晚舟事件，苹果部分产品在华禁售案。

身处一线城市、沿海地区的企业，或是在国民经济发展中处于重要位置的企

业，往往会比其他企业更容易卷入热点事件的纷争中，而这些热点事件常常引发争议，有时甚至会波及企业声誉乃至国际市场。因而企业在部署日常公关工作和对外宣传时，需要重点考虑这方面的因素，进行针对性排查和布局，在不断变动的局势中作出合理的回应。

（二）互联网、信息技术产业中企业声誉事件热点频度高

除地域性差异明显之外，企业自身所属的行业类别也与企业声誉事件热度分布情况有着显著关联。

行业	记录数	热度	高峰值
信息传输、计算机服务和软件业	183	39.25	943.6
制造业	177	18.55	735.6
金融业	137	20.59	533.8
房地产业	66	4.43	176.8
科学研究、技术服务和地质勘查业	51	2.55	189.3
批发和零售业	33	2.37	130.0
住宿和餐饮业	26	5.94	147.5
交通运输、仓储和邮政业	16	7.42	166.6
租赁和商务服务业	15	0.34	28.1
居民服务和其他服务业		9.68	144.9
采矿业		0.14	4.7
电力、燃气及水的生产和供应业		0.00	0.4
建筑业		0.00	0.5
水利、环境和公共设施管理业		0.06	4.0

图 3　2018 年企业声誉热点事件所涉行业类别热度统计图

从图 3 可以看出，信息传输、计算机服务和软件业、制造业、金融业在热点事件所涉及的行业类型中排名前三，在这些领域发生的企业声誉热点事件占比远高于其他行业。而这些行业所产生的讨论热度主要来源于以下三点：

首先，信息传输、计算机服务和软件业是随着互联网的发展而蓬勃兴起的新兴产业，许多创新创业公司也立足于此行业内。这些公司所开发的产品和服务的用户人群趋向年轻化，与热点事件中的发声群体也更加吻合。例如 ofo 小黄车退押金事件，其数量庞大的用户人群正是随着共享经济的发展壮大而逐步集聚形成的，而共享经济的快速发展离不开各科技初创公司对年轻群体用户需求的挖掘与利用，这种对用户价值的深层次开发虽然能够得到即时的反馈与评价，但也是酝酿热点事件声浪的重要原因之一。

其次，制造业（尤其电子设备制造业）在热点事件中也占据较大比重。如中兴、华为等国产手机厂商在今年的一系列风波中表现较为被动，尤其是中兴因违反美国的相关禁售规定，收到了美国政府发布的出口禁令，被迫缴纳了高额保

证金。一时间国产品牌的海外士气大受影响，甚至在全网范围内引发了关于民族品牌自主创新能力的大讨论。

最后，作为与国计民生紧密相关的重要领域，金融行业内的任何风吹草动都会引发资本市场的关注以及实体经济的波动发展。如银行政策法规、股市交易情况等，虽然具有较高的专业门槛，但都是容易引发舆论热议的话题。

处于上述行业中的企业应时刻警惕，建立并完善自身的企业声誉信息监测系统，对于所在行业中的热议话题应保持高关注度，防止因声誉公关活动的应对失策而将自身置于舆论的风口浪尖。这些企业在日常公关安排中也需要更加谨慎，进行更细致的危机防范工作。

（三）负面新闻占比大，企业声誉形象风险系数高

企业的公关活动一般包括两大部分，一方面是基于日常工作的形象宣传塑造活动，目的在于打造良好的品牌形象，提高企业在公众心中的认可度；另一方面是针对特定的热点事件，寻求与公众进行良性的沟通与对话，促使公众对企业的观点和立场有一定了解，最终缓和乃至消除企业与公众之间的误解或纠纷。

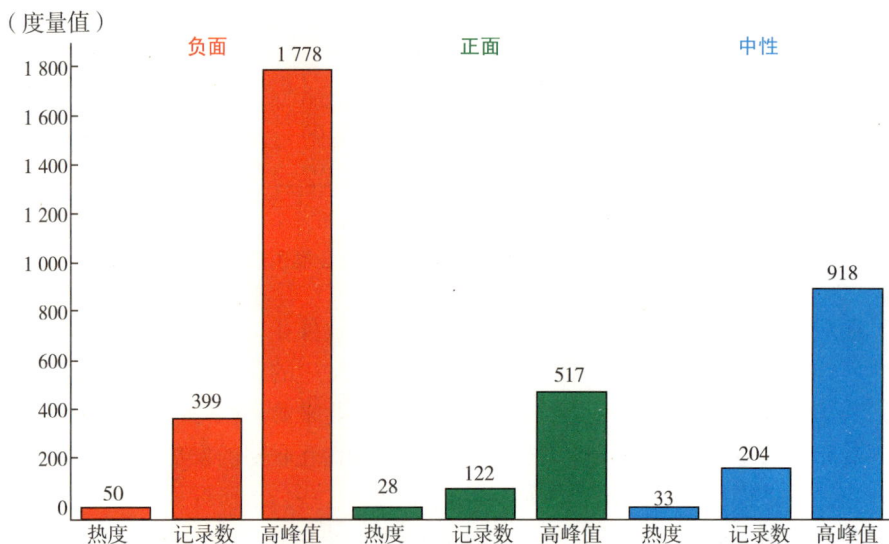

图4　2018 年企业声誉热点事件性质统计图

从图 4 中可以看到，在 2018 年的企业声誉热点事件中，负面性质的事件占据了绝大多数，中性事件占比次之，正面事件则占比最少。由此可见，国内大多数企业在日常公关活动中，对企业声誉事件的重视程度较为欠缺，导致负面新闻占据了企业声誉热点事件中的绝大部分，这对企业声誉的形成与维护造成了十分不利的影响。长此以往，企业将难以树立自身在公众心目中的积极形象，落到十

分被动的地位，其公关部门也会在各类谣言及负面新闻间疲于奔命。以 ofo 小黄车退押金事件为例，可以看到，从 2018 年初网络中就不断传出小黄车资金链断裂、供应商催债的传闻，公司管理层和公关部都被拖入了谣言和负面信息的漩涡中，公众对企业的信任度也随之越来越低。而当后期公司面临用户退款困难的窘境时，公关手段已经无力回天。由此可见，企业需要做好日常的公关宣传工作，重视维护企业长期正面的品牌形象，才能在危机事件中拥有足够的公众信任和公关底气。如腾讯打造的"99 公益日"品牌活动，在日常公关活动中向公众传达了自身的企业价值和公益精神，取得了良好的企业声誉传播效果，成为企业日常声誉活动的典型代表。

企业在声誉维护和形象塑造活动中，应格外注重各类宣传工作和媒体活动的策划。由于现阶段我国社会公众对于企业形象的感知主要来源于各类新闻报道以及社交媒体的热议话题，因而这些媒体报道的新闻框架和事件报道的性质是构建企业社会形象的重要组成部分。积极提高企业新闻中正面报道的占比，有助于企业在品牌形象及自身声誉的建构和维护过程中占据更有利的地位。

（四）企业管理、资本运作等成为公众关注焦点

纵观 2018 年引起较大争议的企业社会事件，管理质量、资本运营和财务绩效、产品或服务三大方面无疑是公众关注的焦点，也是各大新闻媒体报道的重点（见图 5）。同时，社会对于企业社会责任和创新性不足等问题也同样较为担忧。

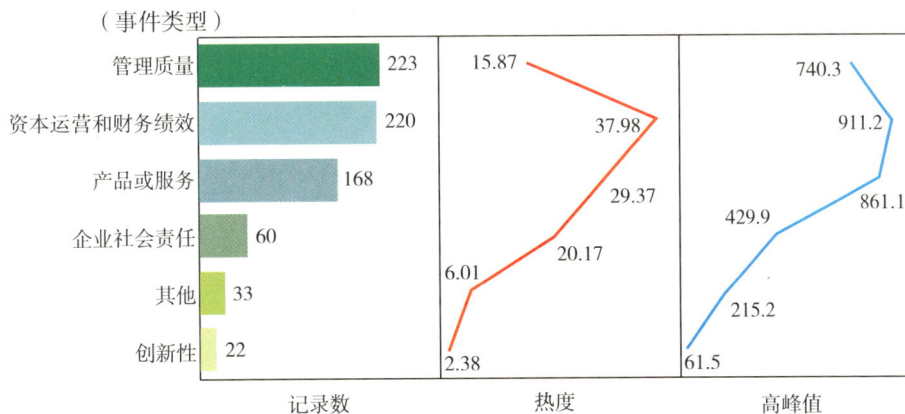

（事件类型）

	记录数	热度	高峰值
管理质量	223	15.87	740.3
资本运营和财务绩效	220	37.98	911.2
产品或服务	168	29.37	861.1
企业社会责任	60	20.17	429.9
其他	33	6.01	215.2
创新性	22	2.38	61.5

图 5　事件类型热度统计

对于社会公众而言，对某一企业的度量与信任，与企业本身运营状态、领导人形象、服务质量等因素密切相关。曾经，借由"明星企业家"的光环效应使企业获得更多的社会曝光度和美誉度，是自媒体时代企业宣传的重要手段，但在刚刚过去的 2018 年，这一手段遭遇了前所未有的危机。

马云、王健林、马化腾、王石、董明珠……打造明星式的商业领袖不仅能为自己的企业贡献巨大的流量和关注度，还能借由"明星企业家"在新媒体平台上的个性话语收拢大批粉丝。如果说，这一"为自己代言"的手段曾是一种"一本万利"的公关模式的话，那自从 2018 年发生几起企业家事件后，人们已经意识到：将企业与明星式领导进行高度捆绑，在享受流量红利的同时，也有承受企业家个人人设崩塌所带来的舆论"泥石流"风险。

企业家的超级个人 IP 与企业的"捆绑销售"往往意味着更大的风险和更难以修复的形象伤痕。作为企业品牌的化身和代言人，明星企业家的个人行为、品德操守乃至私人生活都会被置于社会公众的凝视之下，甚至上升到关乎整体企业的品牌声誉与社会形象的层面。而在移动互联网时代，任何个人的生活轶事、情感经历、隐私都存在被"深挖"的可能，一旦明星企业家人设崩塌或做出有违社会伦理道德的行为，将会迅速引起难以控制的舆论风波，这对于企业声誉而言，则可能是"牵一发而动全身"的毁灭式打击。

三、企业声誉管理的主要趋势

新媒体环境下，微博、微信等多元化的社交平台赋予了公众高度的话语权，公众参与网络公共热点议题探讨的积极性也越来越高。在多种复杂因素的影响下，这种参与极易形成一定的网络舆论力量，对企业形象的建构产生正面或负面影响。因此，深度把握公众群体的关注焦点、及时搭建与公众的良性沟通渠道是营造良好企业声誉的重要步骤之一。

（一）爱国主义成企业声誉评价的关键标准

现阶段，我国市场经济格局越来越全球化，跨国企业和跨国贸易合作也越来越常见。企业的声誉形象已不再由企业个体单独塑造，而是越来越多地与企业政治属性、外部评价等因素挂钩。较为典型的是近年来外国企业因"辱华"事件频出，频繁挑战中国消费者的底线而遭到全民抵制。如 2018 年，意大利的奢侈品牌 D&G 官方微博的几段宣传视频引发国内网络舆论的轩然大波，强烈激发了中国网民的爱国主义情怀。事件发生后，陈坤等娱乐圈人士第一时间表示了对该品牌的抵制，紧接着，网络电商集体下线该品牌产品，原本与其签有商业合同的国内明星更是集体解约。

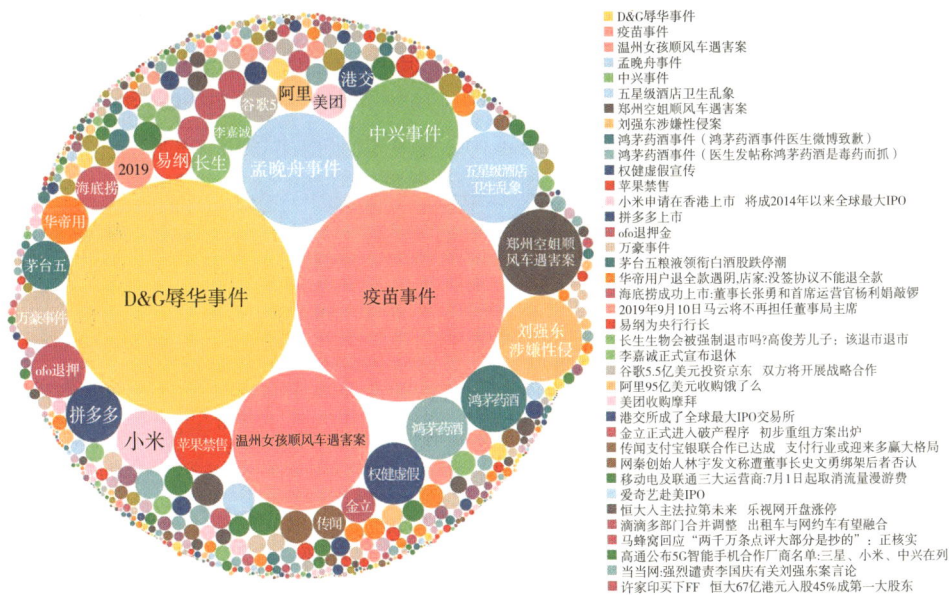

图6　事件微博声量气泡图

　　从图6中可以看出，"D&G辱华事件"所形成的微博声量气泡面积最大，表明该事件在微博持续发酵，并引起微博用户的集体"炮轰"，最终形成了2018年最大规模的舆论声浪。作为全球知名的商业品牌，D&G在拓展中国市场的同时，非但没有体现出对所在国文明、历史的理解尊重，还在一系列后续公关行为中表现出狭隘和傲慢，其所作所为无疑挑动了中国公众爱国情怀的底线，最终对其自身的企业声誉造成了无可挽回的恶果。而当家国情怀成为企业的"金字招牌"时，不仅会助推企业形象的塑造，甚至还能帮助企业走出市场危机。如孟晚舟女士被捕后，华为长期以来的"爱国企业""民族品牌"的形象立刻出现在网络舆论场，几乎第一时间获得了广大网民的一致声援，美加两国对孟女士个人的羁押行为也被上升解读为对中国民族品牌的打压，华为在很短时间内就在市场、舆论场两个主阵地重新占据了主动。由此可见，现阶段我国公众的爱国情怀与其对企业声誉的认知深度捆绑，是否爱国、是否对爱国情怀予以充分尊重，是公众衡量企业声誉好坏的重要标准。

　　在全球化的视角下，国家之间的外交活动和国际政治博弈都与企业的市场经营活动息息相关。在企业声誉的公关行为中，企业不能再将自身视为独立个体，而是应把自身定位为具有一定政治属性和社会担当，与国家民族"一荣共荣、一损共损"的身份共同体。企业的商业活动策划也必须考虑相应的国家战略需求，积极发挥中国企业在海外市场上的影响力、传播力。

（二）用户参与感成为企业声誉评价中的核心要素

企业的主要职能是为广大消费者提供产品和服务，产品的好坏、服务的优劣直接影响着公众对企业声誉、形象的认知。随着公众消费水平不断提高、需求日趋多样化，其要求的附加服务也不断延伸，这对企业提出了极大的挑战。在这种情况下，如何持续提供优质的产品和服务，改变传统的沟通方式，创新产品的体验过程，是任何企业都需要深入思考的问题。而在消费过程中，如何满足消费者日益增长的参与感、仪式感更是至关重要。

参与感对于企业声誉建构和维护的意义在于其对用户的连接性、累积性以及组织性。通过用户参与机制，企业能直接将用户连接到产品升级迭代的具体环节中，真正体验到自身在企业生产运营中所扮演的角色和作用，在无形中提高用户对于企业服务以及公司文化的认同和赞赏。通过不断提高用户黏性，企业能够聚集一批具有较高忠诚度的粉丝人群。在新媒体时代，人人都是传播渠道，粉丝对于企业声誉的积极评价会通过社交媒体平台不断扩散至周围人群，从而持续积累用户人数，扩大品牌影响力。同时，通过发挥意见领袖、社群头部用户的作用，企业还能够帮助粉丝群体获得相当程度的自组织性，在一定圈层的社群中赋予用户仪式感和存在感。

近年来，国内一些企业敏锐地洞察到了这一新态势，如"小米"建立用户社区，形成粉丝团，打造"粉丝＋软件＋生活"的运营模式，构建"微博拉新、论坛沉淀、微信客服"的营销路径，并以人际传播的方式，玩转"社群经营"，创造了手机销售领域的"神话"（见图7）。统而言之，高质量的附加服务需要企业高度重视用户的意见和互动，同时针对用户反馈对产品进行高效的升级和迭代，营造社群用户的参与感。这种重服务的营销理念既有利于集中广大消费者的智慧与喜好，推动产品的迭代升级，也能够更好地满足用户的参与感、存在感，使企业赢得更多的品牌赞誉和良好的"口碑效应"。

图7　互联网思维 CBMCE 模式图

应该说，参与感关系着公众信任度和用户忠诚度这两个至关重要的企业发展要素。在传统的企业产品或服务中，信息或产品大多是以单向传播的方式"流"向普通受众的，企业很难了解公众对自身产品的认知和评价，也难以结合用户提出的合理要求，对自身作出升级改进，这十分不利于企业维护自身声誉，也难以获得用户的好感和黏性。想要真正让用户获得参与感和存在感，企业必须要建立开放的公司文化，顺应互联网去中心、分布式的发展特点，在产品或服务的供给模式中做到信息的双向透明，重视社群运营和用户的反馈，力求将传统的"人—物"互惠关系发展为"人—人"的朋友关系。

（三）民生痛点与国家战略成为企业践行社会责任的主要方向

回顾 2018 年，在交通出行与医疗健康领域，热点事件层出不穷。仔细分析此类事件的缘起、发展、解决的全过程，会发现涉事企业处理公共安全事件的态度、力度和效度等方面的问题，都可以深层次追溯到公司管理水平的层面，甚至上升到企业社会责任的高度。

民生问题涉及人民生活的方方面面，它是最受社会关注，也最容易牵动公众思绪、引发社会舆论狂潮甚至企业深度危机的关键问题。在医疗健康领域，从 2018 年早些时候的鸿茅药酒虚假广告宣传，到震惊中外的"基因编辑婴儿"，再到 2018 年末的权健医疗涉嫌诈骗事件，社会民众对于医疗健康领域的公关营销越发抱有怀疑态度，频发的公共安全事件一步步侵蚀着医疗产品生产企业与普通民众之间的信任桥梁。

这些民生问题方面的公关危机事件，同样也揭示了企业社会责任的战略重要性：企业要想健康持续发展，必须要处理好经济利益与社会利益的关系。企业不能为了单纯追求商业利润、效率，突破社会道德底线，放弃自身所要承担的社会责任。践行社会责任是企业获得公众信任、树立良好形象的法宝。

2018 年 12 月 26 日，全国工商联在北京召开的十二届二次执委会议上，首次发布《中国民营企业社会责任感报告 2018》蓝皮书，并选出了 20 个民营企业社会责任优秀案例，如表 1 所示。

表 1 2018 年中国民营企业社会责任优秀案例

序号	民营企业	社会责任表现
1	吉利控股	不忘初心，勇于担当
2	红豆集团	"八方共赢"，红豆助力美丽中国
3	正泰集团	"光伏＋"助力精准扶贫与生态建设双赢
4	兴伟集团	精准扶贫之"秀水五股"
5	河南之星	打好"精准扶贫"组合拳

（续上表）

序号	民营企业	社会责任表现
6	新疆德汇	重诺担责任，诚信大于天
7	研祥集团	创新转型，志在最前列
8	科盾科技	军民融合，锻造民族品牌
9	亿利资源	为人类治沙的地球卫士
10	亨通集团	责任当头，引领民企高质量发展
11	广汇集团	产业报国，实业兴疆
12	铁汉生态	为美丽中国的永续发展打造生态样本
13	建业集团	责任建业，出彩中原
14	新希望	为耕者谋利，为食者造福
15	富通集团	创新和担当，全方位践行企业社会责任
16	潞宝集团	以社会责任为引领，担当能源革命先锋
17	苏宁集团	向善而行，因善而兴
18	恒力集团	恒守家国情怀，力行实业兴邦
19	均瑶集团	均瑶是我们的，更是社会的
20	大运九州	大道之行，云泽九州

资料来源：高云龙、徐乐江：《中华工商时报》，北京：社会科学文献社，2018 年。

同时，企业的公益活动也备受媒体和公众关注。2018 年，腾讯公益牵头发起"行为公益季"，连接用户、企业、公益机构"一起爱"。此外，腾讯不仅自己做公益，而且为广大爱心网友、公益机构、企业提供捐助平台。2018 年的"99 公益日"中，超 2 800 万人次爱心网友通过腾讯公益平台捐出善款共 8.3 亿元，超过 2 000 家企业共捐出的 1.85 亿元，为 5 498 个公益项目贡献力量。[1] 随着系列公益活动的开展，"爱心""公益""责任"正在成为腾讯身上的"标签"，也成为公众衡量企业质量的重要标准。无论是扶贫还是公益，企业都以献爱心的方式影响着公众对企业的心理认知，成为企业打造名声，形成优良声誉的"助推器"。

（四）自媒体成企业声誉危机曝光主要推手

2018 年，社交媒体进一步发展成熟，移动互联网时代的赋权之下，个体维权意识增强，网民的自发自主式行动愈发频繁。掌握了一定话语权和议题引爆能

---

[1] 《迈入"理性公益"时代 2018 年 99 公益日捐款人次超 2 800 万创新高》，凤凰网商业，http://biz.ifeng.com/a/20180910/45158328_0.shtml，2018 年 9 月 10 日。

力的个人，正努力地通过微博、微信等自媒体平台，用日臻成熟的信息收集方式为自己发声，形成对企业主导话语现象的对抗。

无论是"花总"揭露国内五星级卫生乱象，还是自如长租公寓"甲醛门"的持续发酵，我们都可以看到，在人人拥有麦克风的时代，人人都已自觉地成为企业的监督者。社会大众不再单方面等待被媒介议程设置所谓的"事实"，而是借由自身的力量和专业优势，自发性地捍卫社会公序良俗。因此，很多公众事件都是从社交媒体、自媒体开始发酵，再进入传统主流媒体传播渠道，最终霸占头版头条，引爆舆论。

个体意识的觉醒、网民知情权监督权的有效履行，给各大企业公司敲响了警钟：今天企业所要面对的公众，不是茫然无措的，而是掌握着多种技能语言，能够熟练运用互联网与媒体，并且对信息充满渴求与好奇的数字时代的网民。按照传统思维模式来对待危机事件，遇到负面就立马全盘否认，这种简单粗暴的方式在互联网时代早已行不通。

诚然，对于尚未完善的中国互联网环境而言，当前网民言论固然不全是客观、理性的，但是有序的社会互动终将培养出更具备媒介素养的社会民众，他们也一定会更加高效而不遗余力地坚守监督企业这一权利。

中国已经全面进入到战略公关传播的黄金时代。从宏观来看，草根阶层崛起，通过集体行动进行维权已经屡见不鲜。从微观着眼，这对于身处复杂变革时代的企业，提出了更高层次的公关战略要求。毕竟，对公关人来说，有"危"就永远有"机"。

四、提升企业声誉管理的建议

回望 2018 年，中国市场开放水平持续提升，政策政务环境进一步优化。世界银行最新发布的《2019 营商环境报告》表明，中国为中小企业改善营商环境实施的改革数量创了纪录，全球排名从上期的第 78 位跃升至第 46 位，进入全球经济体排名前 50，营商环境建设取得的长足进步，极大地增强了企业信心。

但同时，国际政治局面跌宕起伏，企业命运和国家战略高度统一，社会利益错综复杂。而互联网技术的蓬勃发展和社交媒体的日益成熟，已将企业带入一个"危机常在"的新时期。对于各企业而言，声誉变得比以往任何时候都更重要，建立与维护良好的企业声誉是一个越来越值得重视而又极富挑战的过程。

秦朔认为，当下值得企业特别关注的是，中国消费者和中国社会对企业的诉求中，包含了越来越多的社会性意义，而不止于产品的功能意义。有的诉求是"人性化"，要求企业传递人文价值、人性关怀、全球化和多元文化；有的诉求是"强国梦"和民族主义，要求"国货优先"，视商场为战场的延伸；有的诉求是"公平正义"和"社会平等"；有的诉求是"透明公开"，所以企业如果"杀熟"、利用信息不对称误导消费者，消费者一旦发现就特别反感。①

基于此，我们可以明确地看到，企业当下在追求经济利益的同时，切不可忽略消费者或受众的情感需求，不可忽视企业自身应该承担的社会责任。在碎片化的社交媒体环境中，每个人都可以成为传播者和监督者，网民集体行动愈发频繁下，互联网的"强记忆功能"被进一步凸显。可以说，在"共景监狱"一般的互联网信息场域中，企业的某一产品或某一服务背后所代表的企业价值观和企业文化底色，乃至"企业关键人"所代表的企业形象等，都将被置于整个社会的凝视之下，都将受到社会的度量与审判。

因此，各企业必须要从长期性战略发展的角度出发，审视企业自身的使命及愿景，以及如何在更广泛的环境下，使企业的发展及运营惠及整个社会；在遵循"短板理论"的企业声誉建设工程里，建立起一个良好的利益相关者体系，多维度、多渠道地传递企业的真实信息，把声誉管理融入日常运维的过程中，也将声誉管理的重要性提高到整个企业长期发展的高度来衡量。基于此，下文将试图给出企业声誉维护和提升的相关建议。

（一）善用行动传播，塑造企业家个性化形象

企业中，每位员工的言行和素质都会影响企业声誉。与普通员工相比，企业家的个人形象和素质对企业声誉的影响更甚。互联网为企业提供了丰富的渠道来提高企业品牌的曝光率和影响力，也有越来越多的企业家以互联网为媒介，通过个人的形象气质、话语风格、创业经历、私人生活、管理模式等内容，形塑特色鲜明且符合企业文化的个人形象，进而形成和巩固企业良好声誉。

于企业而言，企业家个人形象与企业声誉的捆绑模式是一把双刃剑。作为公众人物的企业家需要时刻保持自身的良好形象，慎言慎行。一旦企业家在公共场合出现言论不当、表现不佳、诚信危机、私生活有瑕疵，甚至违法乱纪的行为，就极易引发企业的声誉危机。

根据人民网发布的《O2O 行业十大典型企业家声誉形象研究报告》，我们可以分别从感召力、创新力、洞察力、包容力、责任力和传播力这六个维度来考量企业家的个人形象。并且，该报告根据大数据分析和相关专家评估，将企业家个人形象大致划分成为梦想而拼的理想主义形象、自成一派的创新者形象、洞若观火的行业领军者形象、挫而不败的奋斗者形象、鼓励员工创业的新型企业领导形象、"为自己代言"的品牌传播形象。② 也有研究对企业家个人形象进行娱乐型、

---

① 秦朔：《声誉危机、"扒粪运动"与中国企业行动指南》，搜狐网，http：//www. sohu. com/a/233184253_320672，2018 年 5 月 28 日。

② 《O2O 行业十大典型企业家声誉形象研究报告》，人民网，http：//yuqing. people. com. cn/GB/n1/2016/0811/c406472-28629283. html，2016 年 8 月 11 日。

睿智型、先锋型、专业型四大类的划分。[①]

值得关注的是，首先，企业家的形象并非少数几个形容词即可完整概括；其次，在多重因素的作用下，企业家形象的"自塑"和"他塑"的效果可能出现偏差；最后，随着企业的发展，企业家的个人形象也会随之调整、转变或丰富。

企业家个人形象的塑造能够作用于企业声誉，主要依靠提高在公众视野下的曝光度。所以在网络或现实空间选择恰当的渠道，或者通过多种方式配合进行差异化的个人品牌传播，尤为重要。

1. 善用传统媒体与社交媒体

媒体是企业家打造个人品牌的利器。主流传统媒体的权威性和影响力不可小觑，如有不少企业家以在中央电视台、《人民日报》等中央媒体上露面为傲。电视、电台、报纸、杂志等媒体在公众生活仍具有渗透率高、覆盖面广的特点，是企业家将个人形象传递给大众的有力渠道。

互联网中的博客、微信公众号、微博、直播平台等社交媒体，具有易被转发、受众基础广、互动性强、传播速度快等明显优势。在网络空间内，企业家能够掌握主动话语权，传播个人和企业理念，形成较强的舆论影响力。这些实时传递信息、低成本实现与大众有效对话甚至免费宣发的平台，都有助于企业家培养起真正关心企业和自己的"拥趸"，进而助力企业声誉的建设。

2. 积极参加高质量的峰会论坛

各种类型和等级的峰会、论坛为企业家提供相互交流经验、展示个人魅力的机会，高规格的国际会议也会吸引媒体争相报道，增加企业的曝光率。比如世界互联网大会等，企业家在台上阐述自身观点的同时，也让大众透过自身了解企业的产品、文化和发展，提升自己和企业的知名度。近些年也有企业家走出国门，出席国际活动，登上哈佛大学、沃顿商学院等知名高校的讲坛，充分利用国际路线来彰显个人的品牌价值，努力提升品牌声誉的国际化程度。

3. 参加公益慈善活动

参加公益慈善活动是企业回馈社会、积极承担社会责任的重要方式。企业家发起或参与持续性公益慈善倡议，或者在地震、火山爆发、泥石流、海啸、台风、洪水等灾害发生后慷慨解囊等行为，都可以塑造起企业家有责任、有担当的亲和温暖形象，进而让企业拥有良好正面的社会声誉。

（二）利用大数据，提升企业信息发布的精准性和全面性

公关活动的核心是人，从公众角度出发做好对用户的洞察是企业公关活动的重要内容。虽然大数据技术和移动互联网的普及让企业采集用户数据信息更加便捷，与用户个人间的贴合度也更高，但细分之下，更多解决的是用户需求端的

[①] 丁晓雅：《当代企业家形象对企业品牌形象的影响》，长沙：湖南理工学院硕士学位论文，2016 年。

问题。

如何利用新兴技术在充分尊重用户个性需求的前提下更好地整合、引导公众，是目前国内企业在日常公关行为过程中需要首先解决的难题。要做到这一点，企业需要重视分析议题来源、影响人群以及话题的影响力。例如被推上风口浪尖的"权健事件"，事件的发起方丁香医生所发布的文章《百亿保健帝国权健，和它阴影下的中国家庭》在极短时间内就快速刷爆社交媒体，不仅是因为这一议题和社会公众利益息息相关，也在于其公关活动长期树立的"为公众发声"的品牌形象。从"薛之谦晒娃硬掰"事件的吐槽，到《一年狂卖7.5亿的洗脑神药，请放过中国老人》的刷屏，再到与《吐槽大会》联合打造的脱口秀节目，丁香医生很早就开始重视布局各类新媒体矩阵，切合当下中国互联网社会中的网民心理，其公关活动或者产品所选取的议题屡屡击中用户痛点，从而产生了极佳的传播效应。

企业公关活动最重要的是，如何在长期工作中让企业的正面形象更准确、快速地传达给目标用户，如何采取最为有效的传播渠道，提升企业在各个新媒体矩阵中的传播触点。而在日常工作中重视各类信息的发布不仅能提升企业的话语主动权，还能加深用户对企业声誉的客观印象，起到"先声夺人"的正面效应。

目前国内企业在公关活动的信息发布端一般采取主动发布和关注热点两种模式。企业主动发布信息可以制造话题，对用户进行科普教育，从侧面建设企业品牌形象。这一方式对企业有较高要求，需要企业对当前社会文化及热点议题有较为敏锐的洞察力，在追求信息发布客观立场的同时，紧紧抓住用户的诉求心理，针对可预见的热点问题对用户进行预热性的前期动员。

企业还可以选取当前媒体密集跟踪的新闻事件，主动发布与自身相关的信息或数据，对事件主体、背景等进行多样化解读。这就需要企业在产出公关内容时，准确把握媒体报道框架和用户语境。因为媒体大量报道的内容往往充斥着大量同质化内容，所以企业在进行信息发布公关时必须做到差异化和个性化。

（三）适应社群化发展趋势，提升企业传播的文化价值内涵

企业还可以借助文化艺术形式，适应社群化发展趋势，提升企业传播的文化价值内涵，在公众心中营造相应的艺术美感和文化印象。企业可以借助丰富多彩的文化资源，在公关活动的主题、内涵、形式等各个维度深化自己的品牌底蕴，提升自身企业声誉的美誉度。

凝聚文化共识、取得公众认同、打造用户社群、提升企业内涵是采取文化艺术角度进行公关的最终指向，在具体的手法技巧方面，现阶段国内各大企业主要运用融合流行文化符号、制造悬念、动员用户情感、创新展示形式等多种手段来提升文艺公关内容的传播力。随着我国网络社会社交媒体用户社群的积淀和文艺内容跨界传播的进一步深化，从文化艺术角度进行企业公关活动正体现出更大的

应用价值。

值得注意的是，目前国内各大企业不仅积极借势主流文化价值，举办各类主题庆典活动、文化艺术节，成立文艺基金会乃至开展各类文艺经营类服务，还十分重视挖掘各类亚文化"富矿"。在强调艺术韵味的同时，通过贴合当前社会的流行文化，打造出针对各类用户人群的公关活动，更好地增加了用户黏性和企业自身的独特性，进行差异化竞争。

应该说，从文化艺术角度开展公关活动不仅能和时下各类热点结合起来，凸显企业的文化修养和品位，还能与各类流行文化及艺术精品产生更紧密的联系，通过营造高雅、悦目、内涵的氛围来实现与公众的心理沟通，从而为企业声誉的正面形象附加更为深刻的"文化基因"。

（四）强化企业社会责任意识，以公益服务提升企业声誉

从服务角度开展公关活动，指的是以提供各种线上线下的服务工作为主要公关内容，其具体工作包括：售后服务、消费引导、便民服务、公益慈善等。其特点是不依靠宣传，而是凭借自身所提供的优质服务向社会公众直接传递企业的产品和服务文化。

这一方法可采用的传播手段立体且富有人情味，尤其是从服务角度开展公关活动，能够延展企业信息搜集的触点，在积极的互动间积累用户数据，并对提高企业声誉的系统方案作出迅速调整。如广东立白集团，除了长期在经济、物质方面对外开展社会服务工作以外，还十分强调环保、噪声治理、扶贫教育等方面的企业社会责任。立白集团设立了"立白健康幸福工程""关爱留守儿童志愿者服务队""立白爱心图书室"等多个社会服务组织，还长期关注儿童教育、健康等方面的议题。立白集团尤其重视对外开展服务型公关的方式方法，善于将企业产品与社会服务类型紧紧挂钩。如2015年5月中旬，立白志愿者服务队深入四川省资阳石川希望小学，举办了相关的社会公益服务，在课堂上为希望小学的学生们普及衣物清洗和个人清洁方面的常识，并向学生赠送了清洁大礼包，获得了良好的企业社会声誉。通过在战略层面从服务角度进行公关活动，立白集团形成了较为科学、个性、高效的服务型公关方案；通过多层次的社会服务组织，在企业内部形成了良好的服务习惯和定势，这已经成为提升立白集团企业声誉的重要手段。

简要总结，首先在企业声誉的日常管理和维护方面，要坚定不移地聚焦于高质量、有创新生命力的产品和服务，并将产品和服务同企业管理、企业公民行为相连接；基于消费者的认知结构，开通坦诚、有亲和力的日常对话渠道，搭建开放的思想架构，公共关系少一点"立场"，多一点"共同利益"的驱动。

其次，在防控企业声誉风险方面，要建立常态化舆情管理与危机预警机制，构建联动的企业声誉管理平台，在危机发生之前就做好充分的准备；在声誉危机

面前，要清楚意识到企业对信息流的控制力正在逐渐降低，企业管理者更需要考虑的是如何转化批评者和吸纳批评意见，并从吸纳批评意见中构建竞争优势，而不是删帖、钳制舆论或雇佣"水军"。

在这过程中，任何低估或轻视公众智商和信息获取能力的想法，都是不明智的。企业可以合理利用权威机构与意见领袖的影响力平抑舆论，在社交媒体的各个触点传达有意义的信息，但最重要的是踏踏实实地解决问题，第一时间向媒体、公众表示出诚恳、有担当的态度，争取社会公众的信任。

益普索的相关研究发现，获得信任的企业会有更高的营销效率，接近半数的用户愿意在"非常信任"的企业出现负面新闻时，给予企业机会。因此，"信任"是企业获得持续积极支持行为的风向标，也是企业应该持续监测跟踪的战略性指标。[①] 在企业声誉危机事件暂时缓和或结束过后，管理者还应保持密切的舆情关注，掌控整体的舆情走向，防止发生"二次危机"，并且善于对整个危机事件进行复盘，总结和积累危机处理的经验教训，以方便下一次危机的良好应对。

最后，履行企业的社会责任和社会目标，是企业商业战略中必须考虑的有机部分；对生命怀有敬畏之心，对科学抱有严肃认真的态度，谨遵法律法规，是企业发展的"最高底线"。一个有远大目标驱动的公司、一个有良知的企业，应当充分认识到，其目标其实应该在企业之外，声誉才是一个企业最大的财富和实力。

---

① 《益普索集团企业与领袖声誉全球负责人访华解读企业声誉价值》，美通社，https://www.prnasia.com/story/212652-1.shtml，2018年6月1日。